城市模式经济学

——破解经济发展中八大难题

董国良 著

扫二维码观看视频。视频中展示的是消除了所有“城市病”，因而可以破解经济发展中八大难题的第三代城市。

人民东方出版传媒
東方出版社

前 言

经济发展中八大难题实际上是次生城市病
推广 JD 模式根除城市病将破解这八大难题

目前，“城镇建设浪费巨量耕地”“大城市房价高企”“城镇建设透支资金和房价高企威胁金融安全”等后文所述的经济发展中八大难题（以下简称八大难题）对经济发展的制约已十分突出，且日趋严重。

实际上，正如本书所阐明的，八大难题其实是由交通拥堵、停车困难等原生城市病所衍生出来的次生城市病。之所以产生城市病，是由于现在城市采用的“城区地面上人车交通并存”的马车时代城市模式，与汽车文明不相容。（所谓城市模式，是对城市病产生与否起决定性作用的“各种交通在市区三维空间中的安排方式”。）

推广采用汽车时代城市模式，解决城市模式与汽车文明不相容的问题，可消除包括八大难题在内的城市病。何为汽车时代城市模式——笔者在《城市模式学》（70 万字专著，已于 2012 年由科学出版社出版）中，计算出城市模式共有 105 种，其中能够根除城市病的最优城市模式，即被称为“节地模式”或“JD 模式”的汽车时代城市模式。

国土资源部推动下的试点实践早已证明，JD 模式可以根除城市病，能够节约城建用地和城建投资约 90%，城区汽车节能减排约 90%。

JD 模式是“人在上层（占城区面积约 70% 的城区地面上方约 6.5 米高的架空平台上）、汽车在下层（架空平台下方全部的地面用于汽车行驶和停放）的人车竖向分离模式”，人车各得其所，互不干扰；架空平台占城区地面约 70%，其余约 30% 为分散在各个街区的地面花园（按照每个街区面积约 30 万平方米推算，平均每个街区有约 10 万平方米的地面花园）。JD 模式视频（手机扫描扉页二维码，观看视频）展示了 JD 模式结构、效果和专家评价。通过视频，可以了解到 JD 模式开创的第三代城市是何等美好！

2015 年，中央城市工作会议指出："必须认识、尊重、顺应城市发展规律。"遵此，我们应顺应"汽车时代应采用汽车时代城市模式"的城市发展规律，推广采用 JD 模式，逐渐根除城市病，从而彻底破解八大难题。

一、经济发展中八大难题（以下简称八大难题）

1. 城镇建设浪费巨量耕地（2005—2020 年，平均每天浪费约 1.1 万亩耕地）；

2. 城镇建设浪费巨额投资（2005—2020 年，平均每天浪费约 55 亿元投资）；

3. 城市交通能耗巨大（导致对进口石油依存度畸高）；

4. 城市交通产生巨量碳排放；

5. 大城市房价高企；

6. 房价高企对大城市出生率的刚性制约；

7. 城镇建设透支资金和房价高企威胁金融安全；

8. 交通拥堵和停车困难制约汽车产业发展。

八大难题多年来未能破解。例如，我国严格执行的耕地保护政策，结果却如《国家新型城镇化规划（2014—2020）》中指出的"城镇建设浪费了大量耕地资源，威胁到粮食安全和生态安全，也加大了地方政府性债务等财政金融风险"。2005 年到 2020 年，15 年的城镇建设浪费约 6100 万亩耕地（若 2005 年起采用国土资源部大力推广的 JD 模式，则城镇建设无须再占用耕地，因而，数据[①]显示，2020 年比 2005 年城镇建设用地所增加的约 6100 万亩耕地，是城镇建设浪费的耕地）和 31 万亿元投资（城建投资按每平方千米 7.5 亿元计算。6100 万亩折合 4.1 万平方千米，4.1 万 ×7.5 亿元 / 平方千米≈ 31 万亿元），日均浪费约 1.1 万亩耕地和 55 亿元；若长此以往，城镇化全过程累计将浪费约 3 亿亩耕地和 150 万亿元投资。

① 自然资源部的中国土地勘测规划院公布的全国城镇建设用地的数据：2005 年 9056 万亩；2009 年 10875 万亩；2013 年 12872 万亩；2014 年 13350 万亩；2015 年 13742 万亩；2016 年 14146 万亩；2017 年 14451 万亩；2018 年 14706 万亩。根据上述的年均增长的数值估计，2020 年城镇建设用地为 15156 万亩。

二、破解八大难题需要有关部门走出认识上的两个误区

八大难题之所以长期未能破解，笔者认为，原因是有关部门认识上有两个误区：一是未认识到八大难题是由交通拥堵、停车困难等原生城市病所衍生出来的次生城市病，因而未把根除城市病作为破解八大难题的治本之策。二是未认识到现在城市采用的是“城区地面上人车交通并存的”马车时代城市模式，它与汽车文明不相容，采用它必然产生包括八大难题在内的城市病。只有采用国土资源部自 2005 年起大力推广的、试点实践已证明其效果的 JD 模式，才能根除包括八大难题在内的城市病。

三、城市规划收费标准和用地规范的负面激励作用阻碍了 JD 模式的推广，否则根本不会产生八大难题

中国城市规划设计院（中规院）院长杨保军先生慧眼识珠，对 JD 模式能够在长沙进行试点做出了重要贡献——2005 年，在笔者指导长沙市完成 JD 模式试点街区规划方案之后，长沙市政府为稳妥计，特邀请中规院时任总规划师的杨保军先生到长沙，对 JD 模式试点街区的规划方案进行评价。杨先生评价说“更为关键的是该模式能够大量节约土地。在相对高强度开发的同时，能够提供高达 50% 以上的绿化空间，并且能够创造出安全舒适、人性化的户外活动场所。这是我国城市发展的一个方向”（见附录一）。在得到了杨保军先生的肯定之后，长沙市着手进行 JD 模式的试点工作。

既然杨保军先生对 JD 模式做出上述完全肯定的评价，那么为什么中规院却未采用 JD 模式呢？笔者推测应该是因为，按照有关规定和规范，推广 JD 模式会使城区规划收费总额锐减 80%。具体情况是，《城市规划设计收费标准》（见附录二）规定，城区规划收费额等于城区占地面积乘以收费单价（万元 / 平方千米），收费额与占地面积成正比。按照这个收费标准，以及“人均城建用地 100 平方米”的规范，若推广人均城建用地约 20 平方米的 JD 模式（JD 模式试点街区人均城建用地 18 平方米），将使城区占地面积减少约 80%，从而使城区规划收费总额锐减约 80%。笔者认为，是这个负面激励阻碍了 JD 模式的推广。

若自2005年起就推广JD模式，应该说如今我国已是无城市病的国家，八大难题也就不会产生。笔者认为，消除上述负面激励的办法为：1.将城区规划收费标准从按照占地面积大小收费，修改为按照人口容量收费（或规定每1万人的人口容量折合1平方千米的面积，如此仍可套用现行的收费标准，不减少中规院的收入）。2.废除不切实际且有悖于城市用地集约化政策的规范——“人均城建用地100平方米”（我国按照这个规范规划的城市，2018年人均城建用地已增加到159平方米）。

四、城镇建设勿走国际主流观点所坚持的老路，建议雄安新区采用JD模式

1996年40位英国城市专家在论文集《紧缩城市》的结论中指出，“目前的城市，是不可持续发展的首要元凶”。

1997年联合国秘书长安南在世界人居日指出，“城市可能是主要问题之源，也是某些最复杂、最紧迫问题得以解决之所在”。

2000年100多个国家代表参加的世界未来城市大会的《柏林宣言》认定，“全世界的城市，没有一个真正做到可持续发展”。

2009年国际展览局在上海世博会筹备会议上向各国呼吁，“面对21世纪的诸多挑战，我们别无选择，必须创造出城市新模式，这是上海世博会的使命之一”。

然而，JD模式是上海世博会展出成果中唯一的城市新模式。这也表明，JD模式处于世界领先地位。

建议雄安新区采用JD模式。雄安新区若采用JD模式，与已经公布的雄安新区规划相比，只需约1/5的土地、1/5的投资、1/5的时间，即可建成同样人口规模、城区绿化率达60%、完全没有城市病的雄安新区，而且JD模式使城区地面标高提高约6.5米，还可避免洪涝灾害。

五、今后破解八大难题的途径——推广JD模式改造老城区

我国城镇建设再不能占用耕地了，并且根除城市病，破解八大难题的途径，只能推广JD模式改造老城区。

推广JD模式改造老城区（工程安排及可行性分析见第一章），可在今后20多年

中每年对 GDP 贡献约 5 万亿元，每年多建约 1200 万个地面停车位（要真正解决停车难，舍此别无他途），且无需政府投资。深圳园岭片区改造的规划实践表明，采用 JD 模式改造老城区效果极好（见《关于推广 JD 模式的图片》）。

采用 JD 模式改造老城区，可以市场化运作——长沙市老城区新河三角洲的改造，采用 JD 模式之前，以搬迁安置所需要的 26 亿元为底价拍卖该地块，连续 4 年流拍；采用 JD 模式之后，仍以 26 亿元为底价，竞购激烈，以 92 亿元拍卖成交。这个案例表明，采用 JD 模式改造老城区的土地出让金收入远高于搬迁安置所需要的费用，老城区改造不会受到资金不足的制约。

采用 JD 模式全面改造老城区启动之日，即开始破解八大难题之日，即结束城镇建设平均每天浪费约 1.1 万亩耕地和 55 亿元投资之日。

六、现已接近推广 JD 模式破解八大难题时间窗口末期——切莫错过

尽管 JD 模式的科学性获得了广泛的认同（见本书第一章），尽管 JD 模式试点成功后的几年中，先后有 21 个城市拟采用 JD 模式（济南市将采用 JD 模式写入该市《新型城镇化规划》中，长沙、深圳两市拟全市推广 JD 模式，皆因主管部门不支持，而未能付诸实践），尽管国土资源部自 2005 年起就在全国推广 JD 模式，尽管上海世博会表明 JD 模式处于世界领先地位，但是，相关部门囿于传统城市建设理论，至今未能推广，致使城镇建设在错误道路上越走越远，八大难题及其危害日趋严重。

根据我国城市市区蔓延的规律“城区面积≈汽车保有量 ×500 平方米”，在汽车保有量达到人均约 0.5 辆的情况下，人均城区面积约为 250 平方米。据此，在城镇化基本完成后城市人口达 10 亿人、人均汽车保有量达到约 0.5 辆的情况下，城镇建设用地总量约为 25 万平方千米。截至 2020 年，城镇建设用地总量约 10 万平方千米。若城镇建设继续走老路，那么在城镇建设用地总量达到 15 万平方千米之后，再去推广 JD 模式改造老城区，以及改造后对大面积废弃城区土地进行复耕，其代价之高和困难之大难以想象，会导致 JD 模式的推广无法进行。根据笔者的测算，现已接近推广 JD 模式改造老城区时间窗口的末期。自国土资源部确定开始推广 JD 模式的 2005 年起，估计只有 20 多年的窗口期，已经白白过去了 16 年。笔者认为，一旦错过时间窗口，城市将再不能走回头路，我们会世世代代陷入城市病的折磨之中，八大难题也

将无法破解，我国人均耕地面积仅略超过世界平均水平的 1/4、资源相对匮乏，经济发展遭受多方面的严重制约。这样的后果给国家和人民带来的危害之严重和长久，不堪设想。

时不我待，切莫错过推广 JD 模式的时间窗口。

七、对通过推广 JD 模式破解八大难题的五点质疑

有人对推广 JD 模式提出质疑：人口密度过高；不利于防控疫情传播；不可能节地 90%；推广有困难且会带来新问题；城市旧改已完成了大部分，因而无法推广 JD 模式。释疑如下。

1. JD 模式人均用地 20 平方米左右最宜居

首先，在我国城市病尚轻的 1980 年，高层建筑并未普及，地面有大量的机动车道路，自然形成的人均城建用地为 26 平方米（数据来源于中央农办原主任陈锡文在国家行政学院的报告，见《中国城镇化建设读本》第 78 页）。笔者据此推断，在采用高层建筑且在架空平台这个人造地面上完全没有机动车的情况下，自然形成的人均城建用地会小于 26 平方米。

其次，人均占地仅 18 平方米的 JD 模式试点街区，人居环境宜居，完全没有拥挤的感觉。

综上，JD 模式人均用地 20 平方米左右最宜居。

2. 面对疫情，JD 模式使城市更安全

与疫情传播相关的人口密度，是指人们聚集场所的人口密度，而不是指整个城市的人口密度——对此有力的证据就是，城市人口密度很低的美国成为疫情最严重的国家。

人均城市建设用地约 20 平方米的 JD 模式城市，可以实现户外空间完全没有汽车，户外空间人均地面面积约为 17 平方米，人群聚集的空间很宽松。显然，在适于人群聚集的区域，JD 模式的人口密度远低于现在的城市。所以，所谓 JD 模式人口密度高而不利于防止疫情传播的观点，是没有根据的。

此外，JD 模式的城市具有步行、自行车、小汽车、公交车等四套各自独立的道路系统，同样四通八达，而且全程遮阳防雨。一旦有疫情暴发，人们完全可以不必乘

坐公共交通工具。这样可以有效防止通勤造成的疫情传播。

综上，即便疫情暴发，JD 模式城市也会更安全。

3. JD 模式确能节约城建用地 90% 以上

根据我国城市市区蔓延规律“城区面积≈汽车保有量 ×500 平方米”（如前文所述，2020 年城镇建设用地约 10 万平方千米、城镇汽车保有量约 2 亿辆）可知，平均每辆小汽车占用城区面积约 500 平方米。因而，在人均汽车保有量达到 0.5 辆的饱和水平后，人均城建用地约为 250 平方米。显然，采用人均城建用地约 20 平方米的 JD 模式，将使人均城建用地节约 230 平方米。（230 ÷ 250）× 100% ＝ 92%，即人均城建用地节约 92% 左右。

4. 推广 JD 模式改造老城区不会遇到大困难

有人认为，推广 JD 模式改造老城区会遇到难以克服的困难，且会带来新问题，因此不予考虑。这是错误的观点，理由如下。

首先，推广 JD 模式改造老城区，虽然会有某些困难，但都是除旧布新过程中不可避免的问题，也是短期内就可克服的困难。长沙市新河三角洲采用 JD 模式改造的成功实践，有力地证明了这一点。不采用 JD 模式改造老城区，则八大难题将无法破解且会日趋严重，使经济发展在诸多方面永远遭受严重制约。

其次，有人认为，按照 JD 模式建成后，城区会出现各类问题，这完全是因为对 JD 模式不够了解。如果能认真观看 JD 模式的视频，或与笔者深入交流，就会打消各种不必要的担心（笔者与三位院士交流后，中国工程院书面表示“JD 模式可在有条件的大城市局部地段加以实践”）。实际上，采用 JD 模式的长沙市新河三角洲和湘江世纪城的现状均已表明，担心是不必要的。

5. 所谓“城市旧改已进行得差不多了，JD 模式已经没有推广空间”，这个观点是不符合事实的

首先，还存在着大量有待改造的城镇老旧小区。根据《人民日报》2020 年 3 月 31 日的报道，2020 年全国新开工改造老旧小区 4.03 万个；2021 年的《政府工作报告》提出今年新开工改造城镇老旧小区 5.3 万个。此外，以用地最为紧张的深圳为例：平湖街道有 40 多平方千米的旧厂房区尚待改造；约 10 平方千米的布吉镇有待改造；中心城区还有园岭片区等 40 多年前建设的很多片区有待改造；近期又在采用必然产生

城市病的传统城市模式，规划建设约 90 平方千米的光明科技城——仅上述地区采用 JD 模式进行改造，就能使深圳的人口容量至少增加 1000 万人。

其次，前些年新建的砖混结构的多层建筑区域，也会慢慢变成有待改造的区域。

再次，过往的旧城区改造，只是将旧建筑改为新建筑，通过改造所建设的依旧是人车混杂城市病严重的城市，改造中的城镇建设依旧在走不可持续发展的老路。从可持续发展的角度看，必须将因产生严重城市病而不可持续发展的现在的城市，改变为可持续发展的城市，这是旧城区改造的应有之义。

特别是，自 2005 年至 2020 年，城镇建设已浪费了约 6100 万亩耕地和 31 万亿元投资。如果任由城镇建设继续走老路，那么，不仅城镇化全过程完成时，城镇建设将累计浪费约3亿亩耕地和150万亿元的投资（浪费的数量达到现已浪费数量的约5倍），同时，八大难题也会比现在严重很多。由此可见，无论如何都必须推广 JD 模式改造老城区。

八、新型城镇化取得全面成功需要软件和硬件两方面条件

2021 年 4 月 30 日中央政治局会议强调“要继续推动城乡存量建设用地开发利用，完善政府引导市场参与的城镇低效用地再开发政策体系。要强化土地使用标准和节约集约用地评价，大力推广节地模式”。这明确了新型城镇化取得全面成功所必需的硬件条件。

在社会经济发展的特定阶段，城镇化和汽车化（汽车的普及）犹如孪生兄弟，几乎同时推进。因而，新型城镇化必须能同时解决城镇化带来的问题和汽车化带来的问题，才能取得全面成功。解决城镇化带来的问题，需要以人为本等一系列政策这个软件条件；解决汽车化带来的问题，需要采用前文所述能破解八大难题的 JD 模式这个硬件条件。特别是，采用 JD 模式可消除所有城市病，使新型城镇化成为逐渐消除所有城市病的城镇化，符合中央以人民为中心的方针。

九、城市模式的抉择对经济发展影响极大，应纳入经济学的视野

城市是消耗资源和资金极多的最大人造物质体，又是人们生活和经济运行的主要载体。因此，能使城市建设和运行中的资源、资金、能源等方面消耗相差 10 倍以上

的关于“城市模式抉择的对或错”的研究，应纳入经济学的视野，得到经济学界的关注。这是笔者创立城市模式经济学的初衷。

放眼历史长河，自 1885 年第一辆汽车诞生至今的一百三十多年中，人类社会逐渐陷入城市文明与汽车文明的冲突之中，从而产生了日趋严重的城市病。究其原因，这个冲突是汽车时代城市采用马车时代城市模式的结果，或者说，是城市模式与时代错位的结果。只有推广 JD 模式解决城市模式与时代错位的问题，才能消除包括八大难题在内的城市病。换言之，八大难题之所以产生且长期未能破解，正是城市模式抉择问题未能纳入技术经济学视野的结果。

城市模式经济学作为技术经济学的学科，其首要任务是破解八大难题，进而研究城市模式对经济生活方方面面的影响，还要研究在 JD 模式开创的第三代城市中经济发展的规律（马车时代城市是第一代城市。在汽车时代采用“城区地面上人车交通并存”的马车时代城市模式的现行城市，是第二代城市）。

综上，世界由于“城市模式与时代错位”而陷入城市文明与汽车文明的冲突之中，推广采用 JD 模式才能使世界实现可持续发展。或者说，为了人类幸福和可持续发展，在全球城镇化和汽车化（汽车普及）的 21 世纪，我们这个世界需要进行一场推广 JD 模式的城市技术革命。从这个意义上说，本书理论讨论的虽然是中国的情况，但具有世界意义，如本书第七章所讲，本书理论所解决的是当代经济发展中两个深层次问题之一。

本书理论为初创，拜请经济学界人士给予指导，或共同研究，以完善之。

在此说明，考虑到有些读者可能选择性地只阅读本书中某些章节，为了保持各个章节中逻辑关系的完整性，本书立论所依据的基本事实或数据，在不同的章节中会重复使用。

关于推广JD模式的图片

习近平总书记高瞻远瞩地指出："我们不能照搬发达国家现代化模式，因为地球没有足够资源支撑。必须走自己的道路，对人类有所贡献。"

习近平总书记的上述指示，是推广JD模式的指导思想。

一、JD 模式试点街区实景照片

图 1　照片中包括水面在内的绿化面积，位于架空平台上。整个户外空间是一座完全没有汽车的大花园，环境清新、宁静、优美、安全，被《光明日报》誉为“宛若洋溢着现代都市风情的世外桃源”。

图 2　绿化部分位于架空平台之上，下方的开阔空间专供汽车行驶和停放。与现在的城市相比：人在上、车在下，各得其所、互不干扰；停车位密度提高约 15 倍，解决了停车难的问题；机动车道路皆为没有行人和自行车的快速路，通行能力提高约 5 倍，没有交通拥堵。

图 3　此照片是架空平台上的户外活动空间（架空平台的下方为停车库），步行、自行车道路完全没有汽车，而且可设遮阳防雨棚。

图 4　此照片为架空平台表面，几个方形玻璃构造物是架空平台下方空间的停车库和机动车道路的通风采光口。

二、第一代、第二代、第三代城市

图 5　第一代城市——马车时代的城市

图 6　第二代城市

城市模式与时代错位（指在汽车时代沿用“城区地面上人车交通并存”的马车时代城市模式）而产生了日趋严重的城市病，是第二代城市的主要特征。

图 7　JD 模式开创的第三代城市效果图

图 8　JD 模式开创的第三代城市效果图

JD 模式是消除了城市文明与汽车文明冲突的汽车时代城市模式。JD 模式开创的是无城市病的第三代城市——整个城区的户外空间，是完全没有汽车的宜人空间，是绿化率大于 60% 的大花园，清新、宁静、舒适、安全，儿童自由嬉戏、老人安享晚年、邻里友好聚会，人居环境极佳，被《光明日报》誉为“宛若洋溢着现代都市风情的世外桃源”。

三、JD 模式基本结构

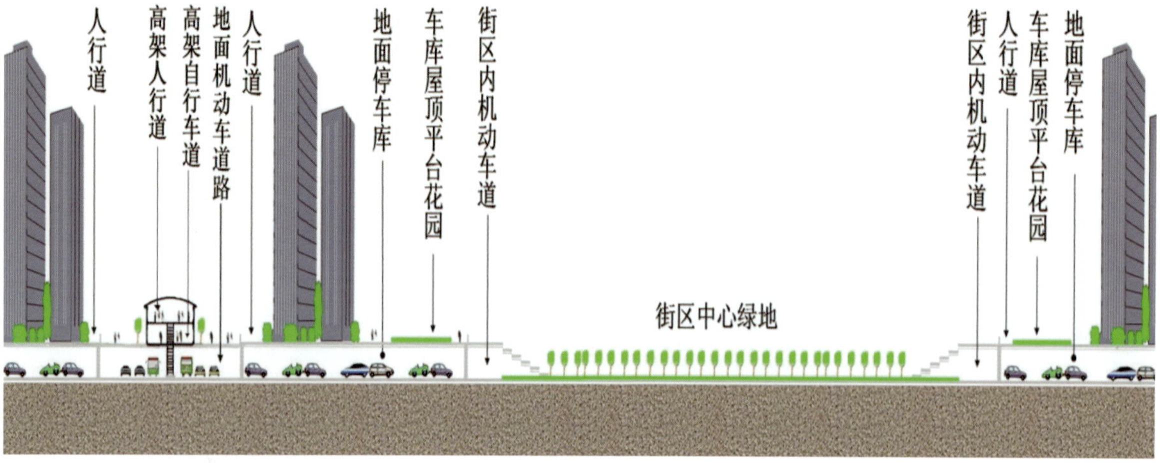

图 9　JD 模式街区断面示意图

图 10　JD 模式街区断面示意图

JD 模式城市，具有"人的天下"和"车的天下"这两组空间元素：一组空间元素是"人的天下"，由大面积的架空平台和分散在各个街区中的地面花园共同组成。这个"人的天下"，是占市区面积 100% 的、没有汽车的安全空间，是绿化率达 60% 的大花园，每个街区都有大面积的地面公园，公园中有体育场，居民随时都可以在公园中休憩和锻炼。另一组空间元素是"车的天下"，由地面机动车道路和地面停车库构成，没有交通拥堵和停车困难。

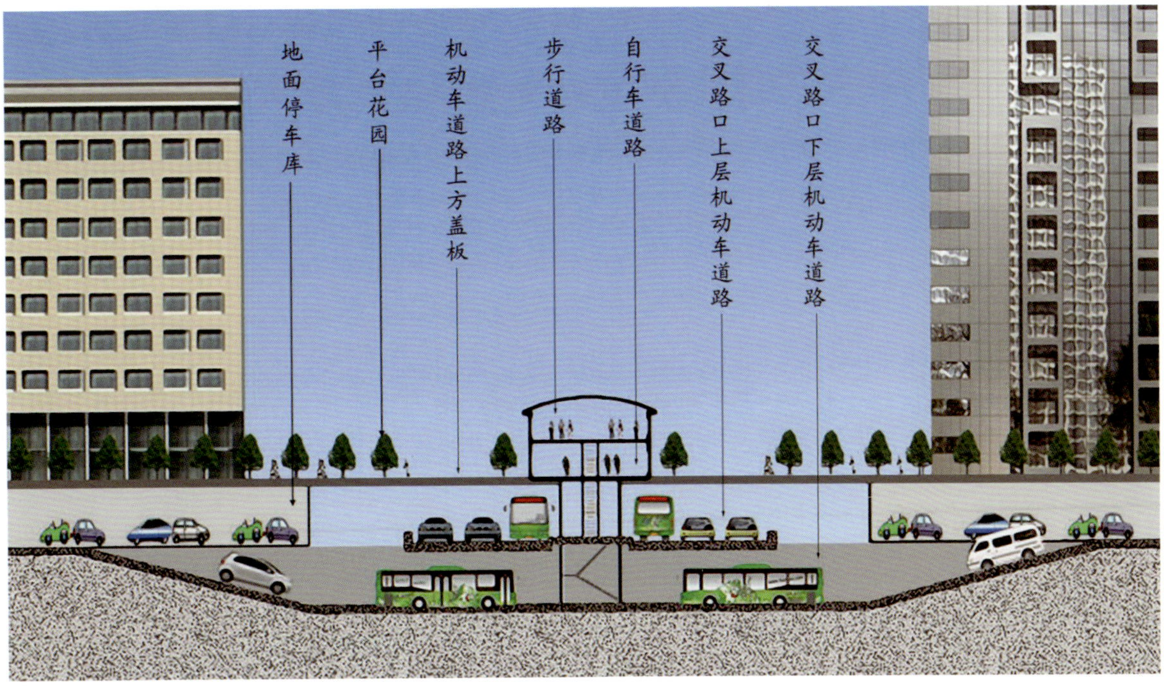

图 11　JD 模式交叉路口断面图

图 12　JD 模式城市户外空间效果图（完全没有汽车、环境高度宜人）

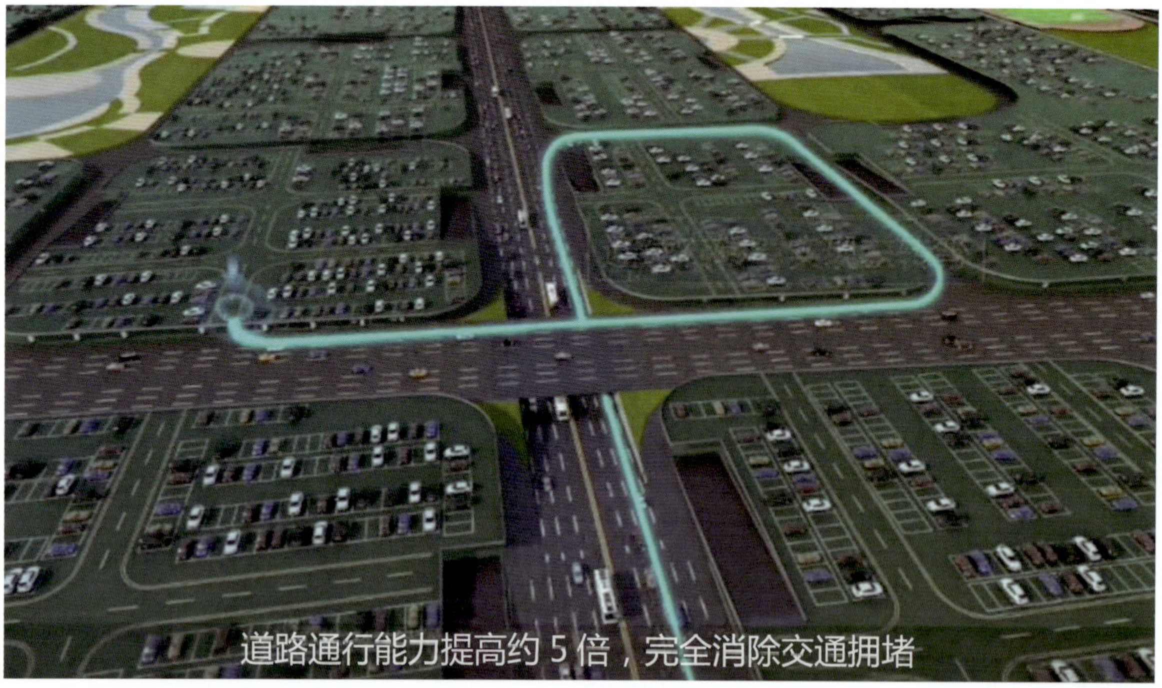

图 13　地面停车库和地面机动车道路效果图（架空平台拿掉后）

图示的大面积地面停车库，使停车位数量约为现在城市的 15 倍，完全解决了停车困难的问题。图示的地面机动车道路上完全没有行人和自行车，交叉路口均设简单立交桥，取消全部红绿灯，道路通行能力提高约 5 倍，完全消除交通拥堵问题。

图 14　JD 模式地面停车库效果图

四、JD 模式城市具有各自独立且四通八达的四套道路系统

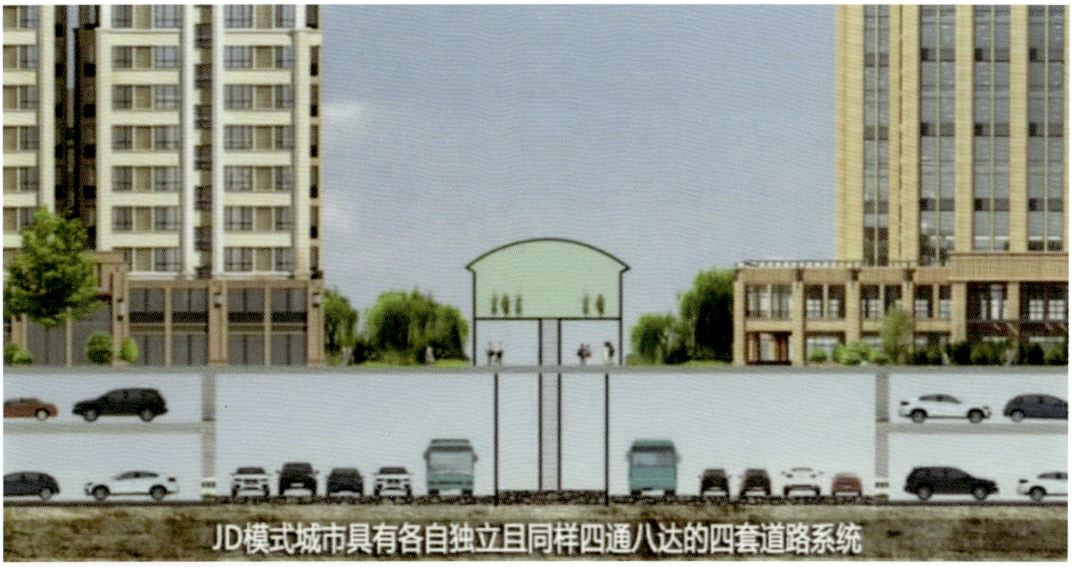

图 15　JD 模式中人行道、自行车道、小汽车道、公交车道示意图

JD 模式城市，具有各自独立且同样四通八达的四套道路系统，汽车想撞行人和自行车也撞不上，老幼出行皆安全。第一套道路系统，是架空平台上的步行道路，全程遮阳防雨，路旁有座椅，每隔一段距离设一个休息站。第二套道路系统，是架空平台上的自行车道路。路旁设自行车存放处。第三套、第四套道路系统，是位于架空平台下方地面上的机动车道路。地面机动车道路，划分为公交车专用车道和其他汽车行驶的车道。

图 16　架空平台上的步行道路效果图

图 17　自行车道路系统效果图

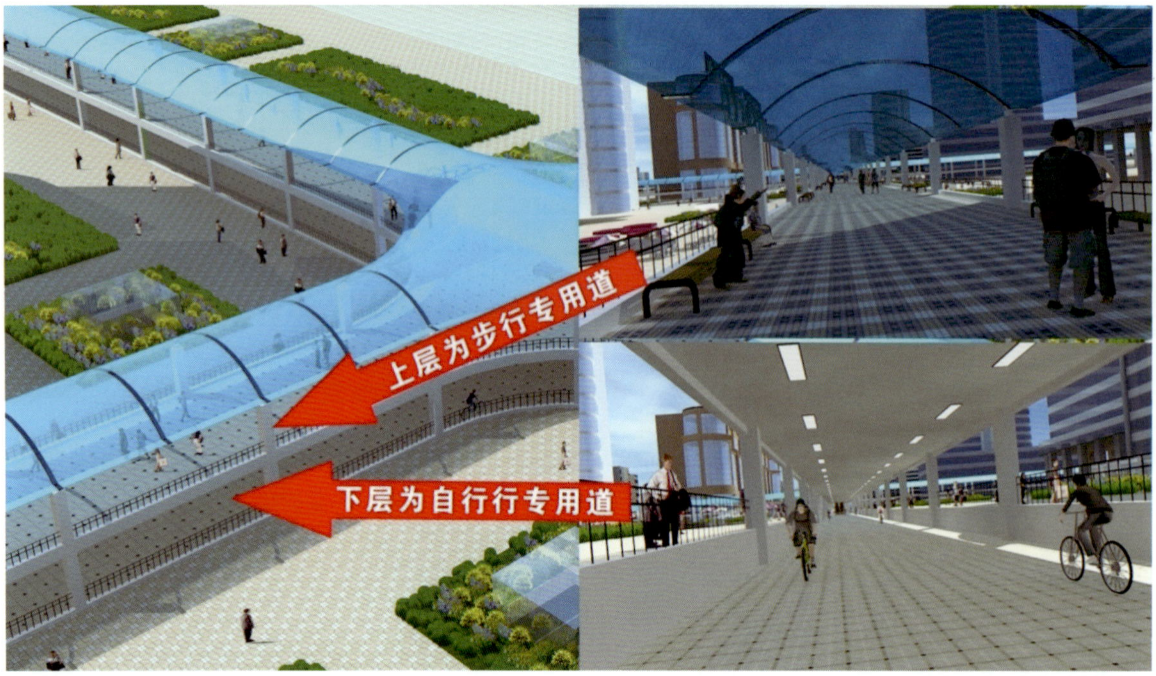

图 18　JD 模式慢行道路效果图

图 19　JD 模式公交车专用车道和站台效果图

图 20　JD 模式上下层公交车通过自动扶梯换乘的效果图

公交车站台设置在机动车道路交叉路口的中央分隔带处，上下层公交车通过楼梯或自动扶梯，实现近距离换乘。

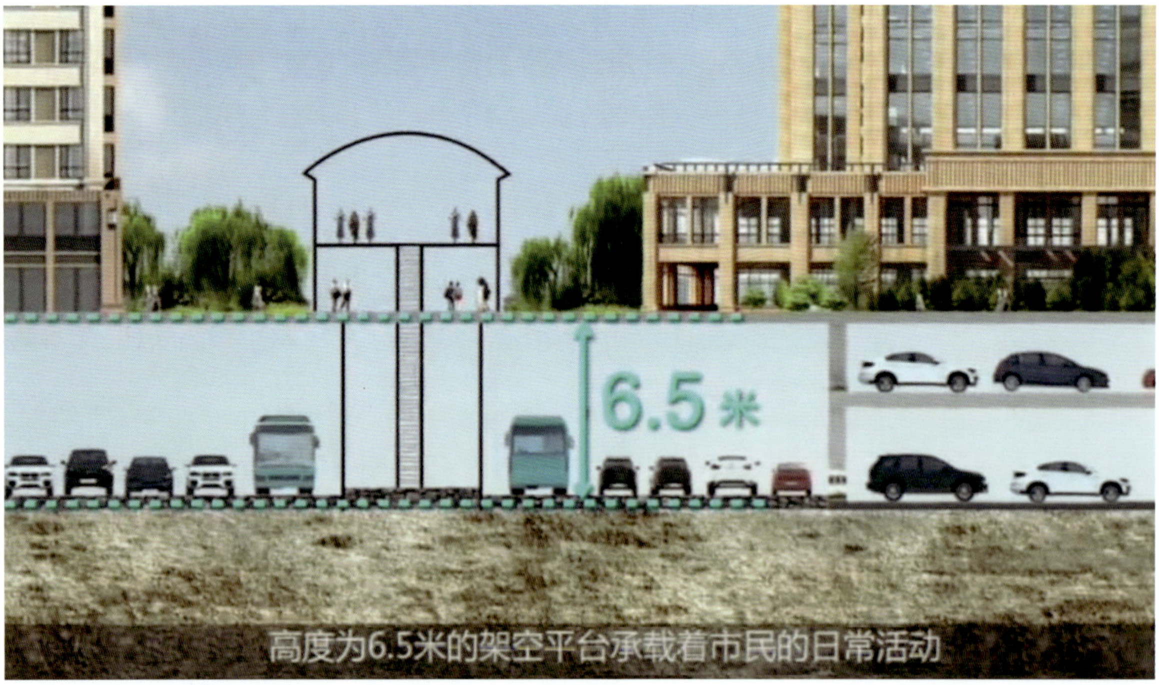

图 21　架空平台高度示意图

这张效果图表明，架空平台的高度约 6.5 米，相当于城区地面的标高提高约 6.5 米，因而可以有效地避免市区内涝。这对低洼地区的城市尤为重要。

五、高度宜居的 JD 模式城市

图 22　JD 模式户外空间效果图

图 23　JD 模式户外空间效果图

六、采用 JD 模式改造老城区交通 建设绿色交通系统

图 24　现在城市普通道路的断面图

现在城市中，小汽车、公交车、自行车和步行等四种交通方式混杂在地面道路上，每一种交通方式都受到很大干扰，城市出行质量和经济活力日益降低。

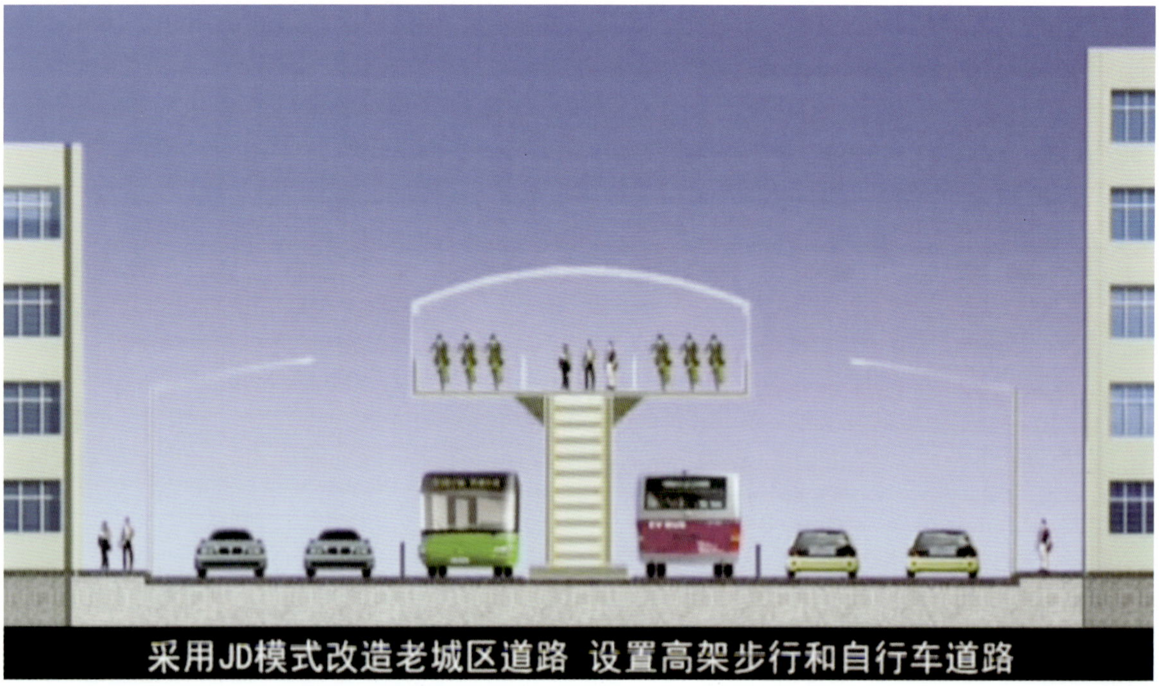

图 25　采用 JD 模式改造后道路的断面图

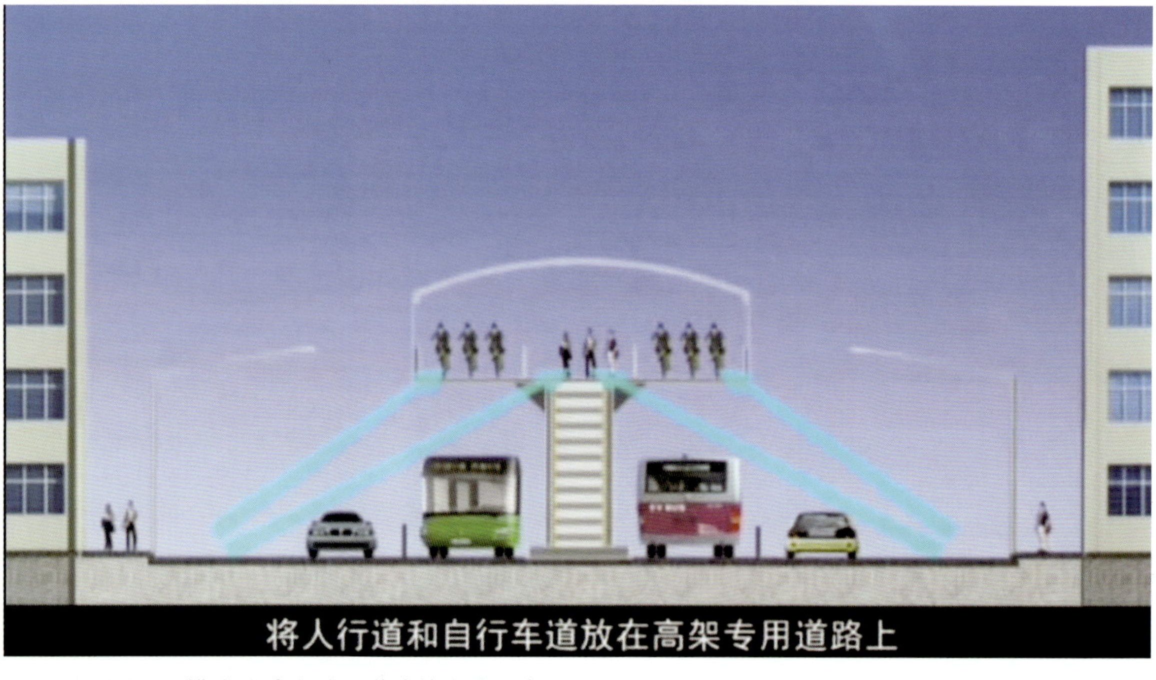

图 26　采用 JD 模式改造老城区道路的方法示意图

采用JD模式改造老城区道路，将原来处于地面边道上的步行和自行车道路，放到高架的步行、自行车道路上，并在地面道路上设置公交专用车道，从而实现步行、自行车、公交车和小汽车等四种交通方式，完全分开，互不干扰。

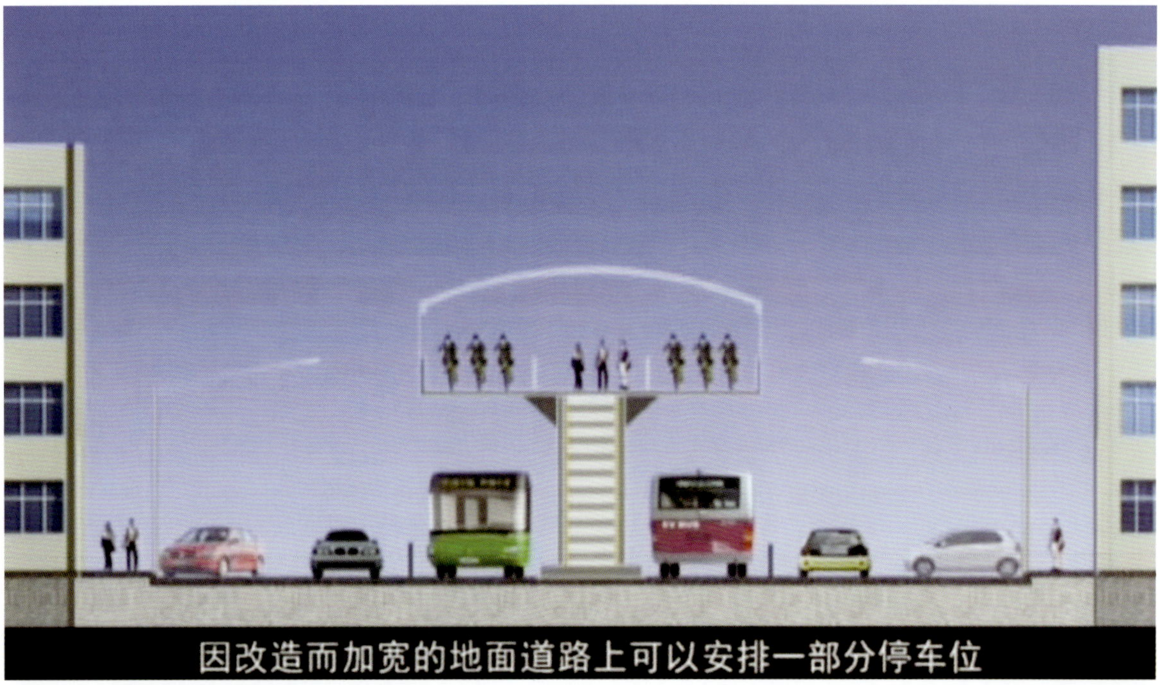

图 27　JD 模式改造老城区结构断面图

改造后同样宽度的道路上增加了两条公交车专用车道，提高了机动车道路的通行能力；或者将人行道和自行车道放在高架专用道路上，而加宽的地面道路上安排一部分停车位，以缓解停车难问题。

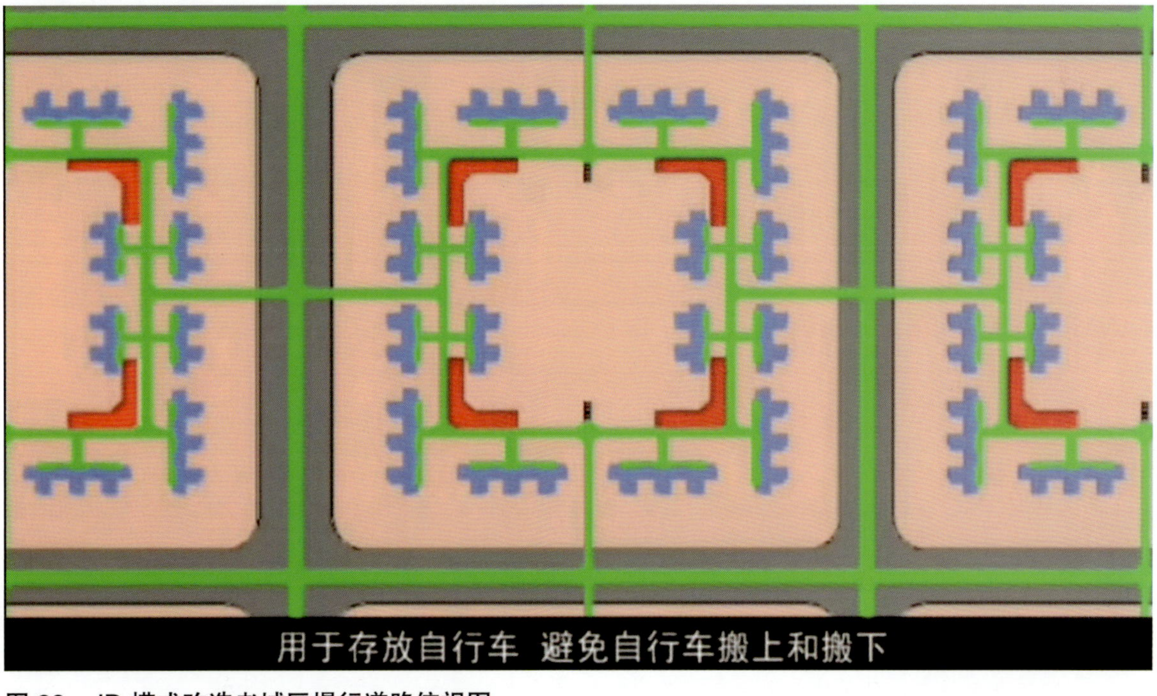

图 28　JD 模式改造老城区慢行道路俯视图

图中所示的高架步行和自行车道路可以延伸至街区内或建筑物附近，也可在高架路上设自行车存放处，用于存放自行车，避免自行车搬上和搬下。

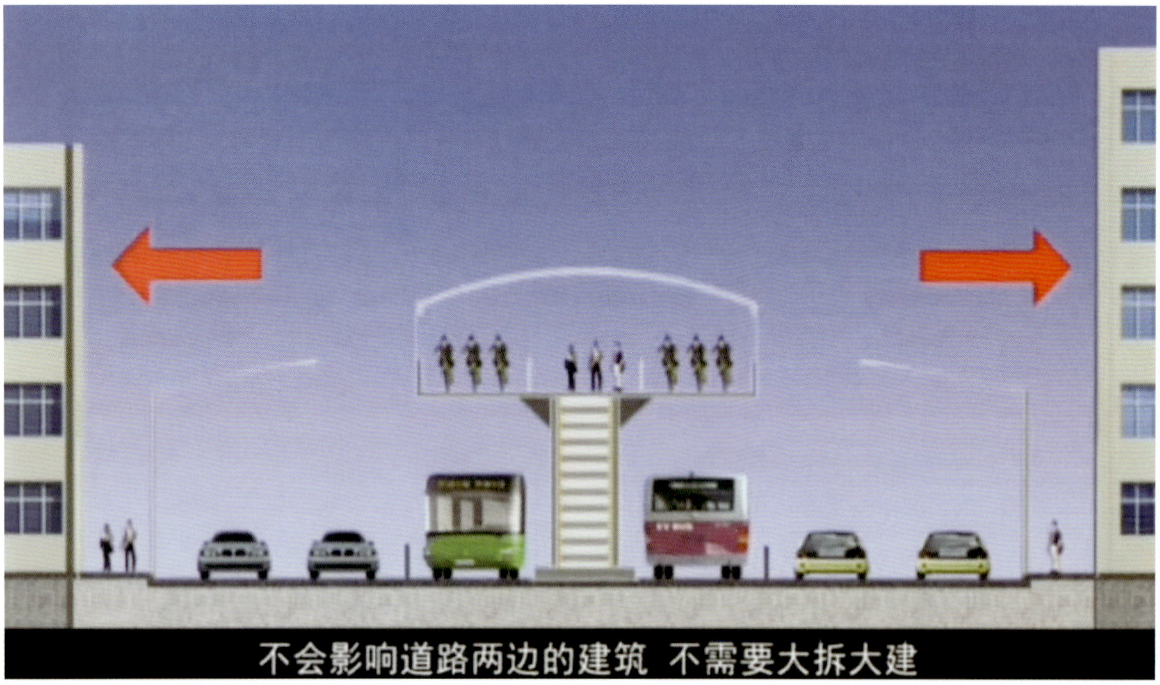

图 29　采用 JD 模式改造老城区道路图（路边的建筑物不需要大拆大建）

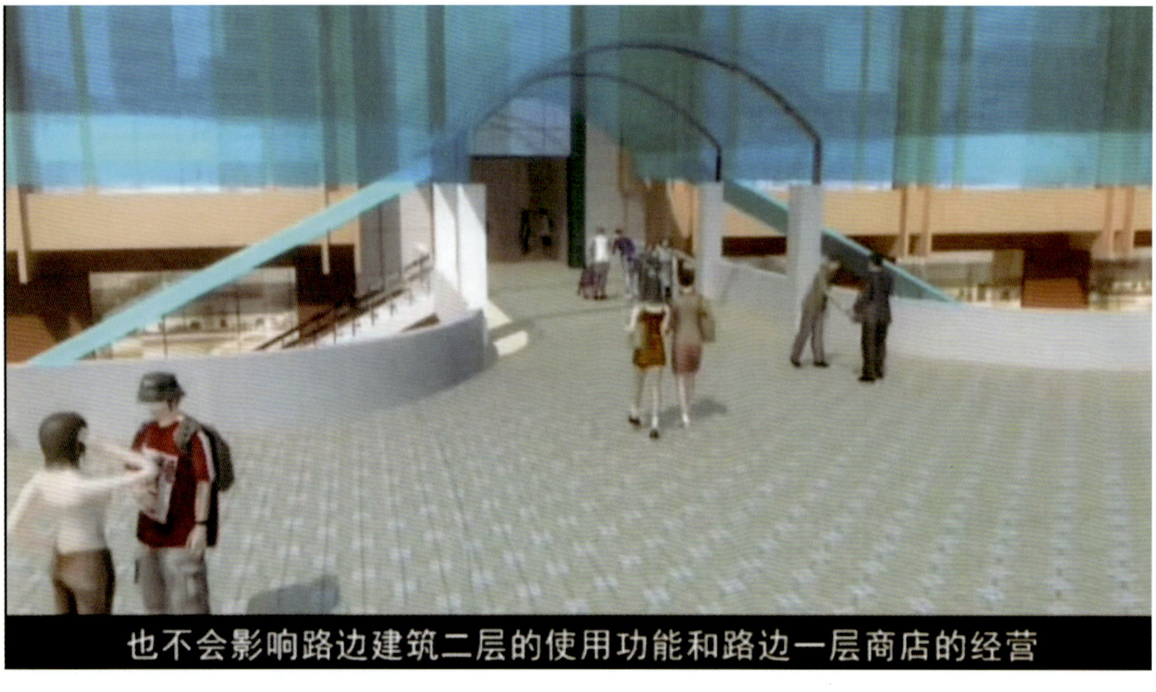

图 30　JD 模式改造老城区步行道路效果图

设置高架步行和自行车道路，不会影响路边建筑二层的使用功能和路边一层商店的经营。

图 31　JD 模式改造老城区公交站台效果图

改造后可彻底实现公交优先，高架路下方的公交车站台有楼梯与上方的步行、自行车道路连通，乘车安全、方便，并遮阳防雨。

七、规划案例——深圳园岭片区采用 JD 模式改造效果极好

园岭片区位于深圳市福田区荔枝公园北侧。园岭片区是脏乱差问题突出的旧城区（现状图附后），居民意见很大，为此，前些年深圳原市委副书记到园岭片区召开过居民座谈会。当年市政府有关领导初步决定采用 JD 模式改造园岭片区。在这种情况下，笔者所领导的深圳维时城市研究中心设计了园岭片区采用 JD 模式的改造方案。

以下情况表明，园岭片区采用 JD 模式改造效果极好：

● 集约化程度明显提高——改造中新建的建筑面积 194 万平方米，为改造中拆除的建筑面积 54 万平方米的 3.6 倍，可提供安居房 3500 套。

● 绿化覆盖率明显提高——改造后绿化率 62%，为改造前 10.8% 的 5.7 倍。

● 完全消除停车困难——改造前停车位不足 2000 个，改造后停车位 27000 多个。

● 人居环境彻底改善——从空中俯视（见图 33），整个片区完全没有汽车，户外空间环境安全、优美，居民犹如住在公园中，特别是，片区南北分别有 7 万多平方米和 4 万多平方米的两个绿地花园，花园中设体育场、体育馆、游泳池，居民可随时到花园中休憩，幸福指数明显提高。架空平台下方地面层布置机动车道路和停车库（见图 34）。

图 32　深圳园岭片区现状图

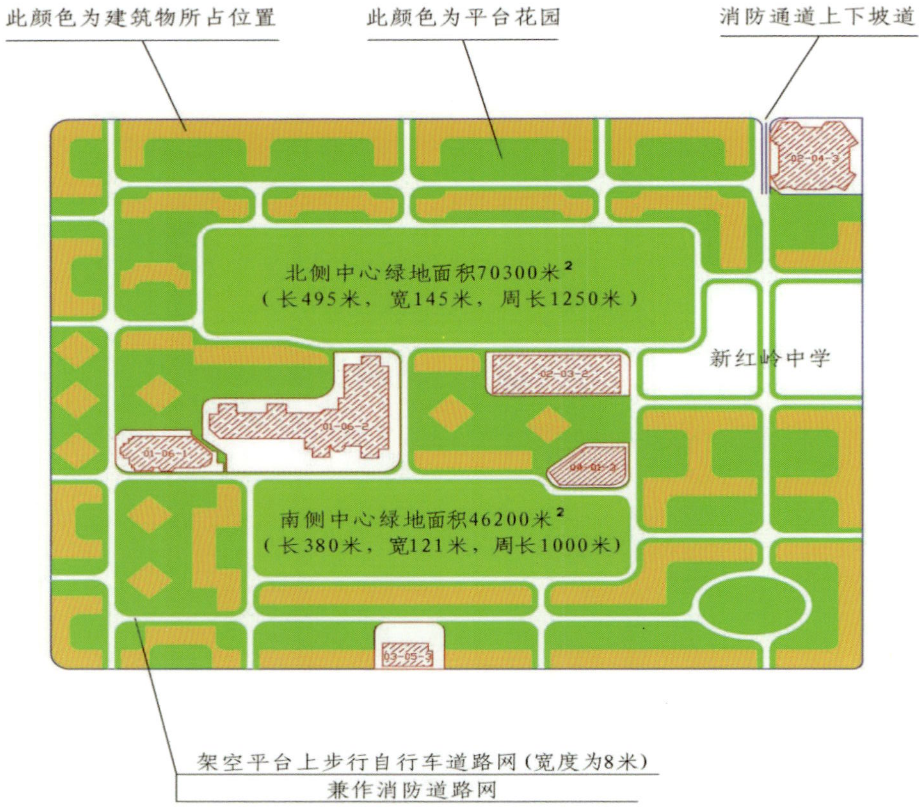

说明

1. 本图为距地面6.5米高的架空平台的空中俯视图，架空平台覆盖着整个园岭片区，周边紧邻红岭路、红荔路、上步路、笋岗路。架空平台上布置了建筑物、平台花园和步行自行车道路。图中的南北中心绿地在地面上。
2. 用地面积
   园岭片区用地面积57.6万平方米，扣除已有高层的占地面积4.96万平方米后，更新改造用地面积为52.64万平方米。
3. 更新改造后基本数据
   （1）建筑面积194.4万平方米，为改造前54.06万平方米的3.6倍。
   （2）南北中心绿地面积共11.65万平方米。
   （3）架空平台面积40.99万平方米。
   （4）建筑密度16.8%。
   （5）绿化覆盖率
   新建用地面积上绿化覆盖率67%。
   园岭片区总绿化覆盖率为62%，为改造前绿化覆盖率10.8%的5.7倍。
   （6）停车位27192个，平均每户2个车位。
   （7）文体、教育、医疗卫生等配套设施的容量，与改造后的户数按同比例增加。
   （8）提供3500套保障性住房。
4. 本图与“园岭片区采用JD模式地面机动车道路网及地面停车库布置图”两张图分别表示人的活动空间和机动车的活动空间，共同构成人车全面分离的技术方案。

图名	园岭片区采用JD模式更新改造规划方案（空中俯视图）
设计单位	深圳市维时科技实业发展有限公司

图33　采用JD模式改造园岭片区的规划俯视图

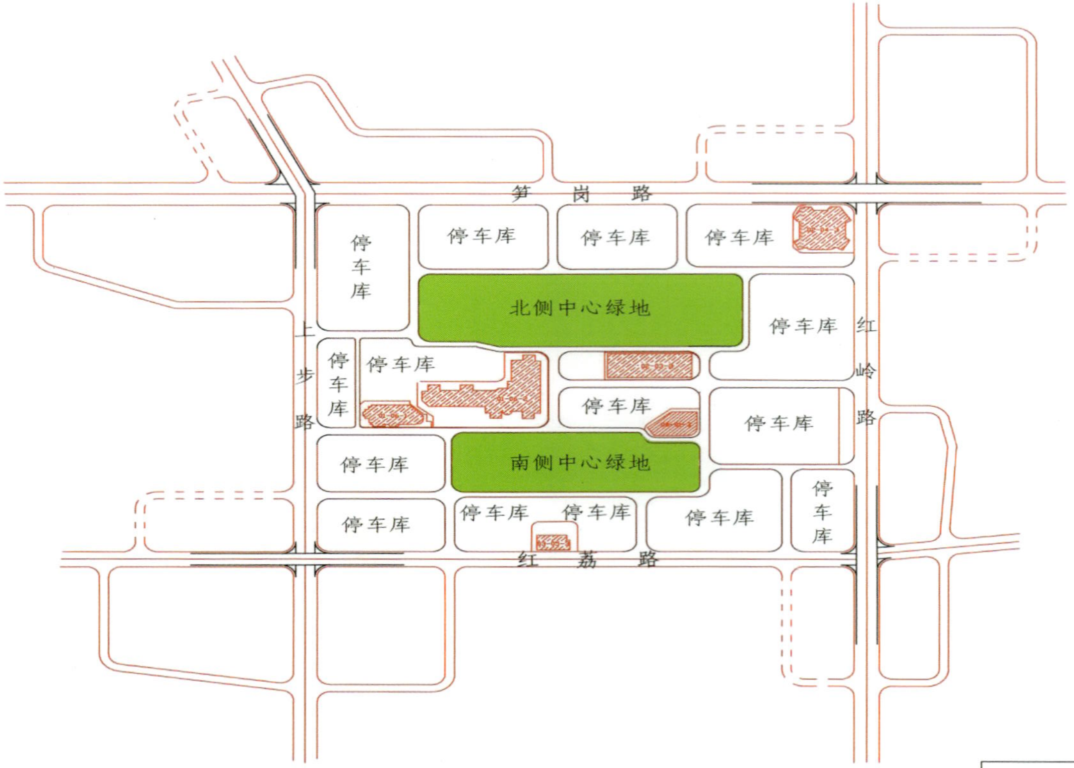

说明

1．图中道路为地面道路，停车库为地面停车库。
2．园岭片区四个角上的路口改造为互通式立交路口，路口通行能力提高到3倍，使本片区的车辆进出畅通，并可消除交叉路口的交通拥堵和停车等待红绿灯。
3．如2所述的交通系统改造后，不仅本片区改变面貌，而且周边交通也改变面貌，成为具有全面示范作用的城市更新单元。推广采用此更新单元，并采用JD模式的第二套技术方案，形成步行、自行车、公交车、小汽车等4套独立的道路系统，目前以小汽车为中心的交通将转变为多元化的绿色交通。
4．立交桥的下穿道路两旁设置人行便道，使此方向的行人和自行车不必等待红绿灯穿行斑马线，既便捷又安全；并在此下穿道路上设置过街天桥，供另一个方向的行人和自行车使用。
5．本片区南侧的地铁3号线通新岭站C出口和红岭站D、E出口处，设自动扶梯直通架空平台。
6．如有可能，建议市有关部门将本片区四个角路口拟设置的上跨式立交改为下穿式立交。

图名	园岭片区采用JD模式 地面机动车道路网及地面停车库布置图
设计单位	深圳市维时科技实业发展有限公司

图 34　采用 JD 模式改造园岭片区地面停车库和机动车道路规划图

八、时任长沙市副市长曾宣布要在全市推广 JD 模式

在国土资源部举办的推广 JD 模式的会议上，时任长沙市主管城建的副市长发言："我这次来主要是对董国良教授的 JD 模式做更深入地了解。我对 JD 模式的认识应该说到了第三个阶段。第一个阶段是认识的阶段，第二个阶段是实践的阶段，第三个阶段是提高的阶段。两年前我看了 JD 模式的材料之后，马上要求相关部门进行论证。就是采用 JD 模式把三角洲地区的开发实施了。这个项目原来财务上是平衡不了的，但按照 JD 模式实施之后，大概纯赚了 40 个亿。我们准备把 JD 模式在全市的城市建设的各个领域全面推开。现在的平均容积率是 0.8，都按照 JD 模式做的话，容积率平均做到 3，土地利用价值是 4 倍。通过实践证明，JD 模式这个理念在未来的城市发展过程中，具有重要的战略意义。"

遗憾的是，在决定全面推广 JD 模式之后的不久，由于主管领导调任 JD 模式的推广因此搁浅了。

图 35　国家畅通工程专家组专家、教授　段里仁

段里仁指出："城市发展的问题，在全世界都没有解决，因为我考察了全世界几十个国家 300 多个城市，我们现在，不但是在中国，就是在全世界，都存在一个城市模式的创新问题，大家来推一推（JD 模式），我想，对我们千秋万代都是很有意义的一件事情。"

九、JD 模式获社会广泛认同

图 36　清华大学原教务长、规划系教授　北京市交通顾问组原组长　李康

李康指出：“我们现行的传统城市模式，叫作多元、交叉、混杂、叠加、自找麻烦的一个不大好调控的复杂大系统，我们现在搞的这个东西（JD 模式），是多元、复合、自组织系统，自然就形成了、自然就顺畅了、自然就解决了，等等，而且是一举多得，兼顾到各种需求，不是只考虑有车族，还考虑公共交通、自行车、步行，这是效率和公平相统一的一个东西。”

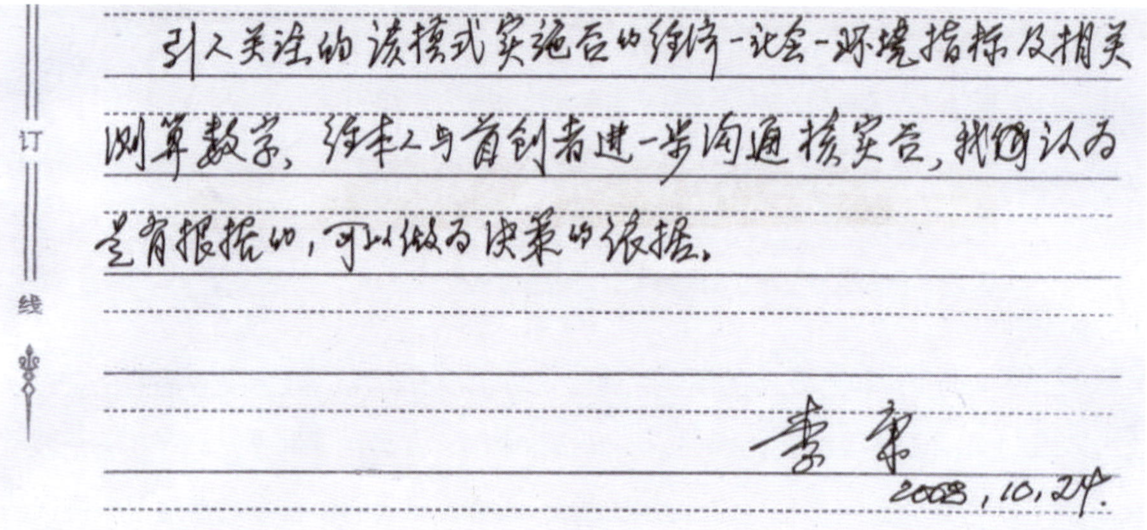
引人关注的该模式实施后的经济-社会-环境指标及相关测算数字，经本人与首创者进一步沟通核实后，我们认为是有根据的，可以做为决策的依据。

李康
2008，10，24.

图 37　李康亲笔书写文件

图 38　上海市政设计院总工程师　徐健

徐健指出："听了 JD 模式介绍以后，确实觉得是一个很大的概念上的创新，JD 城市模式，对中国国情是非常合适的，真正推行这种模式，对中国的可持续发展非常重要，董先生这个 JD 模式，把整个城市空间和交通空间结合起来考虑，我觉得这种思考方式非常正确。"

图 39　同济大学交通工程系主任、教授　国家畅通工程专家组副组长　杨晓光

杨晓光指出："现在我们不能再简单地模仿欧美和日本的模式，因为他们的模式是'水多了加面，面多了加水'这样一点点发展出来的一种城市模式，我们城市里面

之所以资源浪费、之所以不集约，实际上就是因为我们在整合上有问题。我们的大学几乎拥有建造一座城市所有的学科和专业，但整合不到一起来，专业层面整合不到一起，思想理念整合不到一起。董先生为我们提出来了一个思考，我觉得这个非常值得说一说。我对他提的模式的认识和理解是，一个核心，一个关键：这个核心非常关键的核心可以用整合来说，一个是功能的整合，一个是空间的整合，还有一个就是，把城市中方方面面的问题，包括规划、建设，不管是政策层的，还是工程层的，实际上都在做整合，包括交通体系的整合，所以整合是这个模式（JD 模式）里面关键的一个东西。这一块的整合正是我们所需要的；一个关键，它实际上是各种指标、各种设计方法，各种技术的整合，还有慢和快的整合，动和静的整合等。”

时任上海市浦东区副区长指出：“这是城市发展模式的一次创新，是一次革命性的创新，这是一种内涵式的发展，是真的符合科学发展观。以人为本，我觉得它对人的关注，好比说慢行交通、公共交通、公共环境、公共空间，我觉得都给予了非常大的关注和关切，我想这本来也是我们城市发展需要遵循的，所以非常感谢董先生给我们开启了一扇重新思维的大门，我们浦东，将要努力地学习董先生这个模式，在学习的基础上，是不是有可能积极去实践。”

十、笔者就 JD 模式做学术报告

图 40　2008 年 4 月 16 日笔者在清华大学研究生院讲学

图 41　2007 年 12 月 25 日笔者在北京大学研究生院讲学时回答问题

图 42　2004 年 11 月 25 日笔者在同济大学讲学时回答问题

图 43　2010 年 11 月 2 日笔者在浙江大学做学术报告

图 44　2004 年 2 月 12 日笔者在深圳风险投资论坛演讲

图 45　2004 年 11 月 3 日笔者在深圳第一届城博会演讲

图 46　笔者在世界工程师大会上就 JD 模式发表主旨演讲

目录 CONTENTS

第一章　本书理论要点——经济发展中八大难题及其破解 // 001

第二章　现行城市模式产生经济发展中八大难题的机理 // 029

第三章　JD 模式破解经济发展中八大难题的机理 // 053

第四章　强化或弱化经济发展中八大难题的三类效应 // 075

第五章　城市模式与经济生活各方面的关系 // 109

第六章　城市模式学理论的要点 // 137

第七章　本书理论解决的是经济发展中两个深层次问题之一 // 155

附　录 // 173

第一章

本书理论要点
——经济发展中八大难题及其破解

本章提要

一、现已接近破解经济发展中八大难题时间窗口的末期 破解有治本之策 // 003
二、经济发展中八大难题及其破解 // 008
三、推广 JD 模式改造老城区 每年对 GDP 贡献 5 万亿元 // 015
四、推广 JD 模式将在六个方面助力国内经济大循环 // 021
五、与产生及破解经济发展中八大难题相关的情况 // 022

城市是消耗资源和财力极多的最大人造物质体，又是人们生活和经济运行的主要载体，所以，城市市区大系统格局或是粗放混杂，或是集约有序，将决定经济发展会否面对严重制约经济发展的八大难题。本章中将说明，摒弃现在城市所采用的导致市区大系统格局粗放混杂的“城区地面上人车交通并存”的马车时代城市模式（现行城市模式），采用简称为JD模式的汽车时代城市模式，可根除城市病，从而破解经济发展中八大难题。关于何为经济发展中的八大难题，以及何谓城市模式，本书前言中已做了充分说明，不再赘述。

国土资源部2005年6月在无锡举办节约集约用地市长研讨班，并同场举行国土资源系统各省市厅局长会议，原副部长贠小苏主持会议，笔者在会上就JD模式进行了详细讲解。自此起，国土资源部在全国推广因能根除城市病而使城建用地和城建投资节约90%左右的JD模式。然而，2005年以来已经过去了16年，JD模式至今未能得以推广。

一、现已接近破解经济发展中八大难题时间窗口的末期　破解有治本之策

（一）若错过时间窗口　则八大难题会日趋严重且永不能破解

现在我国面临一个不争的严峻事实，尽管面对八大难题有关部门采取了很多对策，但不仅未能破解，而且日趋严重。仅以城镇建设大量浪费耕地为例：《国家新型城镇化规划（2014—2020）》第一篇第二章中披露：“1996—2012年，全国城镇建设用地年均增加357万亩；2010—2012年，全国城镇建设用地年均增加515万亩。……城镇建设浪费了大量耕地资源，威胁到粮食安全和生态安全，也加大了地方政府性债务等财政金融风险。”数据显示，1996—2012年这17年中的后三年（即2010—2012）城镇建设用地年均增加的515万亩，是这17年年均增加357万亩的143%，这种情况表明，城镇建设浪费耕地的速度越来越快，大量浪费耕地的问题持续加重——2005年我国城镇建设用地仅6万多平方千米，2020年已增加至10万多平方千米，城镇建设用地年均增加约406万亩。

若2005年采用国土资源部在大力推广的JD模式，则基本上是在新城区建设中推广JD模式，而不是采用JD模式改造老城区，如此，可顺利进行推广且节约大量投资。

若2005年起就推广JD模式，那么如今我国已是完全没有城市病的国家，也根本不会产生经济发展中八大难题。2005年处于推广JD模式时间窗口的开端，遗憾的是，在2005年如此适于推广JD模式的情况下，竟未得以推广，致使2005年至2020年的15年中，城镇建设累计浪费约6100万亩耕地和31万亿元投资，平均每天浪费约1.1万亩耕地和55亿元投资。

根据上一段所述的情况，我国的城镇建设自2005年起就不应该再采用现行城市模式，而应该采用JD模式。但是，在国际社会实际上早已告诫不应再采用现行城市模式的情况下（详见前言中的“四、城镇建设勿走国际主流观点所坚持的老路……”），在国土资源部自2005年起大力推广JD模式且试点实践已证明JD模式根除城市病效果（后文中有说明，无城市病则无经济发展中八大难题）的情况下，我国的城镇建设却至今仍固守着现行城市模式、走在产生经济发展中八大难题而使经济发展逐渐陷入困境的道路上——我国人均耕地约为世界平均水平的1/4，城镇建设浪费大量耕地资源已经威胁到粮食安全和生态安全，而随着汽车保有量不断提高，城镇建设威胁粮食安全和生态安全的问题将更加突出。

严重的问题是：目前已接近推广JD模式从而破解经济发展中八大难题的时间窗口末期，总共为20多年的时间窗口，已经白白地失去了16年；再拖下去，随着城市市区的持续蔓延，终将会失去适于推广JD模式的条件。到那时，城市将再不能改好，世世代代会陷入城市病折磨之中；经济发展中的八大难题不仅更加严重，而且永不能破解——这给人均耕地面积仅略超世界平均水平的1/4、资源相对匮乏且人口众多的我国所带来的危害之严重、危害之持久，不堪设想！

（二）认识八大难题是次生城市病　即知彻底破解之路

有关部门之所以未能把根除城市病作为破解经济发展中八大难题的治本之策，是由于未能解决一个十分重要的认识问题：未认识到经济发展中八大难题是次生城市病。

为便于后面的讨论，现将经济发展中的八大难题列在下面：

城镇建设浪费巨量耕地；

城镇建设浪费巨额投资；

城市交通能耗巨大（导致对进口石油依存度畸高）；

城市交通产生巨量碳排放；

大城市房价高企；

房价高企对大城市出生率的刚性制约；

城镇建设透支资金和房价高企威胁金融安全；

交通拥堵和停车困难制约汽车产业发展。

1. 城市病分为原生城市病和次生城市病两类

传统观点对城市病的认识十分笼统，未能认识到城市病分为原生城市病和次生城市病两类。因而也不知道，只要消除原生城市病，则次生城市病皆会被消除。

在城市模式学理论和本书理论中，所讲的根除城市病，就是消除原生城市病。只要消除原生城市病，就必然消除次生城市病。

所谓原生城市病，是汽车进入城区地面以来首先产生的几种城市病。

所谓次生城市病，是由原生城市病所衍生出来的城市病。

城市病可以划分为20种：交通拥堵、停车难、出行难、户外环境恶化、市区蔓延、大量浪费耕地、大量浪费城建投资、交通能耗大、交通碳排放多、交通事故频发、治安管理难、噪声充斥、限制小汽车购买和使用、职住错位、上下班交通时间长、房价高企、大城市出生率的刚性制约、绿化覆盖率低、雨水难以渗入地下、挤占文脉和风貌保护用地。

上述的20种城市病中，只有4种是原生城市病，即交通拥堵、停车难、出行难、户外环境恶化。

这4种原生城市病，是在汽车进入城区地面并逐渐增多的情况下，必然出现的各自独立的城市病——汽车太多了，就会造成交通拥堵；汽车太多了，就会出现停车难；汽车太多了，机动车道路就会将步行、自行车道路系统分割得支离破碎，自然会出行难；汽车太多了，本属于人生存所必需的户外空间成了汽车的天下，此即户外环境恶化。

本书第二章中，关于城市病产生机理分析的20个方框图表明，除了4种原生城市病之外的其他16种城市病，都是由4种原生城市病所衍生出来的次生城市病。

2. 经济发展中的八大难题 都是次生城市病

将经济发展中八大难题与上述的20种城市病进行对比，我们会发现：（1）所述的八大难题中，城镇建设浪费巨量耕地、城镇建设浪费巨额投资、城市交通能耗巨大、城市交通产生巨量碳排放、大城市房价高企等五大难题，本身就是次生城市病。（2）所述的八大难题中，房价高企对大城市人口出生率的刚性制约、城镇建设透支资金和房价高企威胁金融安全、交通拥堵和停车困难制约汽车产业发展等三大难题，是由“房价高企”“限制小汽车购买和使用”这两个次生城市病直接衍生出来的，也可以说是由原生城市病通过“房价高企”和“限制小汽车购买和使用”这两个次生城市病而间接衍生出来的次生的城市病，所以，这三大难题实际上也是次生城市病。总之，所述的八大难题都是城市病。

3. 认识八大难题是次生城市病 即知破解的治本之策

如上文“（1）”中所述，消除原生城市病，则次生城市病自然被消除。

那么，既然经济发展中八大难题是次生城市病，就应该把推广唯一能消除交通拥堵、停车困难、出行难、环境恶化等四个原生城市病的JD模式，作为破解经济发展中八大难题的治本之策——如此，也只有如此，才能彻底破解经济发展中八大难题。

（三）根除城市病的JD模式是破解八大难题的技术基础

1. 传统理论根深蒂固地认为根除城市病的城市模式根本不存在，因而无从破解经济发展中八大难题

相关部门之所以拒绝推广国土资源部推动下的试点实践已证明其根除城市病效果的JD模式，一个重要原因是，他们囿于传统城市建设理论，认为根本不存在能够根除城市病的城市模式。

这种根深蒂固的错误认识，源于被传统城市建设理论奉为经典的国际建筑大会的《马丘比丘宪章》。具体情况是：自1902年霍华德提出“田园城市”以来，发达国家的业界人士始终在寻找答案；特别是在1933年世界建筑大会的《雅典宪章》中提出“确实需要寻找一种新的街道系统，以适应汽车普及”（采用现在的术语，这段话实际上是说：需寻找真正能消除城市病的城市模式）；但在《雅典宪章》之后，经过44年的探索，陆续出现的多种技术方案都未能消除城市病，从而业界完全丧失信心，1977年世界建筑大会的《马丘比丘宪章》中断言，“44年来的经验证明，道路分类、增加车行道和设计各种交叉口方案等方面，根本不存在最理想的解决方法”（采用现在的术语，这段话实际上是说：44年来的经验证明，真正能消除城市病的城市模式根本不存在）。

《马丘比丘宪章》中的上述断言，是要人们甘于忍受城市病的折磨，是认为根本找不到能真正消除城市病的城市模式。虽然《马丘比丘宪章》中的断言使其后的二十多年中有些业界人士停止了探索，但日趋严重的城市病问题已经让人们忍无可忍。2000年100多个国家代表参加的世界未来城市大会的《柏林宣言》认定“全世界的城市没有一个真正做到可持续发展”。代表国际主流观点的国际展览局在上海世博会筹备会议上向各国呼吁“面对21世纪的各种挑战，我们别无选择，必须创造出城市新模式”。

上述表明，国际主流观点实际上已经重新提出了《雅典宪章》中提出所要寻找的目标，即“必须创造出城市新模式”。而囿于传统城市建设理论，有关部门依旧固守着必然产生城市病的现行城市模式——这使经济发展深受其害。

2. 笔者积数十年之研究创造出根除城市病的城市模式JD模式

笔者1974年赴欧洲考察期间在巴黎遭遇严重堵车，万万没想到我们所憧憬的汽车时代（那时我国城市交通主要靠自行车）的城市交通竟如此不堪！惊愕之余，在好奇心驱使下，以系统论理念为引导（笔者还保留着钱学森先生指导笔者研究系统论的亲笔信），积数十年之研究，有幸顿悟：原来是“各种交通在市区三维空间中的安排方式”决定是否产生城市病。正是在这个认识的基础上，综合交通工程学、城市规划学、建筑学、结构学、市政工程学、城市经济学等各相关学科的理论（很幸运，这项综合性研究，使原本学习机械设计的笔者获得两项建筑设计的国家发明专利，由此赚到了推广 JD 模式的资金），笔者创立了新学科“城市模式学”（70 万字专著《城市模式学》已出版）。

在城市模式学中，“决定城市运行和谐与否的各种交通方式在市区三维空间中的安排方式”被称为城市模式；采用数理分析方法，笔者计算出所有可能的城市模式共 105 种；并从 105 种城市模式当中，筛选出一种根本不会产生城市病的城市模式，它就是汽车时代城市模式，简称为节地模式或 JD 模式。

国土资源部推动下的试点实践证明了 JD 模式根除城市病、节约城建用地和城建投资约 90%、城区中汽车节能减排约 90% 的效果，从而证明了推广采用 JD 模式具有破解经济发展中八大难题的效果。

JD 模式的创新性毋庸置疑——通过国家知识产权局的严格审查，JD 模式已获得 13 项国家发明专利。

二、经济发展中的八大难题及其破解

（一）城镇建设浪费巨量耕地（威胁粮食安全）

1. 沿用现行城市模式无法破解浪费巨量耕地的问题

几十年来，国家大政方针中年年讲耕地保护和粮食安全，并宣布要执行最严格的耕地保护政策。然而，城镇建设浪费耕地的问题未能完全得到解决，耕地浪费依旧，其结果则如前文引用过的《国家新型城镇化规划（2014—2020）》第一篇第二章中所指出的“城镇建设浪费了大量耕地资源，威胁到粮食安全和生态安全，也加大了地方政府性债务等财政金融风险”。

我国的人均城镇用地，1980 年为 26 平方米（数据来源于国家行政学院出版的《中国城镇化建设读本》第 78 页），2020 年已蔓延至约 160 平方米，增长了 5 倍多。

一段有趣的往事说明，现在城市土地使用的粗放程度令人难以相信。有一次笔者在与工程院三位院士交流中说：“虽然看起来，市区到处停满了汽车，汽车停放得也都很拥挤，但实际上平均每一辆汽车所占用的市区面积约500平方米，比一个篮球场还大80平方米。”院士们愕然。一位院士说：“董先生，你肯定搞错了。一辆汽车怎么可能占用这么大的市区面积啊！”我说：“请诸位算一下，北京市建成区面积约3000平方千米，市区汽车的数量为500多万辆，那么，一辆汽车平均占用市区面积的有多少？”三位院士想了一下，不再怀疑了。实际上，北京市区有很多汽车停放在非停车位上；如果按法定停车位来计算，平均一个停车位占用市区面积高达约700平方米。

笔者发现，我国大城市市区蔓延的程度，在汽车拥有率达到4%左右之后，市区面积不是由人口规模决定，而是由汽车保有量决定的。

在我国为保护耕地而严格限制城市用地的情况下，城市市区蔓延规律如下：

城区面积≈人均汽车保有量 ×500平方米

北上广皆如此。深圳市的市区面积比这个公式计算的要小一些，已经拥挤到很多汽车停在消防通道上，隐患严重。《深圳商报》有一篇报道采用了一个有趣的标题——“想违法停车都找不到停车位”。

全国城镇的总体情况也是如此。截至2020年，我国城镇建设用地达10.1万平方千米、城镇小汽车保有量近2亿辆，平均一辆小汽车占有的城区面积约500平方米——完全符合上述的市区蔓延规律。

根据上述的市区蔓延规律，在城镇化基本完成、城镇人口达10亿人、城镇小汽车保有量达5亿辆后，城镇建设用地总量必然达到约25万平方千米（3.75亿亩）。这与采用JD模式相比，将浪费耕地3亿亩以上。

综上可见，只要采用现行城市模式，城镇建设必然大量浪费耕地，耕地保护的难题将日益严重且永不能破解！

2. 采用JD模式将彻底破解浪费巨量耕地的问题

采用JD模式，人均城建用地约为20平方米。这个“人均城建用地约为20平方米”，是交通距离近和环境宽松这两个人性化要求平衡的结果，是宜居状态所需要的。这可以从两方面证明：一是2008年落成的JD模式试点街区“湘江世纪城”，其面积约1平方千米，入住人口约6万人，人均用地约18平方米，完全没有拥挤的感觉，而且人居环境极佳。二是在我国城市病很轻的1980年，人均城建用地为26平方米

（当年城镇建设用地总量约5000平方千米，城镇人口1.914亿。此数据引自中央农办原主任陈锡文在国家行政学院的报告），这表明，在完全消除城市病之后，人均城建用地会小于26平方米。

根据前文讲的市区蔓延规律“市区面积≈汽车保有量×500平方米”，在人均汽车保有量饱和达到0.5辆之后，采用现行城市模式的人均城建用地约为250平方米。而采用JD模式的人均城建用地约20平方米，与采用现行城市模式的人均城建用地约250平方米相比，人均节约耕地约230平方米。据此推算，在城镇化基本完成、我国城市人口达10亿人的情况下，采用JD模式约可节约23万平方千米的耕地，即节约3.45亿亩耕地。考虑到采用JD模式改造老城区时老城区的个别部分可能保留，老城区改造后的人均城建用地会大于20平方米，因此，近似地认为，在城镇化全过程中推广采用JD模式约可节约3亿亩耕地。

综上所述，采用JD模式可完全破解城镇建设浪费巨量耕地的问题。

（二）城市建设浪费巨额投资

1. 沿用现行城市模式无法破解城镇建设浪费巨额投资的问题

如前文中所述，采用现行城市模式城镇建设用地将多占用约3亿亩耕地，即多占用约20万平方千米耕地。按照每平方千米的城镇建设投资7.5亿元计算：

20万平方千米×7.5亿元/平方千米＝150万亿元

上式表明，采用现行城市模式，在城镇化全过程城镇建设投资将累计浪费约150万亿元。

2. 采用JD模式将彻底破解城镇建设浪费巨额投资的问题

前文中已经说明，采用JD模式城镇建设用地累计约节约3亿亩耕地，即城镇建设少占用约20万平方千米耕地。而城镇建设用地每减少1平方千米，即可相应地约节约7.5亿元城建投资。因此，推广采用JD模式城镇建设用地累计约节约20万平方千米土地，相应地，城建投资节约约150万亿元。由此可见，采用JD模式可彻底破解浪费巨额城建投资的问题。

（三）城市交通能耗巨大（导致对进口石油依存度畸高）

1. 沿用现行城市模式无法破解城市交通能耗巨大而导致对进口石油依存度畸高的问题

由于市区蔓延使出行距离增加到蔓延之前的约 3 倍，以及交通拥堵和路口停顿等待等使汽车百千米油耗增加约 1 倍，城市每辆小汽车的平均年油耗早已超过了 1 吨。

根据电视新闻的报道，发改委一位领导同志曾讲，“我国千方百计增加石油进口。但每年多进口的 2000 多万吨石油都被每年增加的小汽车吃掉了”。正是出于这个原因，2020 年我国对进口石油的依存度已超过 60%（在此说明，1 吨原油可以产出约 0.3 吨汽油和 0.4 吨柴油）。

2020 年我国城市小汽车保有量约 2 亿辆，而我国城市汽车饱和保有量将达到 5 亿辆。随着小汽车普及速度在逐渐加快，估计再过 10 多年，我国对进口石油的依存度可能达到 80% 以上，对进口石油依存度畸高的问题无法破解（当然，电动汽车的普及将缓解对进口石油的依赖。但只要电动汽车所用的电能仍来自化石能源，在采用现行城市模式的情况下，我国能源问题同样会日趋严重）。

2. 采用 JD 模式将彻底破解城市交通能耗巨大而导致对进口石油依存度高的问题

采用 JD 模式后，有三个因素会大幅度降低小汽车的能耗：日常出行距离缩短为现行城市模式城市的约 1/3；由于出行距离缩短且具备出行条件彻底改善的步行、自行车道路（见扉页 JD 模式视频），从而使自驾车出行的频率约降低为 1/2；由于机动车道路取消全部红绿灯，汽车全程连续行驶且无交通拥堵，汽车百千米油耗约降低至 1/2。

以上三个因素综合可得下式：

$1/3 \times 1/2 \times 1/2 = 1/12 \approx 8.3\%$

上式表明，推广采用 JD 模式，城区每辆小汽车的油耗至少减少 90%。由此可见，采用 JD 模式将破解城市交通能耗巨大而导致对进口石油依存度高的问题。

（四）城市交通产生巨量碳排放

1. 沿用现行城市模式无法破解城市交通巨量碳排放的问题

在采用现行城市模式的情况下：按照我国城市小汽车饱和保有量 5 亿辆、每辆小汽车年耗油量 1 吨计算，（燃烧 1 吨汽油，排放二氧化碳约 3 吨）年碳排放总量高达 15 亿吨（如果全面推广电动汽车，只要发电采用化石能源，则间接碳排放也少不了多少）。这 15 亿吨碳排放，相当于目前我国年碳排放总量约 90 亿吨的 17%。

综上，采用现行城市模式，城市交通巨量碳排放的问题无法破解。这将会给我国今后达到碳中和的目标，带来很大困难。

2. 采用 JD 模式将彻底破解城市交通巨量碳排放的问题

根据前文所述，推广采用 JD 模式，城市小汽车年耗油总量将减少 90% 以上。据此可知，城市小汽车年碳排放总量也会减少 90%（如果全面推广电动汽车，只要发电采用化石能源，则间接年碳排放总量也会减少 90%），城市小汽车年碳排放总量将从上一节所讲的 15 亿吨，下降至约 1.5 亿吨。由此可见，采用 JD 模式将彻底破解城市交通巨量碳排放的问题。

（五）房价高企

1. 沿用现行城市模式无法破解房价高企的问题

现在的大城市房价逐渐上涨并最终进入房价飙升阶段的过程表明，房价高企的始作俑者是“市区蔓延 + 交通拥堵 + 上下班交通时间较短的地段住宅用地供不应求 + 土地财政”。如果沿用现行城市模式，导致房价高企的上述四个因素不仅无法消除，而且会日趋严重。因而，沿用现行城市模式无法破解房价高企的问题。

2. 采用 JD 模式将彻底破解房价高企的问题

采用 JD 模式可根除城市病且大量节约城建投资，上述导致房价高企的四个因素也可完全消除。因而，采用 JD 模式，并采取适当的具体办法，将彻底破解房价高企的问题。

破解房价高企问题的具体办法是：对应住宅购买力水平的高、中、低，采用有区别的住宅建设用地供应政策和有区别的税收政策，形成“房价很高的豪宅市场、房价较高的大户型住宅市场、房价较低的安居房市场”等三个平行的房地产市场。如此，既解决了广大市民安居乐业的问题，又可避免高房价硬着陆而产生的金融危机和社会动荡，同时，高级住宅的房价较高、安居房的房价较低，也是缩小实际贫富差距的效果最好的社会二次分配方式。

上述“破解房价高企问题的具体办法”会使原来花高价购入的普通住宅大幅度降价，这将使生活并不富裕的、在采用此具体办法之前的已购房者承受难以承受的经济损失（特别是只还了少部分贷款的按揭购房者所购买的房屋，可能成为负资产）。对这些受损失的人，建议政府在若干年内分年度给予补贴。补贴资金的来源可以有两个方面：一方面是，从推广 JD 模式每年节约的城建投资约 2 万亿元中拿出一部分；另一方面是，从房价很高的豪宅市场的土地使用权出让金和税收的增加部分中拿出一部分。当然，有关部门还可以研究更好的补救办法，以维护广大低收入住房者的利益。

（六）房价高企对大城市出生率的刚性制约

1. 采用现行城市模式必然产生房价高企对大城市出生率的刚性制约

众所周知，我国目前的大城市已经形成了房价高企对出生率的刚性制约。

2. 采用 JD 模式将彻底破解房价高企对出生率的刚性制约

如上文所讲，采用 JD 模式彻底破解房价高企问题，自然会彻底破解房价高企对出生率的刚性制约。

（七）城镇建设透支资金和房价高企威胁金融安全

1. 沿用现行城市模式无法破解城镇建设透支资金和房价高企威胁金融安全的问题

一方面，如上文中所述，采用现行城市模式浪费巨额城建投资，使某些城市的政府背负超过其偿还能力的贷款，从而加大了地方政府性债务的金融风险。

另一方面，由于采用现行城市模式必然形成房价高企，因而房地产方面的企业贷款和个人贷款在银行贷款总额中占比过高。所述的这些贷款，在一旦出现高房价暴跌的情况下，可能成为银行的坏账。

综合以上两个方面，只要沿用现行城市模式，必然导致城镇建设透支资金和房价高企严重威胁金融安全（美国和日本曾出现过的严重问题表明这方面隐患可能造成严重后果）。

2. 采用 JD 模式将彻底破解城镇建设透支资金和房价高企威胁金融安全的问题

上文中已说明，采用 JD 模式城镇建设投资约可节约 90%，并彻底破解房价高企问题，因而就能破解城镇建设透支资金和房价高企威胁金融安全问题。

（八）交通拥堵和停车困难制约汽车产业发展

1. 沿用现行城市模式终将严重制约汽车产业发展

由于采用现行城市模式，交通拥堵已导致某些大城市采取摇号购车的方式，如此达到了控制汽车保有量的目的（北京市摇号购车的目的，是控制整个北京市每年汽车保有量增加不超过 23 万辆），但必然也减少汽车产业的销售量；另外，由于我国不得不严格控制城建用地的供应，与发达国家相比，我国人均城建用地的面积远少于发达国家（有资料显示，英国 25 座城市人均城建用地约 366 平方米，巴黎周边 5 座城市人均城建用地约 500 平方米，美国大城市人均城建用地约 1000 平方米），因而，我国大城市的停车位皆严重不足，这导致了某些想购买汽车的居民不得不放弃购买，从而减少了汽车产业的销售量。

综上，由于沿用现行城市模式，在城市人均小汽车保有量还不足饱和保有量一半的情况下，交通拥堵和停车困难已明显地制约着汽车产业的销售量，因而，随着汽车保有量的不断增加，汽车产业发展终将受到严重制约。

2. 采用 JD 模式将彻底破解交通拥堵和停车困难对汽车产业发展的制约

采用 JD 模式彻底消除交通拥堵，并且使停车位的数量增加至原来的约 15 倍（现在的城市平均每个停车位占用市区面积500平方米以上，而在JD模式的城市每个停车位占用市区面积仅为30—40平方米）。因而，采用JD模式彻底破解所述的对汽车产业发展的制约。

三、推广JD模式改造老城区　每年对GDP贡献约5万亿元

只有在土地为国有的我国，才能够进行大面积的老城区改造，这是我国独有的优势。我们要利用好这个优势。

（一）首先说明推广JD模式改造老城区的三个重大效果

1. 从全面推广JD模式之日起，平均每天约节约1.1万亩耕地和55亿元投资，效果立竿见影；经济发展中的八大难题逐渐被破解。

2. 按照上述的进度和工程安排，推广JD模式改造老城区每年对GDP贡献约5万亿元，同时，每年可消化约1.3亿吨水泥和8000多万吨钢材的产能。实施之，不但不会增加财政负担，可能还略有盈余，同时，每年约节约300多万亩耕地和2万亿元城建投资。此外，估计建筑行业就业人员可能会增加上千万人。

3. 改造全面完成后，约有4亿城市人居住在完全没有城市病的城区，其他的城市人居住在具备绿色交通系统的城区。

（二）推广JD模式改造老城区的进度和工程安排

1. 推广JD模式改造老城区具备可行性的五个充要条件

（1）城镇建设不再占用耕地——老城区改造所增加的人口容量满足城镇化推进的要求

如《国家新型城镇化规划（2014—2020）》所指出的，“城镇建设浪费大量耕地资源，威胁到粮食安全和生态安全，也加大了地方政府性债务等财政金融风险”，所以，城镇建设再不能占用耕地了。为此，城镇化推进中每年所增加的城市人口，必须通过采用JD模式改造老城区增加人口容量来解决。

按照城镇化率每年增加1个百分点来计算，城市人口每年增加约1400万人。通

过采用JD模式改造老城区，由于可使建筑容积率提高3倍以上，每平方千米的城区人口容量增加约3.5万人。综上，可得下式：

1400万人 ÷3.5万人/平方千米=400平方千米

由上式可见，城镇化推进中要不再占用耕地，每年需要采用JD模式改造400平方千米老城区。

（2）采用JD模式每年改造老城区所增加的商品房面积与房地产市场容量相衔接

后文“（三）1”中的数据表明，采用JD模式改造1平方千米老城区，约可建成180万平方米的商品房。据此计算，采用JD模式改造400平方千米老城区，所增加的商品房面积约为7.2亿平方米，可以与房地产市场容量相衔接（近年来，我国每年新建商品房面积为7—8亿平方米）。

（3）采用JD模式改造老城区所需要的建筑材料可以解决

2005—2020年，城镇建设占用耕地的面积约为6100万亩耕地，平均每年占用约400万亩耕地。这表明，在此期间，平均每年城镇建设的面积约2600平方千米。

采用JD模式，每改造1平方千米老城区所需要的建筑材料，与现在城镇建设增加1平方千米所需要的建筑材料大致相同。这表明，不再采用现行城市模式每年建设约2600平方千米的城区所节约下来的建筑材料，完全能够满足采用JD模式改造400平方千米老城区的需要。

（4）尽量减少对现代城市生活的干扰

在采用JD模式改造老城区所增加的人口容量能满足城镇化要求的情况下，不需要为加快改造的速度而增加改造老城区的面积。如果每年改造老城区的面积满足其他因素的要求，就不要再增加改造老城区的面积了。

（5）推广JD模式改造老城区的同时，建成所有城市的绿色交通系统

在采用JD模式改造400平方千米的工程完成的同时，对所有城市的交通系统进行改造，全面建成城市的绿色交通系统（参见前文“关于推广JD模式的图片”中的图24—图31），以最大限度地实现降低城市交通能耗，减少城市交通碳排放。

2. 推广JD模式每年改造400平方千米老城区　20年后城镇化基本完成

2020年我国户籍人口城镇化率约45.4%、常住人口城镇化率约63.89%，非户籍

的城镇化率约为18.49%。如前文所讲，采用JD模式每年改造老城区400平方千米，可满足城镇化率每年增加1个百分点的要求，经过20年的老城区改造后户籍人口城镇化率可增加20%，此外，估计20年后上述的非户籍人口城镇化率的18.49%中有一半转变为户籍人口城镇化率，如此可得下式：

20年后城镇化率＝45.4%＋20%＋9.245%＝74.645%

根据上式的结果可以认为，每年采用JD模式改造400平方千米老城区，20年后户籍人口城镇化率达到74.645%，城镇化基本完成。

采用JD模式每年改造400平方千米老城区，20年共改造老城区面积为8000平方千米。按照每平方千米居住5万人计算，这8000平方千米可居住约4亿人。

3. 根据老城区改造20年完成的进度 每年需在5000平方千米老城区建设绿色交通系统

根据中国土地勘测规划院公布的数据，截至2020年，我国城镇建成区面积总和约为10.1万平方千米。在采用JD模式改造老城区的20年中，需要完成全部约10万平方千米老城区交通系统改造。因此，平均每年需要在5000平方千米老城区的道路上建设与机动车道路完全分离的高架步行、自行车道路系统。

4. 推广JD模式改造老城区的最优化工程安排

（1）在20年中每年采用JD模式改造400平方千米老城区。

（2）每年在5000平方千米老城区的城市道路上，建设与机动车道路完全分离的高架步行、自行车道路（以尽早形成所有城市的绿色交通系统）。

（三）采用JD模式改造老城区的五项工程

1. 每年成片改造老城区400平方千米

我国城市老城区平均毛容积率约0.8，即每平方千米面积上原有建筑80万平方米。老城区成片改造中建筑面积平均“拆0.8建3”，每平方千米面积上新建300万平方米建筑：其中180万平方米建筑等同于现在的商品房建设，其产值不计算为推广

JD 模式对 GDP 的增加值；另外 120 万平方米建筑用于回迁安置，其投资作为对 GDP 的贡献。

按照 5000 元 / 平方米计算：

改造每 1 平方千米老城区的投资＝ 5000 元 / 平方米 ×1200000 平方米＝ 60 亿元

按照每年改造 400 平方千米老城区计算：

投资总额＝ 60 亿元 / 平方千米 ×400 平方千米 =24000 亿元

2. 老城区改造中每年多建 1200 万个地面停车位

采用 JD 模式的 400 平方千米的老城区改造中，根据前文图片部分的规划案例可知，平均每平方千米面积多建约 3 万个地面停车位，400 平方千米面积上每年多建约 1200 万个地面停车位。这是停车位供给侧结构性改革，要真正解决停车难问题，舍此别无他途！

停车位总产值 ＝ 1200 万个 ×20 万元 / 个 =24000 亿元

3. 400 平方千米老城区成片改造中的道路改造

老城区成片改造中，每平方千米面积中干路平均长度约 3 千米。每年 400 平方千米老城区改造中，需改造的道路总长度为 1200 千米。道路综合造价估计每千米 3.5 亿元。综上可得下式：

投资总额＝ 1200 千米 ×3.5 亿元 / 千米 =4200 亿元

4. 400 平方千米老城区成片改造中的地下管廊改造

400 平方千米老城区综合管廊的长度，按照每平方千米的长度 3 千米计算：

管廊总长度 ＝ 3 千米 / 平方千米 ×400 平方千米 ＝ 1200 千米

估计管廊造价 7.2 万元 / 米，每千米造价 0.72 亿元。据此可得下式：

投资总额＝ 1200 千米 ×0.72 亿元 / 千米 =864 亿元

5. 建设高架步行、自行车道路网　形成绿色交通系统

在采用 JD 模式改造 400 平方千米老城区的过程中，需要同步或超前进行老城区

交通系统的改造。同时，为了在老城区能尽早形成绿色交通系统，应考虑每年在约5000平方千米老城区的城市道路上，建设高架步行、自行车道路网。

通常1平方千米老城区面积上有6千米城市道路。据此，5000平方千米老城区的城市道路总长为30000千米。估计每千米高架步行、自行车道路需要0.3亿元投资。综上可得下式：

投资总额＝30000千米 ×0.3亿元/千米＝9000亿元

（四）以上五项工程每年对GDP贡献约5万亿元

以上五个方面工程的投资或产值合计：

24000亿元＋24000亿元＋4200亿元＋864亿元＋9000亿元＝62064亿

这62046亿元，可以近似地看作GDP的增加值。

此外，由于400平方千米老城区采用JD模式的改造所增加的城市人口容量，已能满足城镇化过程中城市人口增加的需要，因而不必再征用耕地进行城市建设，如此会节约城建投资约20000亿元。这将使GDP减少约20000亿元。

以上增减相抵后，以上五个方面工程相当于GDP增加值的计算如下式：

62064亿元－20000亿元＝42064亿元

为简单计，以上未严格按照GDP的统计方法进行计算，只是估算。但大体上可以说明，推广采用JD模式进行老城区改造每年对GDP贡献约4万亿元。

以上的计算中，未包括拆迁安置房的装修、家用电器、家私等对GDP贡献的约1万亿元。若包括这部分，可以认为每年对GDP贡献约5万亿元。

（五）采用JD模式进行老城区改造无需政府花钱　且是建设宜居城市的必由之路

1. 前述五个方面工程不会增加财政负担

前述的“每年改造老城区400平方千米”工程中，所建设的7.2亿平方米商品房（400平方千米 ×180万平方米/平方千米＝ ×7.2亿平方米），是在老城区改造中二次开发出来的土地资源上建设的，无须征地，因而，节约了征地费用，7.2亿平方米商品房的土地出让金的收入可全部用于老城区改造。

上述的7.2亿平方米商品房的土地出让金收入为2.2万亿—3.6万亿元；1200万个停车位销售收入为1.8万亿—2.4万亿元。两者合计4万亿—6万亿元，足以支付前述的老城区五项改造所需的投资，不会增加财政负担，可能还有盈余。

在这方面一个极有说服力的案例是：在采用现行城市模式的情况下，长沙市政府为了改造约1平方千米的老城区新河三角洲，以26亿元的底价进行拍卖，连续4年流拍。2007年采用JD模式规划之后，仍以26亿元为底价进行拍卖，出现了买家竞争的局面，最后以92亿元拍卖成交。

2. 采用JD模式每改造1平方千米老城区约可节约86亿元城建投资

采用JD模式改造老城区，会拆掉一些尚可使用的旧房，这似乎会造成浪费，但实际上所拆旧房的残值远小于采用JD模式所节约的城建投资：采用JD模式每改造1平方千米老城区，可以不必再占用约11.5平方千米的耕地进行城市建设（根据我国城区蔓延规律“城区面积≈汽车保有量 ×500平方米”，在达到人均0.5辆汽车饱和保有量的情况下，人均占用城区面积约250平方米。而采用JD模式，人均占用城区面积约20平方米。以上两者相比可知，采用JD模式改造后1平方千米城区面积的人口容量，为采用现行城市模式的12.5倍。因此每改造1平方千米老城区，可不必再占用11.5平方千米的耕地进行城市建设），由此可节约的征地费和城建投资合计约86亿元（按照含征地费在内的每平方千米城建投资7.5亿元计算）。

3. 采用JD模式改造老城区是建设宜居城市的必由之路

采用JD模式改造老城区，从整体上看不仅会节约大量投资，而且将逐渐消除交通拥堵、停车困难、环境恶化等城市病，使现在城市病严重的第二代城市，逐渐转变成无城市病的第三代城市。所以，采用JD模式改造老城区是建设宜居城市的必由之路，无论如何都应该推进。

4. 采用JD模式改造400平方千米老城区工程完成之后的城区改造问题

在推广JD模式改造400平方千米老城区基本破解经济发展中八大难题且城镇化

基本完成之后，我们就会进入城市人口增长缓慢而可以因地制宜采用JD模式逐步改造老城区和改造后多余土地复耕的阶段。

四、推广JD模式将在六个方面助力国内经济大循环

推广JD模式改造老城区，将在以下六个方面助力国内经济大循环。

（一）采用JD模式改造老城区　每年对GDP贡献约5万亿元

前文对此已进行了详细讨论，在此不赘述。

（二）实现新型城镇化而释放经济发展新动能

实现新型城镇化需要软件和硬件两个方面的条件：在软件方面是已经具备的以人为本等一系列政策；在硬件方面需要可持续发展的城市模式，即不产生城市病的JD模式。

根据前述的JD模式效果可知，在新型城镇化政策的指导下，推广JD模式将破解城镇化所面临的各种约束，顺利走上新型城镇化道路。同时，推广JD模式每年约节约城建投资2万亿元，为政府节省资金用以解决农业转移人口市民化问题。

推广JD模式是新型城镇化所必需的硬件条件，它与一系列以人为本的政策这个软件条件相结合，可使我国顺利走上新型城镇化道路，从而使城镇化释放经济发展新动能，助力国内大循环。

（三）推广采用JD模式破解经济发展中的八大难题　助力国内经济大循环

推广采用JD模式破解经济发展中的八大难题（对此前文中已做充分说明，不再赘述），扫除了经济发展中八个方面的严重制约，可实现经济和谐发展，从而强势助力国内经济大循环。

（四）消除房价高企而充分发挥城市聚集效益

推广 JD 模式可确保普通住房价格便宜。如此可产生三个有益效果：一是城市生活成本较低，有利于高科技产业的聚集，从而形成完整的产业链。二是大学毕业生可以买得起房，从而吸引包括留学生在内的人才到我国城市定居（一位著名人士讲，我国很多到欧美留学的学生，有相当一部分是因为房价高企而无法在有合适工作的大城市定居，最终选择毕业后留在国外生活），有利于提高国家的长远竞争力。三是消除了高房价对出生率的刚性制约，有利于改善我国人口结构，保持我国人力资源禀赋优势。

综上，推广 JD 模式在三个方面使大城市的聚集效益不断加强，从而助力国内大循环。

（五）每年节约城建投资约 2 万亿元　转变为有效投资

推广采用 JD 模式，从此前采用现行城市模式所花费的非有效投资中节约出约 2 万亿元，从而增加了约 2 万亿元的有效投资。如此可以加快经济发展，助力国内经济大循环。

（六）消除城市病　提高城市运行效率

从 JD 模式视频（手机扫描扉页二维码观看）中可以看到，推广 JD 模式可消除交通拥堵、停车困难、市区蔓延、易产生内涝等所有城市病，从而提高城市运营效率，助力国内大循环。

五、与产生及破解经济发展中八大难题相关的情况

为了便于读者进一步了解经济发展中八大难题产生的过程，以及说明采用 JD 模式确能破解所述的八大难题，特将相关情况介绍如下。

（一）有关部门高度重视城镇建设浪费大量耕地的问题

《国家新型城镇化规划（2014—2020）》第一篇第二章中指出，“城镇建设浪费了

大量耕地资源，威胁到国家粮食安全和生态安全，也加大了地方政府性债务等财政金融风险”。这表明，有关部门不仅看到了城镇建设的问题，而且用很严肃的语言指出了其危险性。特别是，其中还用具体数据说明了城镇建设浪费耕地的速度在逐年加大：“1996—2012 年，城镇建设用地年均增加 357 万亩；2010—2012 年，城镇建设用地年均增加 515 万亩。”

上一段的内容表明，有关部门已经看到了城镇建设带来的严重问题。但还有两点值得高度重视：一是城镇建设带来的问题远不止这些，而总共是经济发展中的八大难题。二是没有看到这些无法破解的难题皆源于现行城市模式，若不摒弃现行城市模式而推广采用 JD 模式，城镇建设带来的诸多严重问题不仅不能解决，而且会日趋严重。

（二）八大难题不是单纯的经济问题　而是技术经济问题

从学术角度看，多年来之所以未能破解所述的八大难题，是因为这八大难题不是单纯的经济问题，也不是具体政策妥当与否的问题，而是源于城市模式抉择错误的技术经济问题。例如，由技术理论所决定的城市模式抉择的对或错，城镇建设所占用的耕地和投资竟会相差达 10 倍之多，城市交通所消耗的能源及碳排放也相差达 10 倍之多。所以，从技术经济学的角度，有利于理解经济发展中八大难题产生的根源，从而推动采用 JD 模式。

（三）城镇建设领域至今未落实国家的创新驱动战略

创新驱动是国家的重大战略政策，方方面面都在提倡创新。但在城镇建设和城镇化面临诸多严重制约的情况下，有关部门未能认识到摒弃不适应汽车时代的现行城市模式的必要性，致使国家的创新驱动战略在城镇建设领域完全没有落实，未能形成“城市模式必须创新”的政策，城镇建设在错误的道路上越走越远！

如果在城镇建设领域落实了国家的创新驱动战略，JD 模式或许早就推广开了。正是由于未能推广国土资源部自 2005 年起推广的 JD 模式，我国的城建用地已经从 2005 年的 6 万多平方千米增加到 2020 年的 10.1 万多平方千米，这导致浪费了约 6100 万亩耕地和 31 万亿元城建投资，而且这个浪费仍在以每天约 1.1 万亩耕地和 55

亿元投资的速度持续。

根据国家的创新驱动战略，笔者在此建议，将推广能根除城市病的汽车时代城市模式，即推广 JD 模式作为国家政策。

（四）在推广 JD 模式方面　国土资源部厥功至伟

国土资源部 2005 年 6 月在无锡举办节约集约用地市长研讨班，并同场举行国土资源系统的全国厅局长会议，笔者受邀在会上详细讲解了 JD 模式。自此，国土资源部在全国大力推广 JD 模式。

在国土资源部的推动下，2007 年 JD 模式在长沙市试点成功。JD 模式试点成功后，先后有 21 个城市拟采用 JD 模式（济南市还将此写入该市城镇化规划），长沙市与深圳市还拟在全市推广。遗憾的是，由于没有国家政策作为依据，这些城市皆未能形成推广 JD 模式的决策。

如今土地规划和城市规划已统归自然资源部管理。相信城镇建设平均每天浪费约 1.1 万亩耕地和 55 亿元的日子即能结束——JD 模式开始推广之日，就是此问题结束之时。

（五）JD 模式的科学性获广泛认同

• 国务院发展研究中心和国土资源部的有关部门先后召开了两次关于 JD 模式的高层研讨会，有包括 2 位院士在内的 45 人次参加。两次的会议纪要均建议试点后全国推广（详见附录四、附录五）。

• 中国工程院书面表示 JD 模式“可以在有条件的大城市的局部地段或地区加以实践”。

• 北京大学、清华大学、同济大学、浙江大学、国家开发银行、世界工程师大会、上海世博会论坛、展望城镇化中美论坛等，均邀请笔者就 JD 模式做过学术报告。

• 2010 年上海世博会组委会安排 JD 模式在上海世博会中国国家馆展出，并受到广泛关注。

• 2006 年 11 月 30 日，第十届全国人大财经委员会专门召开了关于推广 JD 模式的座谈会，主任委员傅志寰院士亲自主持会议，副主任委员石秀诗、闻世震、贾志杰参会，建设部的部领导几乎全部参加。会议听取了笔者关于JD模式的详细讲解，之后，与会人员进行了讨论，并一致认为应该在全国推广。

•2012年在国家行政学院举办的省部级干部城镇化专题研讨班的授课中，国土资源部副部长胡存智详细讲解了JD模式试点成功情况及其效果（见国家行政学院出版的《新型城镇化建设读本》第164—170页）。

•新华网、《经济参考报》、《中国经济时报》、《人民日报》等42家媒体对JD模式做了报道，有5家电视台对JD模式做了报道，CCTV2的《对话》栏目做了一期关于JD模式的专题。

媒体对JD模式的报道中，有代表性的标题如下：

——把城市“架”起来如何？（2004年12月7日新华网）

——求解城市交通困局的“奇思妙想”（2004年12月9日新华网）

——把城市“架”起来：求解城市交通困局的“奇思妙想”（2004年12月24日《经济参考报》）

——畅通城市需要新模式（2005年2月21日《中国经济时报》）

——城市交通模式新设想（2005年2月28日《人民日报》）

——董国良：把城市“架”起来（2005年8月27日《深圳特区报》）

——城市发展新模式可节地70%（2006年4月14日国土资源网）

——破解城市“哥德巴赫猜想”“节地城市模式”亮相中国馆（2010年5月6日人民网）

——长沙探索“人车分流”模式 节约集约用地成全国范本（2010年6月22日星辰在线）

—— 中国多城市探究治堵举措 是否“对症下药”引关注（2010年12月16日《人民日报》）

——土地节约集约利用与相关配套制度改革座谈会在京召开（2014年6月28日国土资源网）

——城市模式不变革 人类无幸福（2010年10月8日《深圳特区报》）

——深圳人立志攻克城市“堵病”（2011年7月14日《深圳特区报》）

——董国良：走出城市病迷局（2011年7月14日《中国青年报》）

——“节地畅通城市模式”能减少拥堵（2011 年 1 月 7 日光明网）

——JD 模式：把城市“架”起来（2016 年 3 月 13 日《深圳商报》）

——济南十三五期间拟试点畅通节地城建模式（2016 年 4 月 14 日《济南商报》）

• 中国工程院院刊登载两篇笔者关于 JD 模式的长篇论文。

• 第十届全国人大财经委员会主任委员傅志寰、国家开发银行原董事长陈元、国土资源部原副部长贠小苏、中国城市发展研究会原理事长厉有为、同济大学原校长吴启迪、清华大学原教务长规划系教授李康、同济大学交通工程系主任杨晓光、北京工业大学交通工程系主任任福田、国家畅通工程专家组专家段里仁、长沙市原副市长徐湘平、中国系统工程研究会副理事长浦再明、中国工程院院刊原执行副总编辑丁朝模等十二位权威人士，为笔者的 70 万字专著《城市模式学》赐序（详见附录三）。

• JD 模式试点成功之后的几年中，先后有 21 个城市主动了解并拟采用 JD 模式，其中长沙市、深圳市计划在全市推广。但皆因没有国家政策作为依据，而未能形成决策。

（六）JD 模式为业界一百多年来消除城市病的探索画上句号

从历史角度看，各国业界人士为解决城市问题经历了一个多世纪的探索，最终由中国学者创造出彻底解决城市问题的 JD 模式：1902 年美国人霍华德提出了“田园城市”之后，又陆续出现了“光辉城市”“广亩城市”“立体城市”“有机疏散城市”“公交导向城市”等解决城市问题的方案，20 世纪 90 年代，美国又出现了“新城市主义”“精明增长”等解决城市问题的理念，但是，这些方案和理念都不解决问题。2009 年，代表国际社会主流观点的国际展览局在上海世博会筹备会议上向各国呼吁“面对 21 世纪的诸多挑战，不能闭上眼睛，我们别无选择，必须创造出城市新模式，这是上海世博会的使命之一”。然而，其他国家未创造出城市新模式，笔者创造的 JD 模式是上海世博会展出中唯一的城市新模式。这表明 JD 模式不仅处于世界领先地位，而且具有唯一性。

鉴于理论和试点实践均已证明 JD 模式能根除城市病，因而可以说，JD 模式的创造，为国际社会业界一百多年来为消除城市病的探索画上句号。

综上所述，笔者悟出城市和谐原理：人与汽车同处于一个空间中则相克，如 JD 模式那样人与汽车分别处于两个空间中则相生；相克是城市诸病之源，相生是城市和谐之本。

观看 23 分钟的 JD 模式视频，可看到 JD 模式结构、效果和专家评价（手机扫描扉页二维码观看视频）。

第二章

现行城市模式产生经济发展中八大难题的机理

本章提要

一、市区蔓延的机理 // 032
二、大量浪费土地的机理 // 033
三、交通拥堵的机理 // 033
四、汽车车均油耗大的机理 // 035
五、尾气污染重的机理 // 036
六、停车难的机理 // 036
七、出行难的机理 // 036
八、交通时间过长的机理 // 038
九、交通事故频发的机理 // 039
十、城市建设投资过大的机理 // 040
十一、治安差的机理 // 042
十二、中心城区绿化面积少的机理 // 042
十三、安全的户外公共空间丧失的机理 // 043
十四、汽车噪声充斥的机理 // 044
十五、限制小汽车购买和使用的机理 // 045
十六、房价居高不下并产生大量房奴的机理 // 046
十七、城市功能布局扭曲以及产业与居住区布局错位发展导致上下班距离加长的机理 // 047
十八、热岛效应的机理 // 048
十九、雨水难以渗入地下的机理 // 049
二十、挤占文脉和风貌保护用地的机理 // 049
二十一、从机理上看城市内在动力机制的存在 // 050

本章中对城市病产生机理的分析表明，所有城市病皆产生于现行城市模式。但也同样表明，经济发展中的八大难题皆产生于现行的城市模式。这是因为本书第一章已阐明，经济发展中的八大难题实际上就是城市病，只不过有些人还未认识到它们是次生城市病（是由日趋严重的交通拥堵和停车困难等原生城市病所衍生出来的次生城市病。在此说明，正是由于未认识到经济发展中的八大难题是次生城市病，才未把根除城市病作为破解所述八大难题的治本之策）。本章中对产生城市病机理的分析，就是对经济发展中的八大难题产生机理的分析。

现在的城市，空间利用的粗放与违背人性化，已经到了极点，其表现有四点：一是“铁”与“肉”的运动混杂在一起；二是在平均每辆汽车占地约500平方米的市区中，却安排不出每辆占地仅10平方米的适当停车位置，也安排不出人性化的户外活动空间；三是作为快速交通工具的汽车进入城市后，通勤时间不是缩短了，而是加长了1—3倍；四是人造的城市，其发展却事与愿违。

现在城市的不可持续发展，是由诸多城市病造成的。后文中笔者会通过逻辑关系分析来说明诸多城市病皆发端于市区空间结构中存在的“空间错位”缺陷。

市区“空间错位”的四个要素如下：

空间错位之一：人车交通混杂在地面道路上

空间错位之二：汽车在同一平面内交叉行驶，造成间断流交通

空间错位之三：人的户外活动与汽车混杂在地面上，地下车库只能局限于本建筑建设用地范围内

空间错位之四：人的户外活动与汽车混杂在地面上，同时，机动车道路将户外空间分割得支离破碎

图2–1　市区“空间错位”的四个要素

以下采用方框图表示各种城市病产生的机理。在方框图所表示的逻辑关系中，原始要素用粗线方框表示；每个逻辑链条中，最后一个要素是最终形成的城市病，用双线方框表示；每个逻辑链条中，由原始要素或某种城市病（一种城市病可能是另外一

种城市病的产生原因之一）所派生出来的要素，用细线方框表示。

以下采用方框图的形式，说明 20 种城市病每一种产生的机理。

一、市区蔓延的机理

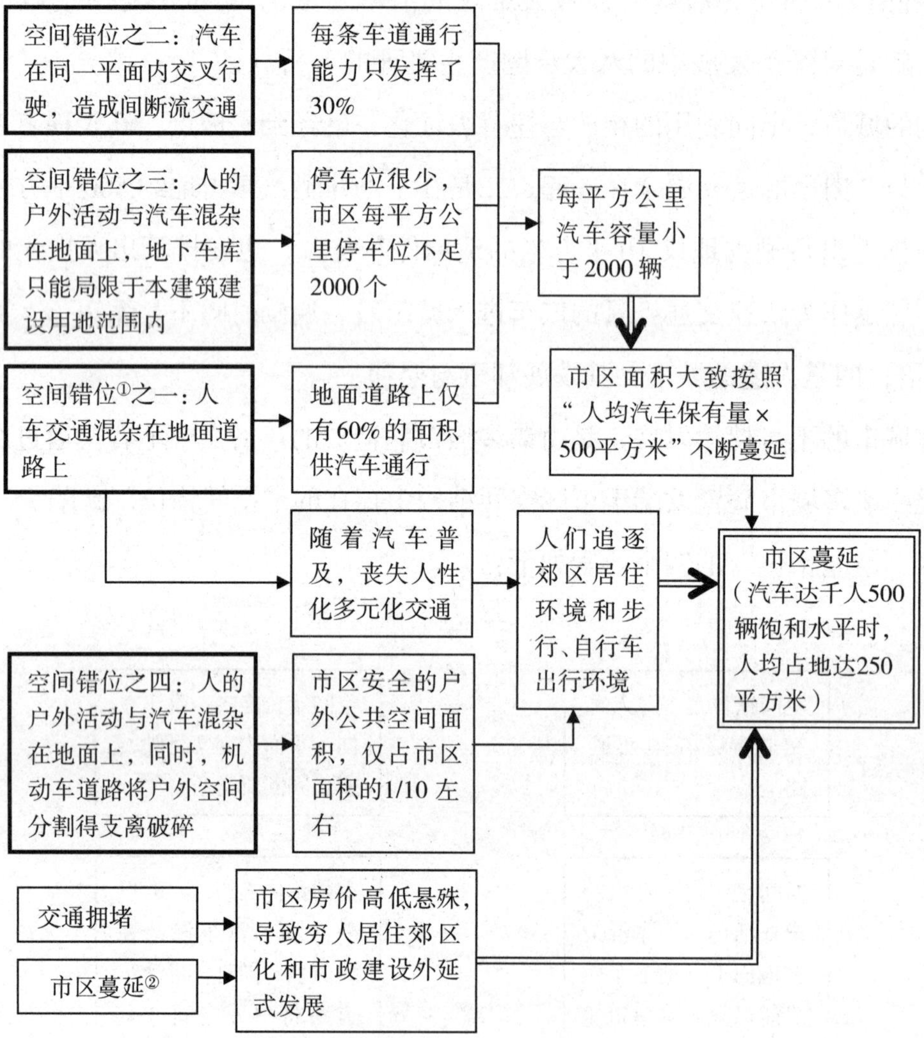

图 2-2　市区蔓延产生机理的逻辑分析图

---

① 空间错位指某些事物在空间中摆错了位置，属于城市空间结构中的缺陷。

② 市区蔓延既是结果，又是进一步蔓延的原因，因为存在着“拥堵—蔓延—再拥堵—再蔓延”的恶性循环。

1933年世界性的《雅典宪章》针对无序蔓延所造成的“市区土地的过度分割”，提出“急切需要建立一个土地改革制度”；此后的44年，仍无法遏制蔓延，1977年世界性的《马丘比丘宪章》坦承“自从1933年以来，尽管多方面的努力，城市土地有限仍然是实现规划好的城市建设的根本阻碍。所以，对这一问题今天仍迫切要求拟订有效的公平的立法，以便在不久的将来能够找到确有很大改进的解决城市土地的办法”。历史已经证明，这两个宪章想靠“改革制度”和“立法”解决市区蔓延的努力，均以失败告终。这是因为它们都缺乏对市区蔓延产生机理的深入分析。

二、大量浪费土地的机理

市区蔓延将造成诸多不良的后果，例如交通距离加长、交通时间加长、交通能耗和排放加大、对小汽车的依赖程度增加等，但市区蔓延的直接不良后果是大量浪费土地，直接威胁到耕地安全。而做好耕地保护工作的关键是，要认识到市区蔓延是大量浪费土地的根源，如不克服市区蔓延，仅靠严格的土地控制政策是难以实现集约节约用地的。

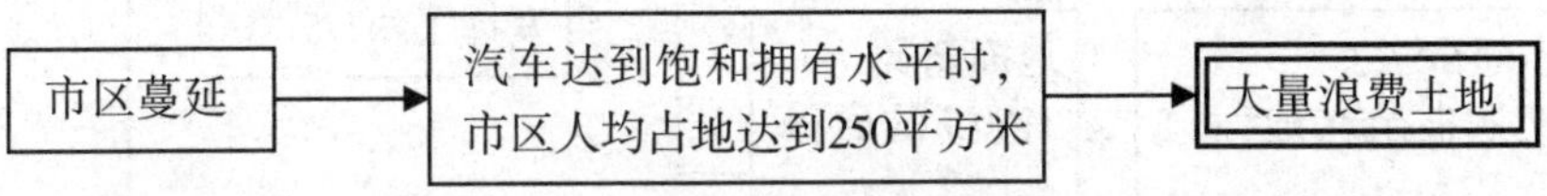

图2–3　城市建设用地刚性增加大量浪费土地的逻辑分析图

三、交通拥堵的机理

为什么交通治理长期就交通论交通，跳不出越治越堵的怪圈？为什么人们普遍相信当斯定律①，容忍了交通拥堵成为常态的现象？为什么近年来全世界所有的城市都放弃了消除交通拥堵的目标，只把缓解拥堵作为目标？为什么几乎所有的城市都把

① 新的道路建设会诱发新的交通量，造成新的拥堵，所以靠修路消除交通拥堵是不可能的。

交通拥堵归罪于小汽车，都把人与汽车对立起来，都在限制小汽车上下功夫？究其原因，就是没有搞清楚交通拥堵的机理。

现代文明使城市交通具备了四种出行方式，即步行、自行车、公交车、小汽车。显然，前三种出行方式的分担率越高，交通拥堵越容易得到解决。而现在城市中的交通是违反人类交通本性的，这表现在步行、自行车、公交车、小汽车四种方式的出行，皆需在交叉路口停顿和等待，这可以称为全方位的间断流交通。这个全方位的间断流交通，违反了交通需要连续的本性。

汽车间断流交通对交通拥堵的产生影响很大。以 3.5 米宽的一条汽车车道为例，在交叉路口设置红绿灯的间断流交通中，交通流量仅约为 600 辆 / 小时，而在连续流的交通中，交通流量可达 2000 辆 / 小时（理论上最大流量是 2400 辆 / 小时）。可见，间断流交通使一条车道的通行能力只能发挥出 30% 左右。

步行、自行车、公交车三种出行方式的间断流，会降低这三种出行方式的出行分担率，从而提高小汽车出行分担率，加重了机动车道路的负担。

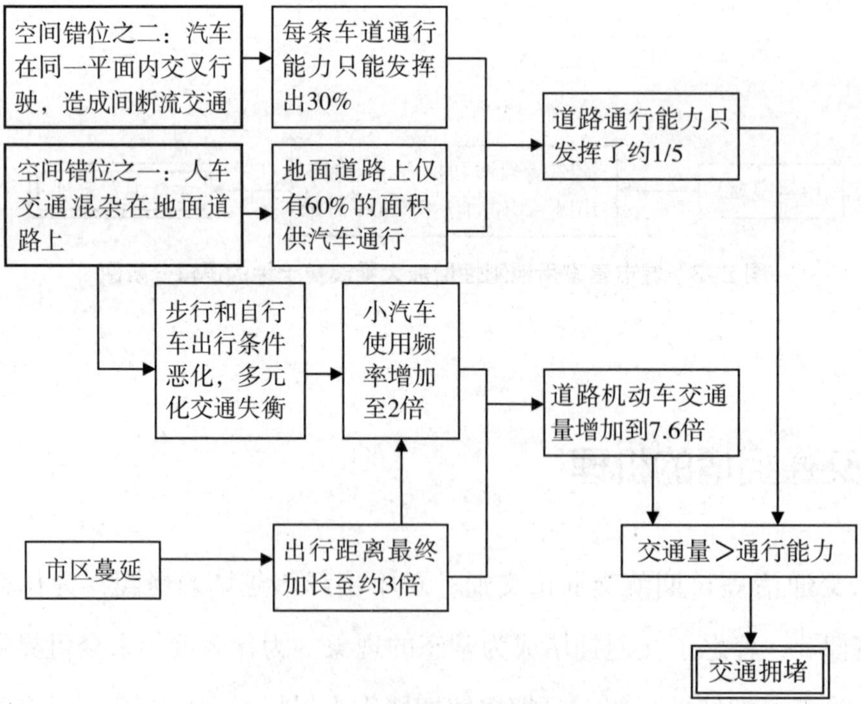

图 2-4　交通拥堵机理的逻辑分析图

四、汽车车均油耗大的机理

笔者 25 年前曾担任北京市第一轻工业局的副局长，主管全局 200 多个企业的生产，每天都要坐小汽车跑几个企业，但是一个月下来只消耗几十升汽油。而现在，一天跑几个企业，一个月下来恐怕也要 300 升汽油。据了解，北京市平均每辆小汽车年油耗接近 2 吨，已经远远超过汽车普及以前的年油耗水平。

在北京，同样是一辆汽车，为什么与 20 多年前相比，年油耗增加数倍呢？只有把汽车车均油耗大的机理搞清楚，才可能减少汽车的燃油消耗量。特别是，目前全世界仅 10 亿辆汽车，已经消耗了全球可供应的汽油，如果按照有关部门的预测，2050 年全世界汽车保有量将达 50 亿辆，其燃油供应问题根本无法解决，由此产生的能源危机可能会影响整个世界的安宁。因此，搞清城市汽车车均油耗大的机理，有针对性地减少汽车燃油总量，具有世界性的意义。

影响汽车车均油耗的因素有四个：一是小汽车的使用频率，二是小汽车出行距离的远近，三是交通的间断流或连续流，四是拥堵与否。前两个因素取决于市区布局是否紧凑以及步行、自行车、公交车三种出行方式的便捷舒适程度；后两个因素则取决于是否为全面的快速路网。

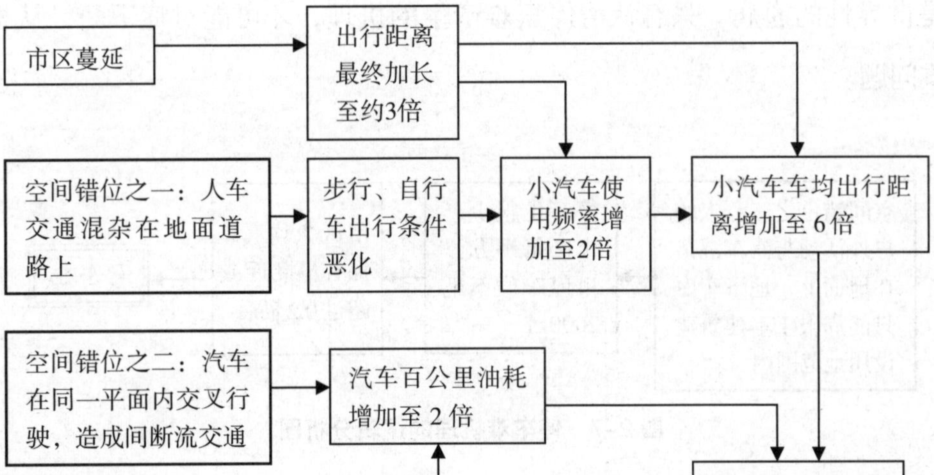

图 2-5 汽车车均油耗大机理的逻辑分析图

五、尾气污染重的机理

有人认为，减少汽车尾气污染的根本性办法是汽车电动化。其实这个观点未必对，因为汽车电动化消耗的电能也会造成碳排放。当然，汽车电动化可以减少城市市区的污染，但并不能减少间接碳排放对地球环境的污染。

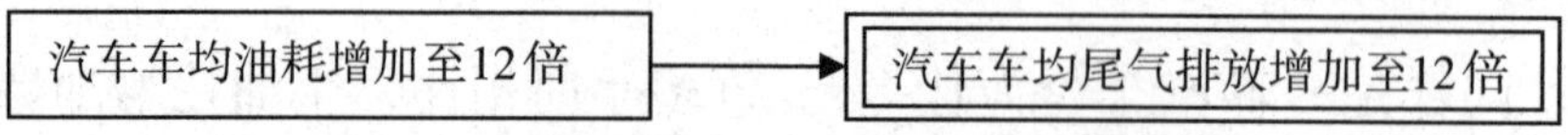

图 2–6　汽车尾气污染重机理的逻辑分析图

六、停车难的机理

人们几乎无法相信，几乎所有的大城市市区平均约 500 平方米的地面上才有 1 个停车位，但这是一个不争的事实。

如果按照汽车普及以前市区人均建设用地约为 30 平方米、人均汽车保有量饱和水平 0.5 辆来计算，市区平均每 50 平方米的土地上至少要有 1 个停车位。目前城市市区每 500 平方米的地面上才有 1 个停车位，与之相比，差距太大了。所以新建建筑地下停车库越挖越深，复杂的机械化停车库也应运而生，市区也在迅速蔓延。但停车困难仍是世界性的通病。只有认清停车难产生的机理，才可能对症下药，从根本上消除停车难问题。

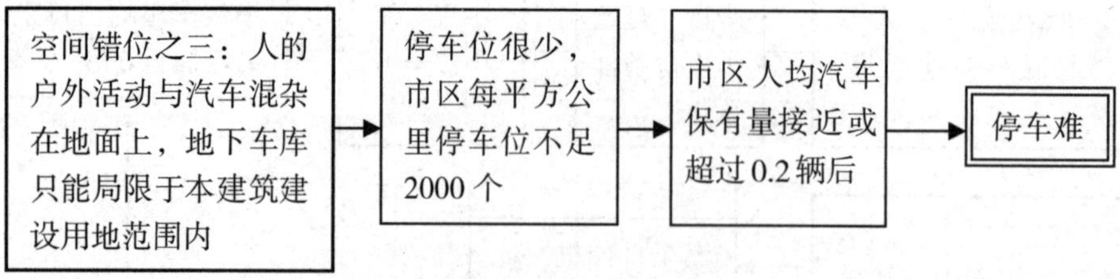

图 2–7　停车难机理的逻辑分析图

七、出行难的机理

在马车时代，城市中并不存在出行难的问题。在汽车贵族化时期，即汽车拥有率仅为 1% 左右的时代，普通市民的出行难问题也不是很突出。

笔者记得大约在 50 年前，媒体曾报道过天津市一个怀孕的女工，为了避免公共汽车挤坏身体，每天早上要 5 点多赶坐头班车，晚上要 6 点以后再乘公共汽车，媒体之所以报道是很同情这位女工，呼吁工厂应该有职工上下班的班车。

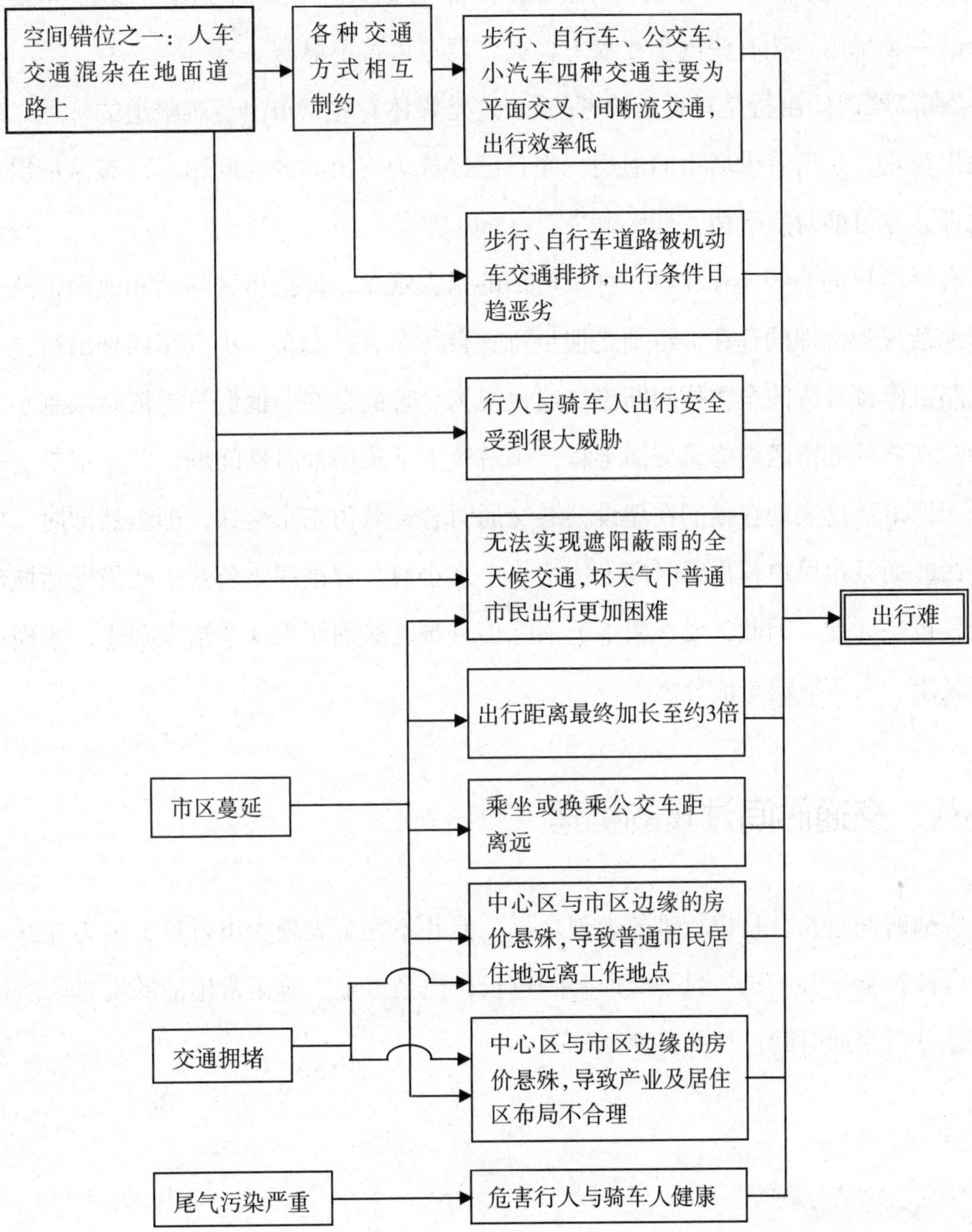

图 2-8　出行难机理的逻辑分析图

现在大城市的交通出行，与马车时代城市和汽车贵族化时期城市相比，不但更拥挤，而且时间更长。媒体曾报道过北京一位市民，他每天上下班都要倒三次车，路上需要 3 个小时，早上上班走时，孩子还没醒，晚上回到家时，孩子已经睡了，孩子觉得天天见不到大人的面。

出行难不只是无车族之苦，自驾车出行者也常因交通拥堵而烦恼。2003 年北京市的一场大雪迫使很多驾车者将车扔在路上，步行几个小时才到家。2011 年夏天北京市的一场暴雨，让有些汽车在水中熄火，驾车人苦不堪言。

“在高峰时间出行是对意志的考验”，这是媒体对北京市出行难报道的标题。普通市民出行难，是所有大城市的通病，而且已经成为突出的社会问题。只有认清出行难的机理，才可能对症下药、彻底解决。

有话语权的某些人存在着一种很可怕的错误观念，即把市区蔓延和地面道路上的人车混杂视为合理的存在，特别是把步行、自行车、公交车、小汽车四种出行方式皆需在路口停顿等待的全方位间断流交通也视为合理的存在。他们只想依靠限制小汽车数量和在蔓延的市区内修筑交通工程，来解决上下班的准时性问题，并不把交通时间过长当回事。这表现在他们在建设公共交通时普遍效仿东京地铁，即虽然准时，但挤得要命，而且市民单程出行时间平均达 1 个半小时。曾被评为公共交通最发达城市的伦敦，也是如此。因此，要从根本上消除出行难，必须纠正这个错误观念，实现市区高度紧凑、人车交通全面分离。

八、交通时间过长的机理

交通时间过长，是出行难的表现之一，但并不完全表现为出行难，因为在并不拥挤的路段，乘车并不难，只是交通时间过长，也会严重影响正常生活的安排。所以需要单独分析交通时间过长的机理。

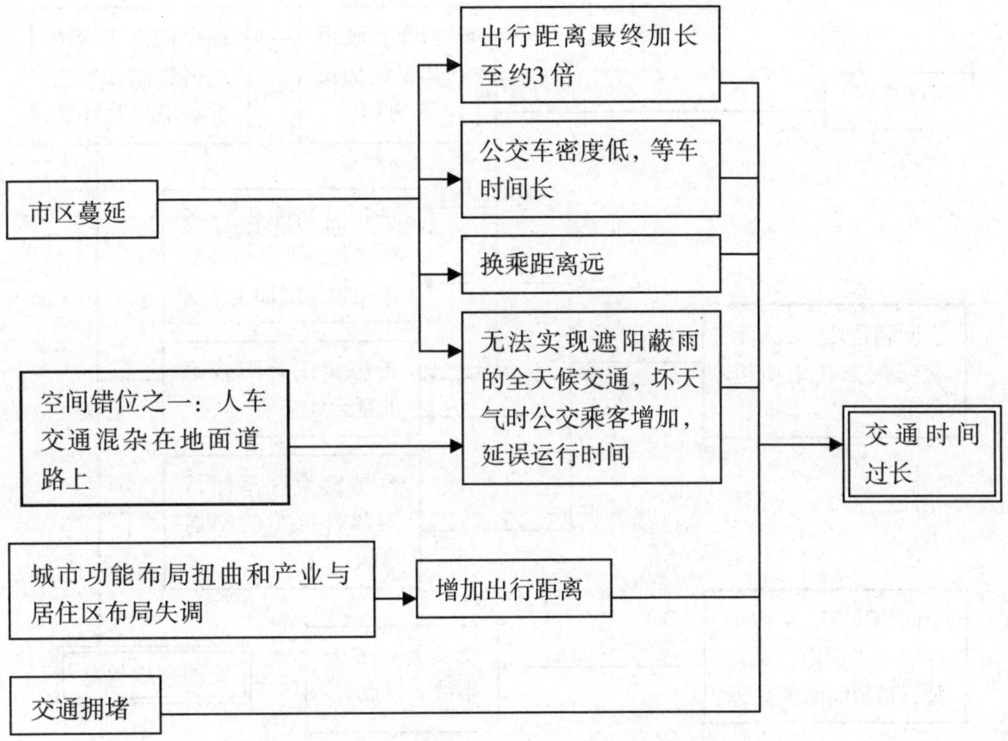

图 2-9　交通时间过长机理的逻辑分析图

九、交通事故频发的机理

城市中恶性交通事故，大多发生在汽车撞行人或撞自行车的交通事故。有一种说法，认为这些交通事故产生的根本原因是行人或骑车人的法制意识差，当然这种说法也有一定道理，例如行人不走过街天桥，偏要从路面上冲过去，或者骑车人不管红绿灯，常常与汽车抢行。但是，为什么汽车成了“老大”，而弱势用路人（步行、自行车出行者）必须处处让着汽车？为什么要让行人绕很远的路、爬楼梯去走人行天桥，让骑车人骑不了几百米就要停下来等红绿灯？这符合人性化的要求吗？

我们能否找到既满足弱势用路人安全需要，又能使汽车畅行无阻的办法呢？为此，必须搞清楚交通事故频发的机理。设想一下，如果步行和自行车道路，即慢行道路，与机动车道路完全分开，在机动车道路上根本没有行人和自行车，还会出现汽车撞行人和撞自行车的交通事故吗？据世卫组织的报告称，交通事故伤亡中弱势用路人占比 60% 以上。可见，如果人车交通完全分离，这 60% 的交通事故伤亡是可以避免的。

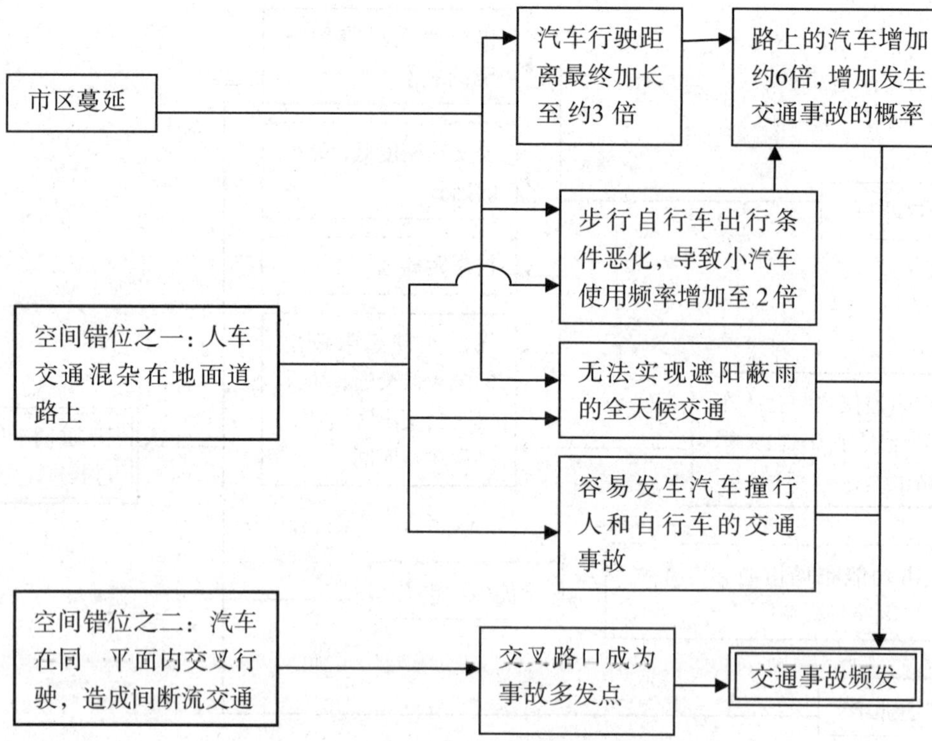

图 2-10　交通事故频发机理的逻辑分析图

汽车撞汽车的交通事故与两个因素有关：一是城市汽车的交通总量，二是交叉路口上是否存在冲突点。只有实现市区布局紧凑，建设具有良好条件的步行、自行车道路系统，才能减少市区汽车的交通总量；只有将汽车道路建成全面的快速路网，才能消除交叉路口上机动车之间的冲突点。

十、城市建设投资过大的机理

城市建设投资是否过大，尺度在哪里？要回答这个问题，应回顾城市建设投资不断增大的过程。在汽车开始普及前，城市市区人口密度约 3 万人 / 平方千米，人均城市建设用地约为 30 平方米，人均城市建设投资是建设这 30 平方米的投资。汽车的普及促使市区不断蔓延，在汽车达饱和保有量人均 0.5 辆后，蔓延逐渐停止，大约稳定在人均建设用地 250 平方米，人均城市建设投资是建设这 250 平方米的投资。

城市建设的总投资，是城市人均建设投资的总和，或者说，人均建设投资的大小决定城市建设总投资的多少。因此，衡量城市建设投资是否过大，是以汽车开始普及前人均城市建设投资为基数，来衡量当今城市建设投资是否过大。由于城市建设投资大体上与市区面积成正比，如果抛开造价变动的因素，可以用市区蔓延前后人均城市建设用地的面积增加的倍数，来衡量当今城市建设投资是否过大。

如上述蔓延后的250平方米与蔓延前的30平方米相比，增加到原来的8倍多，显然，城市建设投资过大。

用增加的倍数来衡量，是衡量投资是否过大的相对尺度。而绝对尺度是纳税人是否有能力承担：首先按照一般数据假定，市区每平方米的城市建设投资为住宅每平方米造价的1/3，住宅每平方米售价的1/6；在人均城市建设用地为30平方米的情况下，人均城市建设投资与10平方米住宅的造价相当、与5平方米住宅的售价相当；假定人均住宅面积30平方米，人均城市建设投资仅为人均住房价格的1/6，经验告诉我们，此时纳税人承担城市建设投资并无困难。而如果人均城市建设用地面积增加到原来的10倍，则人均城市建设投资大致相当于人均住房价格的10/6，即约1.7倍，显然，纳税人难以承担。

人均城市建设面积增加到8倍多的前后相比，城市建设增加的投资足够免费为居民提供住房所需要的投资。可见，如何使城市建设投资不因汽车普及而增加，对民生是何等的重要。

如果采用JD模式实现城市空间结构与多种交通方式的最佳耦合，从而实现城市空间利用的最佳有序化，在人均汽车保有量达到饱和水平的情况下，城市人均建设用地仅为20平方米，所节约下来的城市建设投资可以为居民免费提供2倍多的住房。

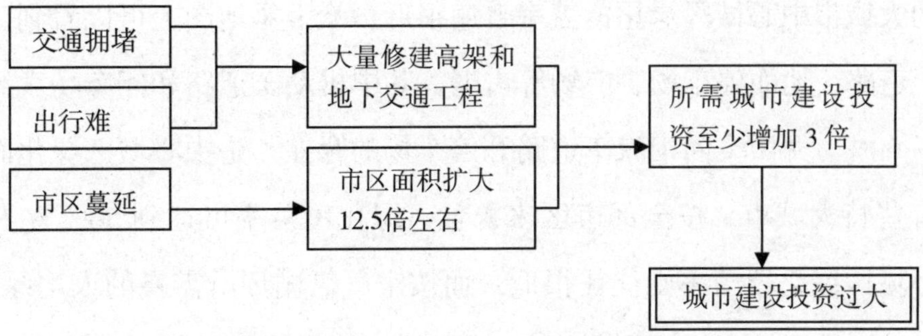

图2–11　人均城市建设投资过大机理的逻辑分析图

十一、治安差的机理

治安差是所有大城市的通病。简单点说，大城市治安差是因为管不过来。管不过来的原因是：市区蔓延得很大，导致警力密度很低、空白和死角很多、电子眼很难全面监控；交通拥堵且出警距离远，导致治安反应速度慢；人车交通混杂，为驾车或骑摩托车作案创造了条件，而且作案后比较容易逃逸，犯罪者逃避惩罚的侥幸心理强；等等。

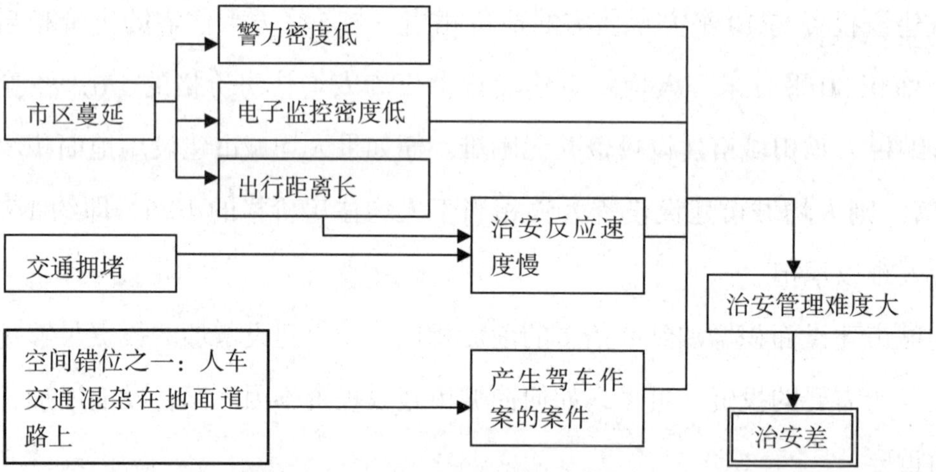

图 2–12 治安差机理的逻辑分析图

十二、中心城区绿化面积少的机理

现在的大城市中心城区绿化覆盖率普遍很低，从卫星地图上可以看到，大部分地面被建筑、道路、地面停车场、广场等占据，其中机动车道路和停车场大约占去了地面的 40%—60%。开敞空间中汽车道路和停车场的存在，是中心城区绿化面积少的主要原因。有些特大城市，按全部市区来衡量，绿化覆盖率可达到 50% 左右，似乎不低，但中心城区绿化覆盖率则往往很低。而按空气氧循环所需要的人均绿地来考虑，恰恰是中心城区需要较高的绿化覆盖率。而这在现行模式城市中，由于人、汽车、建筑等都在地面上，在中心城区，人、汽车、建筑等占地面积的比例更大一些，所以中心城区绿化覆盖率必然较低，达不到要求。

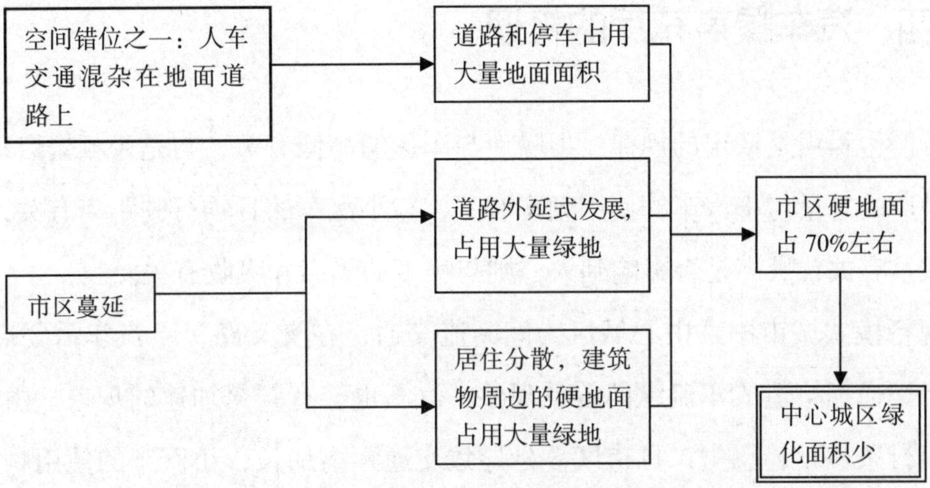

图 2-13　中心城区绿化面积少机理的逻辑分析图

十三、安全的户外公共空间丧失的机理

在汽车开始普及之前，市区的公共空间几乎全部是“人的天下”，人们所指的家，常常是指所居住的那一片。而现在的城市，户外空间是“汽车的天下”，人们所指的家，常常是指某一处的水泥六面体。结果人一天的活动，是从家庭的六面体到公交车的六面体再到工作岗位的六面体，这严重违背了人的本性，即社会性，使现代城市人的心理疾病成为多发的常见病，破坏了社会的和谐，严重降低了人们的幸福感。

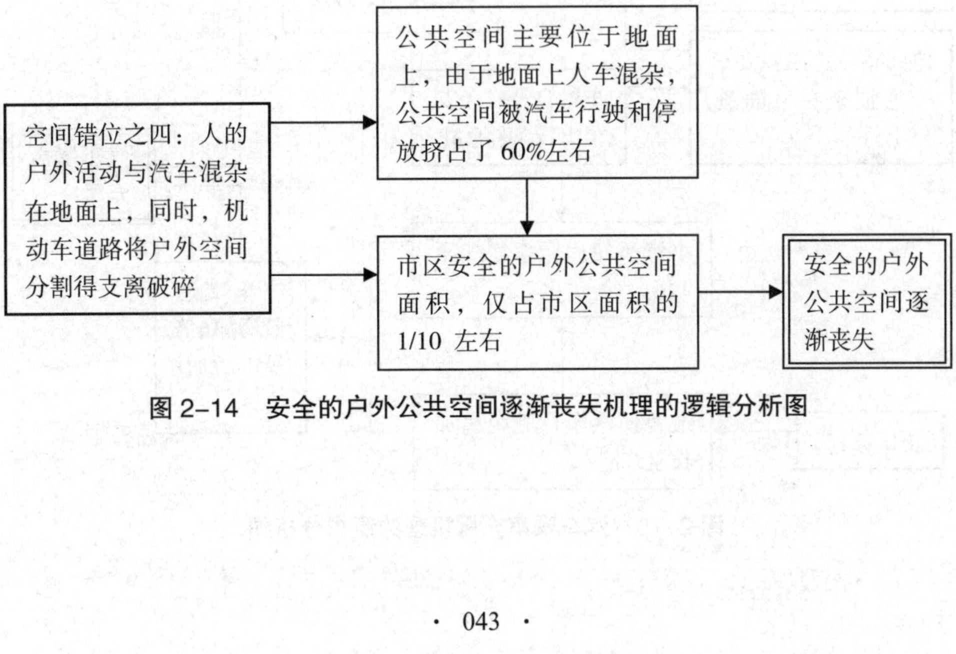

图 2-14　安全的户外公共空间逐渐丧失机理的逻辑分析图

十四、汽车噪声充斥的机理

汽车产生噪声是铁定的规律。但噪声与车速的高低有关，与是否频繁启动或加速有关；噪声的总量与小汽车的使用频率有关，与小汽车的日均行驶距离有关，与在途汽车的数量有关；噪声是否影响到人，则与噪声的隔离和吸收有关。

在现行模式城市中，中心城区为间断流交通，在交叉路口上汽车需要启动和加速。由于交通拥堵造成车流纵向震动现象，汽车也会有频繁加速的现象。由于步行、自行车出行条件日趋恶劣，且市区蔓延导致交通距离加长，小汽车的使用频率较高，在途汽车数量多。常有炫富的人开着跑车，发出轰轰的噪声。由于人车交通混杂在一起，汽车交通的空间处于开敞状态，噪声无法隔离，所以造成两个严重的后果，一是行人和骑车人直接处在噪声的旋涡中，二是整个开敞空间充斥着汽车的噪声。

减少或消除汽车噪声的途径有四：一是缩短平均出行距离，以减少汽车行驶的里程；二是在缩短出行距离的前提下，完善多元化交通，减少小汽车使用的频率；三是限制汽车速度最高为60千米/小时，以减少风阻产生的噪声；四是机动车道路为全面快速路网，以减少频繁启动加速产生的噪声。

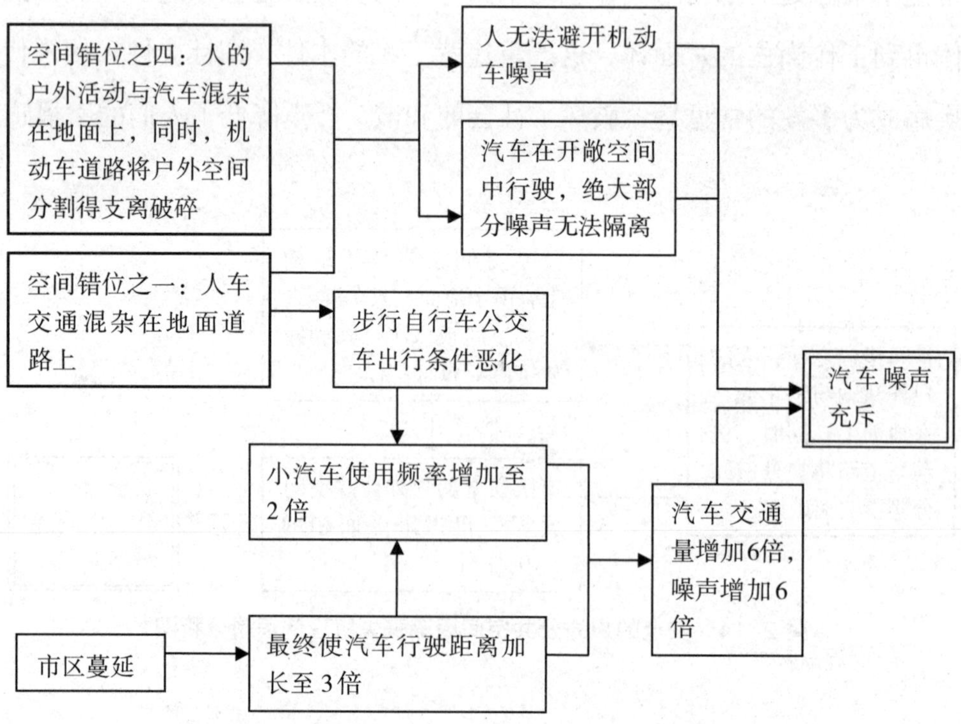

图2–15　汽车噪声充斥机理的逻辑分析图

十五、限制小汽车购买和使用的机理

常有人埋怨政府限制小汽车购买和使用的政策，其实政府也是无奈之举。因为在现行模式城市中，步行、自行车、公交车、小汽车都混杂在地面道路上，都在争路权，而交叉路口需停顿，又使地面道路通行能力只发挥出30%左右，道路资源的供给打了很大的折扣，所以，不得不限制小汽车的购买和使用。

限制小汽车购买和使用的政策是无奈的，也是可以理解的，但却是违背科学的。道路资源之所以严重不足，是因为对交通资源的利用不科学：仅交叉路口造成的间断流交通，就使每条车道通行能力的利用率仅为30%；人车交通混杂在地面道路上，差不多使步行和自行车的通行能力减少了一半，也使汽车的通行能力减少了40%。此外，人车混杂和市区蔓延导致的机动车交通依赖症，使机动车交通总量增大数倍，这使得交通资源相对的不足更加凸显。

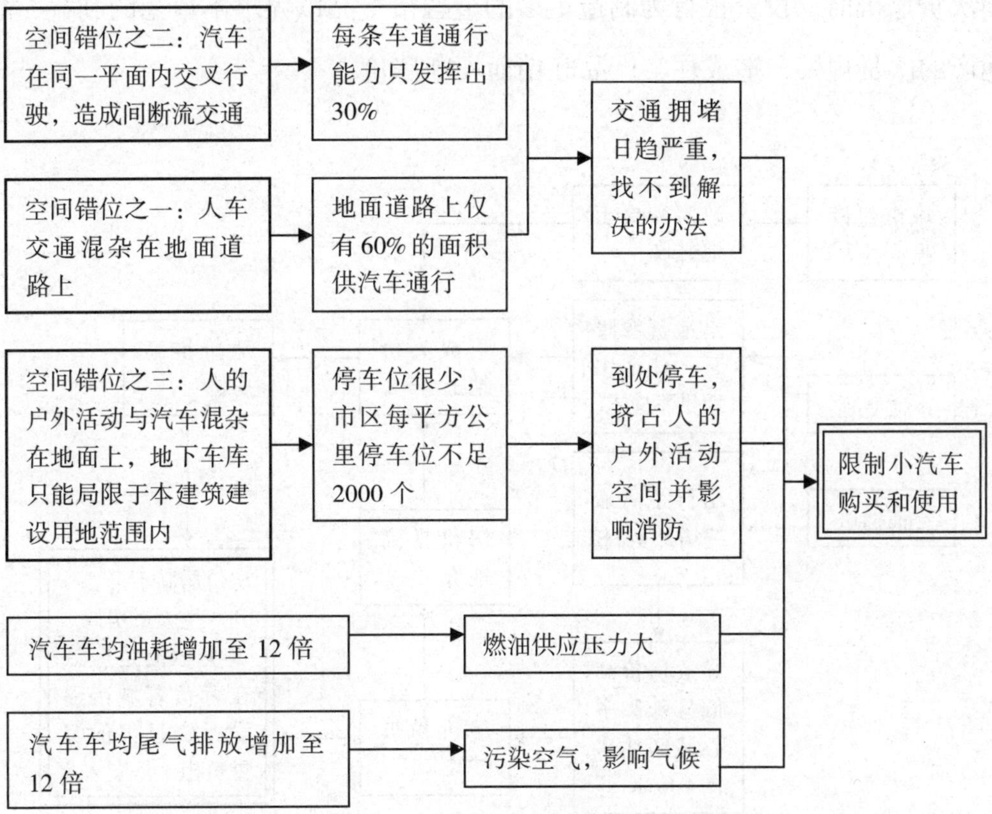

图2–16　限制小汽车购买和使用机理的逻辑分析图

形成限制小汽车购买和使用的机制，其根本原因是主导城市建设的观念有问题，这表现在三个方面：一是不认为交通拥堵、停车困难等是可以彻底解决的，而想通过限制小汽车的购买和使用来缓解；二是没有把人人享受汽车文明的社会公平当作必须解决的问题；三是未能认识到实现市区高度紧缩和完善的多元化交通，会形成出行结构优化效应，大幅度降低小汽车的使用频率。

十六、房价居高不下并产生大量房奴的机理

房地产易出现价格泡沫，在经济上有两个原因：一是一旦出现供求失衡，通过建设新房增加供给的周期一般是3~5年，这样就出现了供求关系调整滞后的现象，投机资金很容易制造更加供不应求的假象，将房价炒高；二是房地产开发需要大量资金，资金实力较弱的中小型房地产公司会逐渐被淘汰出局，形成若干个大型房地产公司垄断市场的局面，它们之间往往形成抬高价格的默契。当然在经济上还有第三个原因，即美国次贷危机前，投资银行为制造更多的金融衍生品以谋求不道德的利益，故意扩大房地产的次贷规模，造成住宅产品旺销而不断涨价。

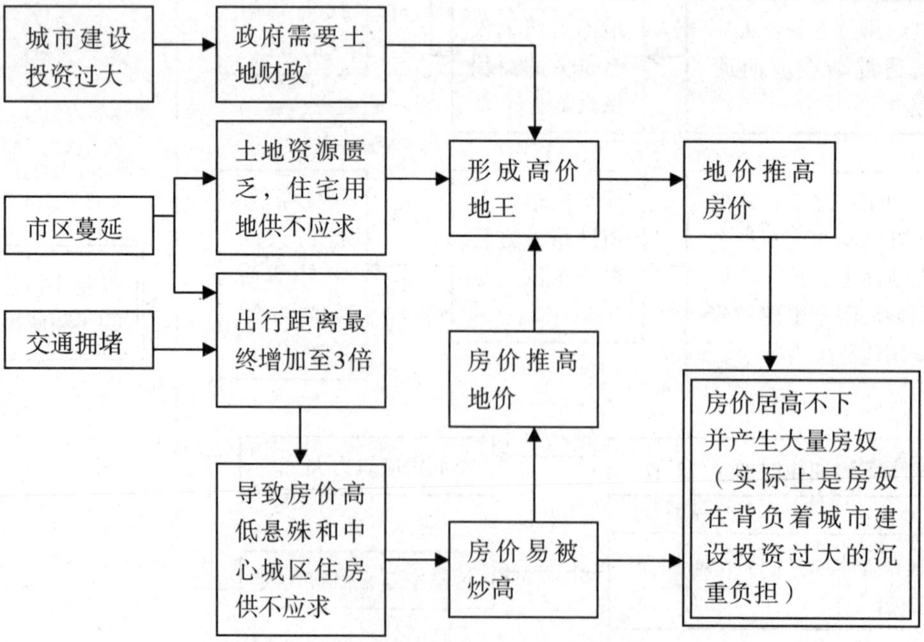

图2-17　房价居高不下机理的逻辑分析图

本书关于房价畸高机理的分析中，不讨论上面谈到的经济方面的原因，只讨论与城市和土地相关的各种原因，所给出的分析主要针对中国的情况。当然，类似的情况在其他处于高速城市化过程的国家也会出现，所以本书的分析，对其他处于高速城市化的国家同样适用。分析表明，房价居高不下，是高速推进城市化与机动化并采用现行城市模式的必然结果。

十七、城市功能布局扭曲以及产业与居住区布局错位发展导致上下班距离加长的机理

一些特大城市发生交通拥堵后，人们常常抱怨上班距离过远，通常都会把上班距离远归罪于城市规划不当，包括一些业内人士也有类似的观点。这个观点对吗?

以北京市为例，20 多年前，企事业单位几乎遍布在中心城区，包括很多胡同里面都有一些企业，一些大型企业也多在二环路与三环路之间。

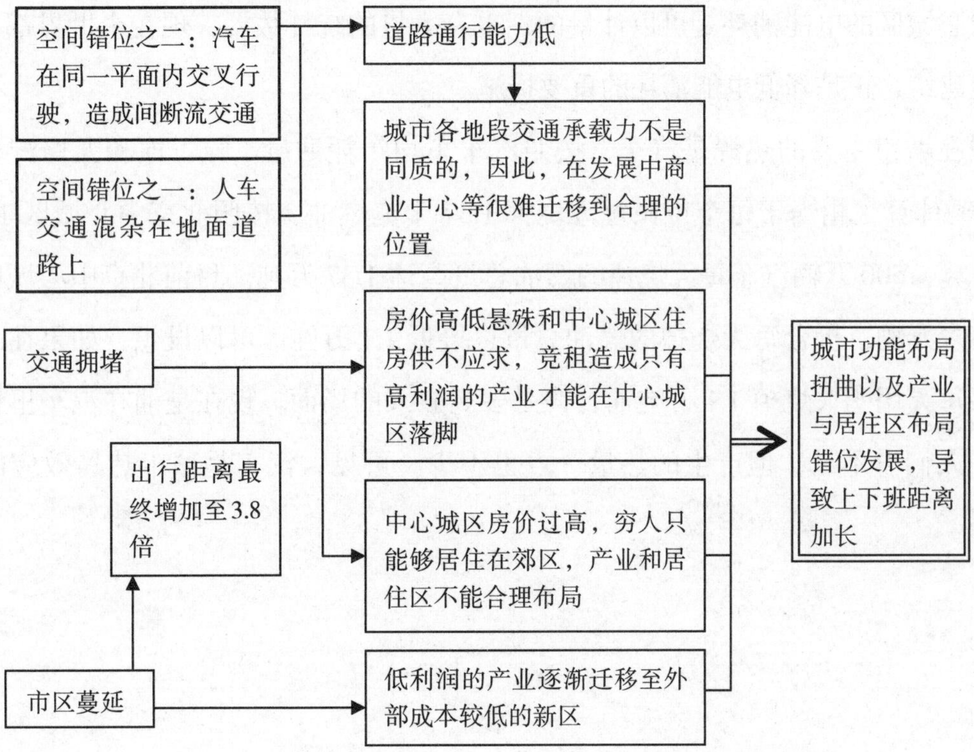

图 2-18　规划布局扭曲造成上班距离远机理的逻辑分析图

当时的布局完全符合今天人们所倡导的功能混合式布局。而如今，大型企业早已纷纷外迁，中心城区里的很多居民也因为城市拆迁改造而搬到城市拓展区。外迁的企业是依据企业可以承受的地价、在政府指定的可选择地段落户；因拆迁而搬家的居民，则依据房价和当时的房源选择新家的地址；企业搬家和住户搬家往往不在一个方向上，就出现了职住地址错位演变的现象，人们上班的距离越来越远，规划对此无能为力，这不是规划的责任。

归根到底，由于多数人未能认识到现行模式城市必然导致职住错位，因此未能把城市模式变革作为缩短通勤距离的根本出路。

十八、热岛效应的机理

热岛效应的形成可以归结为生热、吸热、不易散热三个因素。市区某个地段上如果热源很多，则生热量大，大体上可以说，如果某个地段上电能消耗大、燃料消耗多，则生热量必大，因为电能与燃料能均会转变为热能，当然，人吃的饭也会部分地转变为热能，人多了也会热气大，但这与电能和燃料的消耗相比要小得多。

中心城区的电能消耗是可以计量的，也有大量的统计数据，现在全世界都在推广的节能建筑，正是降低电能消耗的重要措施。

现在城市主要的热源是汽车，按照汽车车均年耗油量 1 吨、饱和人均汽车保有量 0.5 辆计算，相当于每个市民每天烧掉 1.37 千克燃油。按照北京中心城区 1000 万人来计算，500 万辆汽车每天烧掉的燃油总量高达 1.37 万吨。目前北京中心城区汽车约 400 多万辆，折合每天烧掉的燃油总量也接近 1.1 万吨。可以设想，如果在北京中心城区每天用明火烧掉 1.1 万吨油，该是多么骇人的场面。现在是油在汽车里悄悄地烧掉，人们看不见，但产生的热量一点也不少。可见，汽车是城市热岛效应的重要热源。

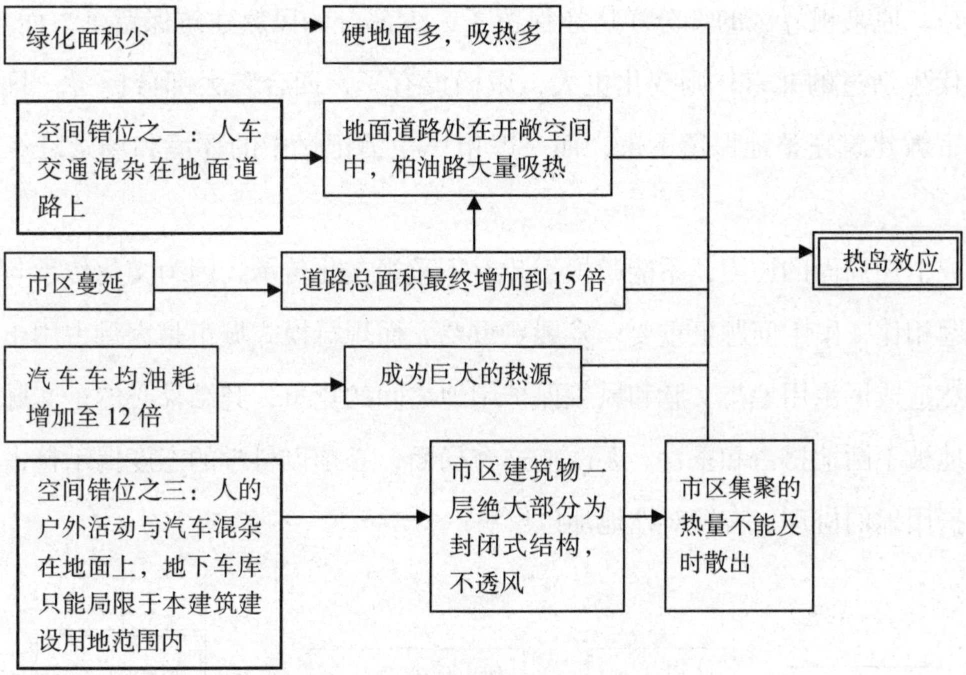

图 2-19　热岛效应机理的逻辑分析图

十九、雨水难以渗入地下的机理

很多特大城市地面都在缓慢地下沉，原因很简单，城区地下水抽取的数量远远大于下雨渗下去的数量。因此，涵养市区的地下水十分重要。

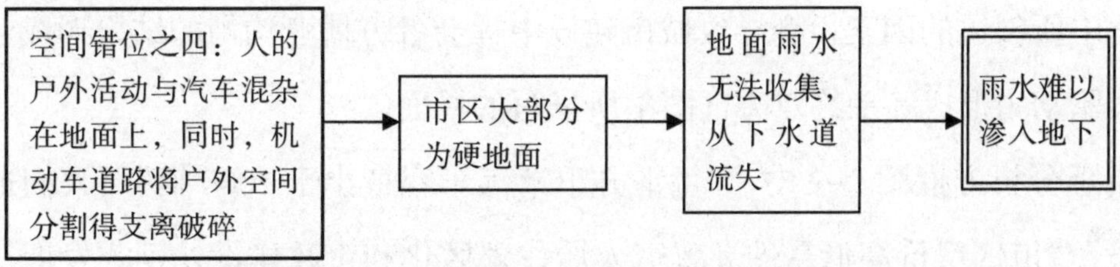

图 2-20　雨水难以渗入地下机理的逻辑分析图

二十、挤占文脉和风貌保护用地的机理

很多城市建设的推进，冲掉了城市的记忆，给城市文化传承造成了极大的破坏。笔者曾回到 50 多年前中学时代生活过的天津，却很难再找到回忆中的街道和建筑，

所幸的是，原来租界区的部分洋房还保留了，少部分的民族建筑保留了，而50年前大学时代生活过的北京，则变化更大，城墙没有了，四合院大部分拆了，只是宫廷建筑和宗教建筑完整地保留下来，而一般市民生活记忆中的环境和场景已经无处可寻了。

造成上述局面的原因，不能归根于政府不重视文化传承，因为文化传承与当今的民生问题相比，民生问题更重要，发展更重要。而现行模式城市是大量占用土地的城市，必然造成民生用地与文脉和风貌保护用地之间的竞争，其结果必然是文脉和风貌保护用地被不断地挤占和蚕食。要改变这个局面，必须以科学的态度揭示挤占文脉和风貌保护用地的机理，有针对性地加以解决。

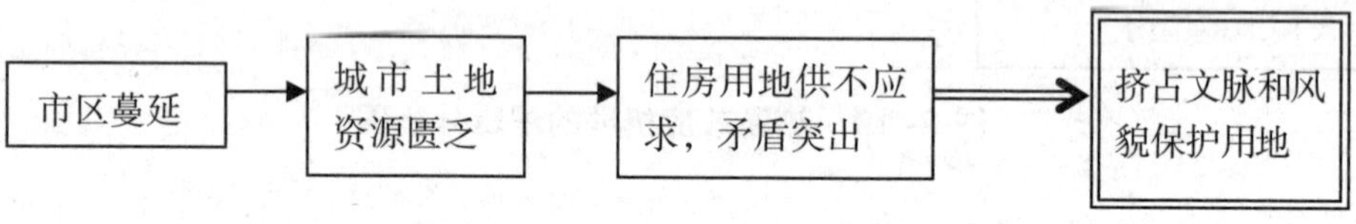

图 2–21　挤占文脉和风貌保护用地机理的逻辑分析图

二十一、从机理上看城市内在动力机制的存在

上面 20 个机理分析的方框图 2–2、图 2–18、图 2–21 中，双线箭头“⟹”起点的方框中所叙述的因素，会导致城市建设中社会各方博弈均衡的结果形成一种驱动力，这个驱动力形成箭头终点方框图中所描写的局面。

在机理分析方框图 2–2 中，“每平方千米汽车容量小于 2000 辆”“人们追逐郊区居住环境”“市区房价高低悬殊导致穷人居住郊区化和市政建设外延式发展”等三个因素，均会产生使市区产生蔓延的驱动力，这个驱动力使市区蔓延。

在机理分析方框图 2–18 中，“城市各地段交通承载力不是同质的，因此，在发展中商业中心等很难迁移到合理的位置”“房价高低悬殊和中心城区住房供不应求，竞租造成只有高利润的产业才能在中心城区落脚”“中心城区房价过高，穷人只能够居住在郊区，产业和居住区不能合理布局”“低利润的产业逐渐迁移至外部成本较低的新区”等四个因素，均会产生使城市功能布局扭曲以及产业与居住区布局错位发展的驱动力，这个驱动力使城市功能布局扭曲以及产业与居住区布局错位发展，使市民上下班的距离加长。

从方框图 2–4 中可以看到，市区蔓延和上下班交通距离加长，最终又导致了交通拥堵更加严重。

在机理分析方框图 2–21 中，“住房用地供不应求，矛盾突出”会产生挤占文脉和风貌保护用地的驱动力，这个驱动力使城市建设挤占文脉和风貌保护用地。

综上所述，现在城市的市区蔓延、上下班交通距离加长、挤占文脉和风貌保护用地等局面，都是在某些驱动力推动下演变的结果，而这些驱动力的形成是源于城市空间结构的系统性缺陷。

结论

（1）城市状态演变是城市建设中社会各方博弈的结果。

前文中 20 种方框图所展示的演变路线表明，在进入汽车时代之后，生活在存在着系统性缺陷（方框图中的“空间错位”之一、之二、之三、之四）的城市空间中的社会各方（政府、发展商、居民、企事业单位），在城市建设博弈中的共同行为，形成推动城市演变的驱动力；随着汽车的逐渐普及，沿着 20 种方框图所展示的演变路线，演变的驱动力逐级传递，最终形成 20 种城市病严重存在的城市状态。

（2）存在着推动城市演变的内在动力机制“拥堵—蔓延—更拥堵”。

上述的“演变的驱动力逐级传递”，存在于 20 种方框图所展示的演变路线中，是个很复杂的微观过程。但是，从总体上看，20 个方框图的起始点（空间错位）到 20 个方框图的终点（20 种城市病），演变的方向是一致的，也是很清晰的。因此可以从宏观的角度进行概括，用比较直观的“拥堵—蔓延—更拥堵”，来代表“驱动力逐级传递”这个复杂的内在动力机制，即“拥堵—蔓延—更拥堵”是推动现在城市演变的内在动力机制。

第三章

JD 模式破解经济发展中八大难题的机理

本章提要

一、实现市区紧凑的机理 // 055
二、实现土地集约节约利用的机理 // 057
三、实现交通畅通的机理 // 057
四、实现汽车车均油耗降低至 1/15 的机理 // 058
五、实现汽车车均尾气排放降低至 1/15 的机理 // 059
六、消除停车难的机理 // 059
七、实现交通时间短的机理 // 060
八、实现出行便捷舒适的机理 // 061
九、实现交通事故少的机理 // 063
十、实现城市建设投资小的机理 // 064
十一、实现治安好的机理 // 064
十二、实现高绿化面积的机理 // 065
十三、实现完全性安全的户外空间的机理 // 066
十四、实现不受汽车噪声干扰的机理 // 066
十五、实现人人享受汽车文明的机理 // 067
十六、实现平抑房价的机理 // 068
十七、实现居住与就业就近平衡的机理 // 069
十八、消除热岛效应的机理 // 070
十九、实现雨水涵养地下水的机理 // 071
二十、实现保护文脉和旧城区风貌用地的机理 // 072
二十一、从机理上看城市内在动力机制的突变 // 072

如本书第一章中所述，经济发展中的八大难题实际上是由交通拥堵、停车困难等原生城市病衍生而来的次生城市病；采用 JD 模式根除城市病，即可破解经济发展中八大难题。所以，本章中所分析的采用 JD 模式消除城市病的机理，就是破解经济发展中八大难题的机理。

如本书第二章中所述，20 种城市病的总根源是市区的“空间混杂”。而采用 JD 模式可形成市区空间有序化的四个要素，从而实现市区“空间有序化”，不再存在“空间混杂”，从而使 20 种城市病荡然无存。

JD 模式市区“空间有序化”的四个要素如下：

空间有序化之一：人与汽车交通分层，地面道路全部给汽车

空间有序化之二：交叉路口设简单立交桥，形成连续流交通

空间有序化之三：人的户外活动与汽车完全分离，地面车库面积约占市区面积 40%

空间有序化之四：人的户外活动与汽车完全分离，塑造占市区面积 100% 无汽车户外空间

图 3–1　市区“空间有序化”的四个要素

以下用方框图[①] 逐一说明消除 20 种城市病的机理。

一、实现市区紧凑的机理

市区或是蔓延或是紧缩，都应该是自发发生的。所谓自发发生，是指城市建设中社会各方博弈中共同行为导致的人口密度变化。实现市区自发紧缩，需要在空间上具备四个结构特点。

① 在方框图所表示的逻辑关系中，原始要素用粗线方框表示；每个逻辑链条中，最后一个要素是消除某种城市病后所形成的效果，用双线方框表示；每个逻辑链条中，由原始要素或某种效果（一种效果可能是另外一种效果的产生原因之一）所派生出来的要素，用细线方框表示。

特点之一：实现人车交通完全分离，地面道路全部留给汽车。

特点之二：机动车交叉路口立交化，使间断流变为连续流。

以上两个特点，使道路机动车通行能力提高至原来的5倍左右。

特点之三：地面上设置大面积的停车库，使停车位密度增加至平均3.3万个/平方千米。

以上三个特点使汽车容量密度提高至3万辆/平方千米。

特点之四：市区开敞空间100%的面积上没有汽车，户外空间高度人性化，并设置与机动车道路没有平面交叉的步行、自行车道路。这个特点就使社会各方共同希望市区按人的尺度紧缩。

以上四个结构特点，使市区自发地演变为高度紧缩。

实现市区紧缩的机理，实际上包括两个方面：一方面是消除产生市区蔓延的动因，上述的特点之一和特点之二是消除“交通拥堵导致市区蔓延”的动因，上述的特点之三是消除“停车难导致市区蔓延”的动因，上述的特点之四是消除“人居环境

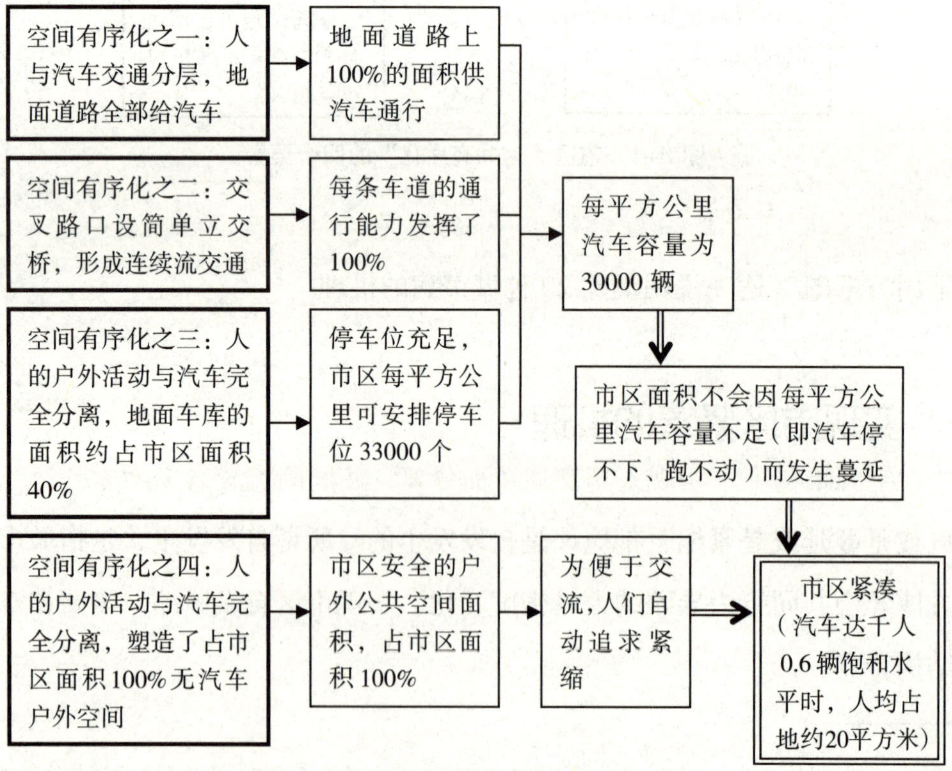

图3-2　实现市区紧缩机理的逻辑分析图

恶化导致市区蔓延”的动因；另一方面是产生促使市区紧缩的动因，上述的特点之四的作用，除了消除市区蔓延的动因之外，还促使市区紧缩，构成促使市区紧缩的动因。

如果只是消除现行模式城市促使市区蔓延的动因，市区只能恢复为汽车出现以前大城市市区的紧凑程度，大约为人均占地 30 平方米。正是由于有了特点之四，市区户外空间不仅完全没有汽车，而且也没有汽车出现以前城市中存在过的马车，市区完全是按照人的尺度紧缩；在高层建筑已经普及的现在，市区在紧缩动因的推动下，将人均占地紧缩为 20 平方米左右。

二、实现土地集约节约利用的机理

实现土地集约节约利用，不是靠政策控制，而是靠市区自发紧缩机制的推动。

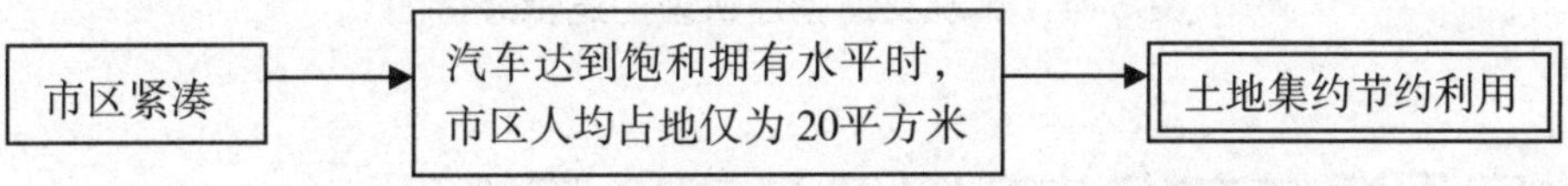

图 3-3　实现土地集约节约利用机理的逻辑分析图

三、实现交通畅通的机理

为什么交通治理长期就交通论交通，跳不出越治越堵的怪圈？是因为目前的交通治理具有盲目性，许多人不懂得无论拥堵还是畅通，都是机制作用的结果。

只要在空间结构上，实现人车交通全面分离，使间断流交通变为连续流交通，自然会使道路通行能力提高至原来的 5 倍；只要实现市区紧缩，自然会使小汽车使用频率减少一半以上。如此，则形成交通畅通的机制。

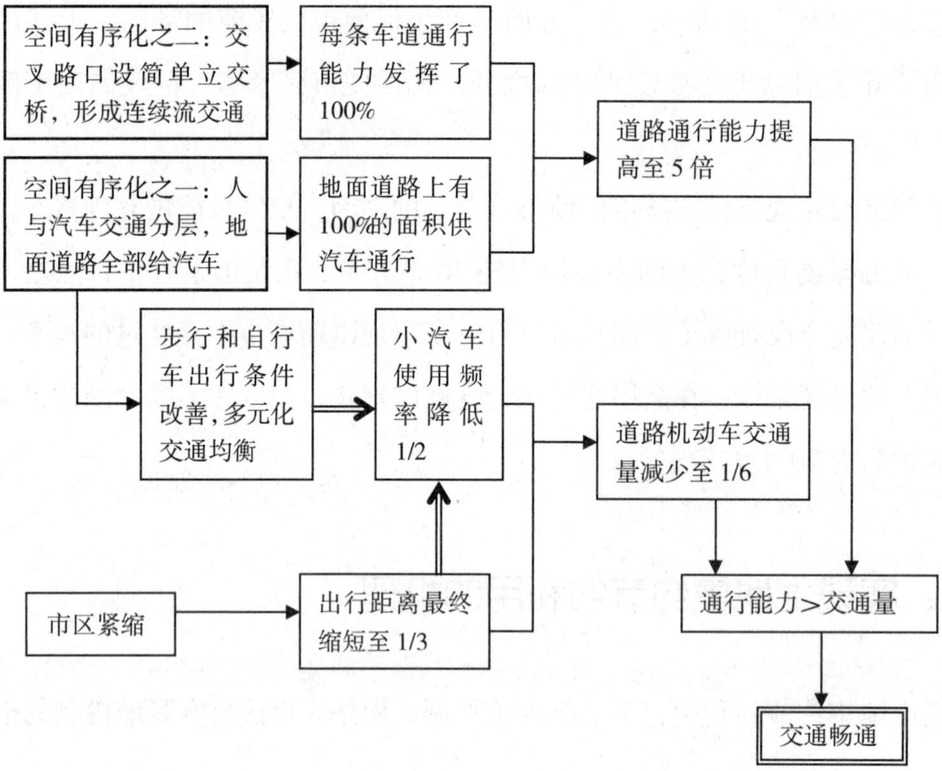

图 3-4　实现交通畅通机理的逻辑分析图

四、实现汽车车均油耗降低至 1/12 的机理

所谓降低至 1/12，是在人均汽车保有量达饱和水平后，与现行模式城市相比的结果。

实现汽车油耗降低的机理有三个方面：一是实现市区紧缩并在职住归位效应（参见本书第四章）的作用下实现合理的混合布局，以缩短上下班的出行距离；二是在缩短出行距离的同时，实现均衡的多元化交通，即同时具备步行、自行车、公交车、小汽车四套独立的相互间没有平面交叉且同样四通八达的全天候（遮阳防雨）道路系统，以减少自驾车出行的分担率；三是机动车道路网为全面的快速路网，汽车全程连续行驶，无须在路口停顿等待，且无交通拥堵。

在采用 JD 模式的情况下，上述的三个方面皆可实现：一是市区紧缩，且实现合理的混合布局，使出行距离缩短至 1/3；二是市区紧缩和均衡的多元化交通，使小汽车使用频率降低 1/2；三是实现汽车交通的连续流，且无交通拥堵，使汽车百公里油耗降低 1/2。

三方面综合的效果是 $1/3 \times 1/2 \times 1/2 = 1/12$，汽车车均油耗降低至 1/12。

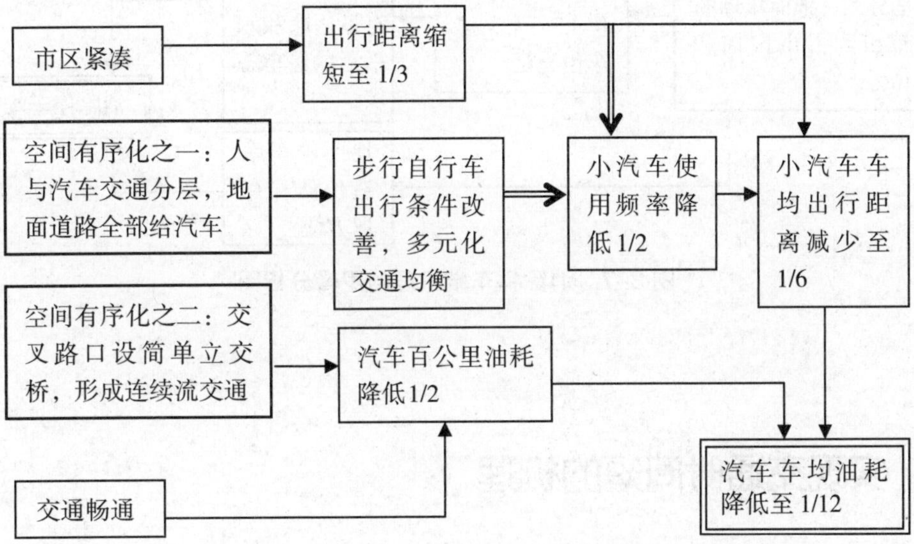

图 3-5　实现汽车车均油耗降低至 1/12 机理的逻辑分析图

五、实现汽车车均尾气排放降低至 1/12 的机理

所谓降低至 1/12，是在人均汽车保有量达饱和水平后，与现行模式城市相比的结果。汽车车均油耗降低至 1/12，尾气排放自然降低至 1/12。需要说明，即使全部改为电动汽车，间接的碳排放总量，与改动前仍在同一个数量级上。

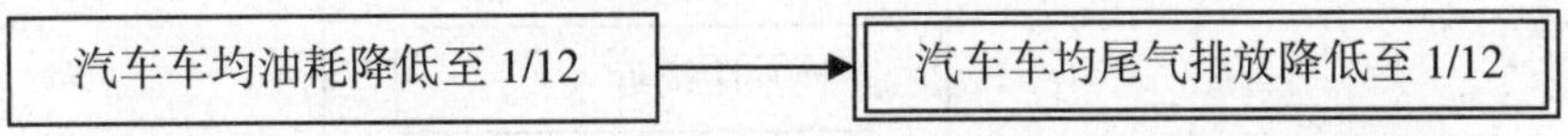

图 3-6　实现汽车车均尾气排放降低至 1/12 机理的逻辑分析图

六、消除停车难的机理

按照图 3-7 所示的市区空间结构特点，市区平均 30 平方米的土地上即有 1 个停车位，与现行模式城市市区 500 平方米的地面上才有 1 个停车位相比，停车位密度提高约 15 倍，停车难问题将荡然无存。

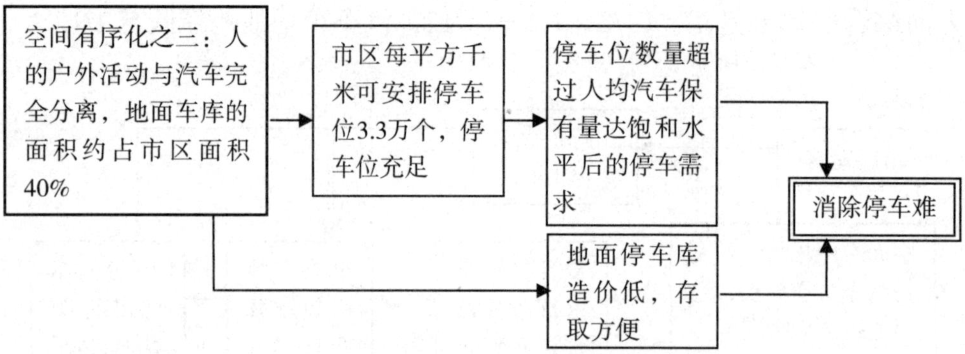

图 3–7　消除停车难机理的逻辑分析图

七、实现交通时间短的机理

城市生活质量的高低，与每天交通时间的长短密切相关。城市生活人性化与否的一个重要指标是每天的交通时间。意大利城市学家马切提多方面研究所得出的结论是每天交通时间合计在 1 小时左右时，人的生活才能从容不迫。这每天 1 小时左右的交通时间，被称为“马切提恒值”，这正是交通人性化所要实现的目标。

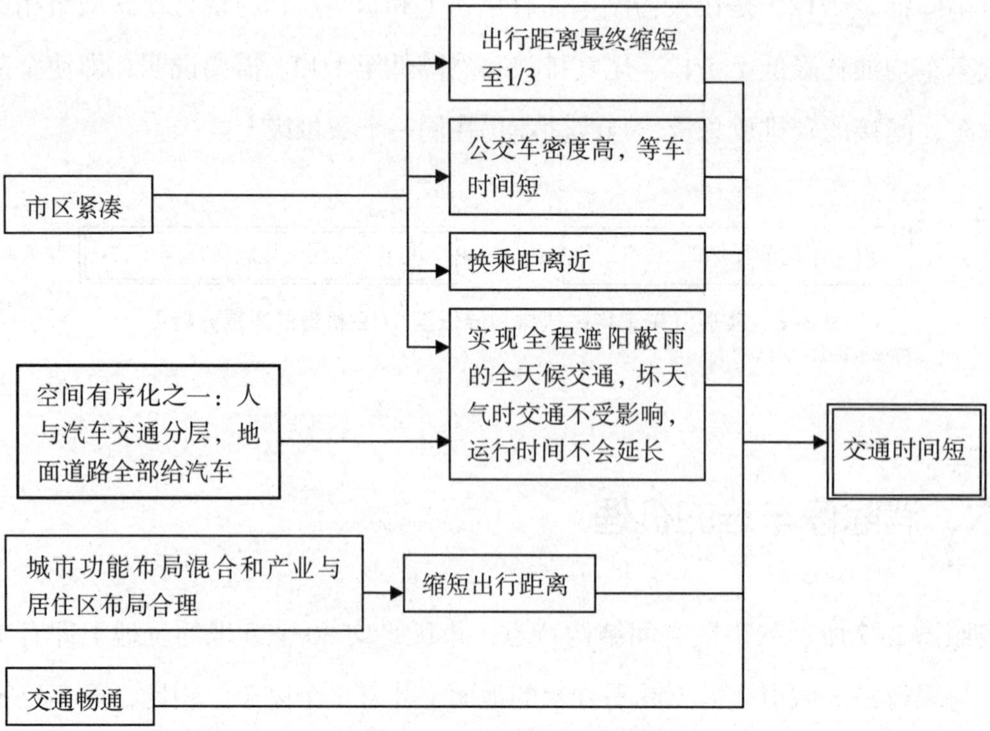

图 3–8　实现交通时间短机理的逻辑分析图

八、实现出行便捷舒适的机理

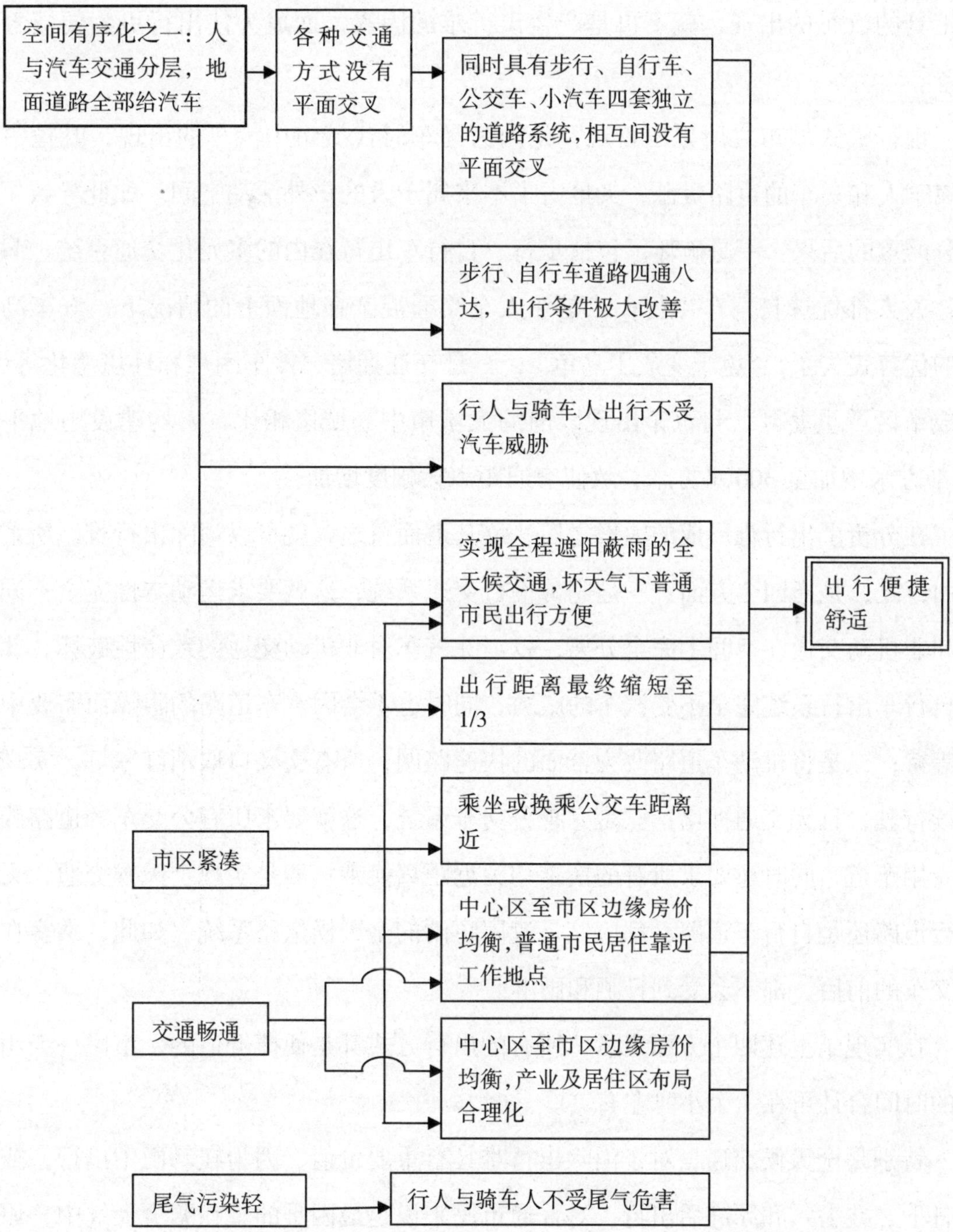

图 3–9　实现出行便捷舒适机理的逻辑分析图

在马车时代，城市中并不存在出行难的问题。而在高速交通工具汽车出现之后的现行模式城市，反而产生了出行难的问题。有哲学观点认为，这是汽车出现以来城市产生的异化现象。实际上，这个异化现象是现行城市模式与汽车文明不相容的结果，只要采用JD模式解决城市文明与汽车文明这两者之间的冲突，作为高速交通工具的汽车的出现，就不再是产生出行难的因素，而成为使出行更为便捷舒适的因素。

现行模式城市之所以出行难，是因为马车时代城市中汽车的出现，既抢占了本来属于人和马车的道路资源，又抢占了本来属于人的户外活动空间。如此导致了三个十分严重的后果：一是破坏了包括步行、自行车出行在内的多元化交通系统，只要有钱，人人都优选自驾车出行；二是在人车交通混杂在地面上的情况下，汽车高速行驶的优势丧失了，“兔子变成了乌龟”；三是交通拥堵、停车困难和环境恶化等因素，促成市区严重蔓延，与汽车出现以前的大城市中心城区相比，人均建设用地平均从30平方米增加至300平方米，致使交通距离大幅度增加。

在分析了出行难形成的因素之后，反其道而行之，就可以消除出行难。所谓反其道而行之，是指四个方面：一是完善慢行交通系统，这就要求运动本性完全不同的机动和非机动交通在空间上完全分离，以消除汽车对非机动交通的致命性破坏，使步行和自行车出行系统完全不受汽车的威胁，同时也不会因汽车道路的阻隔而需要中途停顿等待；二是将机动车道路改为全面的快速路网，所有交叉口取消红绿灯，实现全程连续行驶，且无交通拥堵；三是完善公交车系统，这就要求所有公交车的道路皆为公交专用车道，同时还要求所有的换乘均为近距离换乘；四是实现全天候交通，无论是步行道路还是自行车道路，都应该是遮阳防雨的全天候道路系统，如此，乘客在乘坐公交车的前后，都不会受到日晒和雨淋。

在实现了上述四个方面之后，所有的出行方式都是便捷舒适的，市民一天用于交通的时间合计可在1个小时左右。

特别是全天候交通，对于消除出行难具有重要价值。因为在暴雨中出行，或是在烈日下、在大雪和冰冻后出行，对普通市民来说是最困难的。在恶劣天气中，原来采用步行或自行车出行的市民，不得不改为搭乘公共交通，而公交车在恶劣天气中运行往往又不正常，所以恶劣天气中乘坐公交就变得十分困难。能够实现全天候交通，对解决普通市民出行难问题是很重要的。

而要实现步行、自行车、公交车出行的全过程遮阳防雨，在现行模式城市中是不可能的。只有在步行、自行车、公交车、小汽车等四套道路系统完全分开的JD模式城市，才可能在每套道路系统上方设置遮阳防雨棚，才可能在酷暑和严寒的天气中在封闭起来的慢行道路中设置空调系统，真正地实现全天候交通。

九、实现交通事故少的机理

交通事故成为突出的社会问题，是汽车出现以后的事，在马车时代，没有这个问题。

从逻辑上说，要减少汽车所造成的交通事故需要四个条件：一是要降低自驾车出行的分担率，而这只有在市区高度紧缩、交通距离短、其他出行方式更具吸引力的条件下才能实现；二是在汽车路上没有行人和自行车，而这只有在步行、自行车道路系统与汽车道路系统完全分离之后才能实现；三是消除机动车道路交叉路口上汽车行驶的冲突点，而这需要将汽车路的交叉路口立交化；四是市区紧缩使汽车出行的距离缩短，因为汽车日均行驶的距离越短，出交通事故的概率越低。

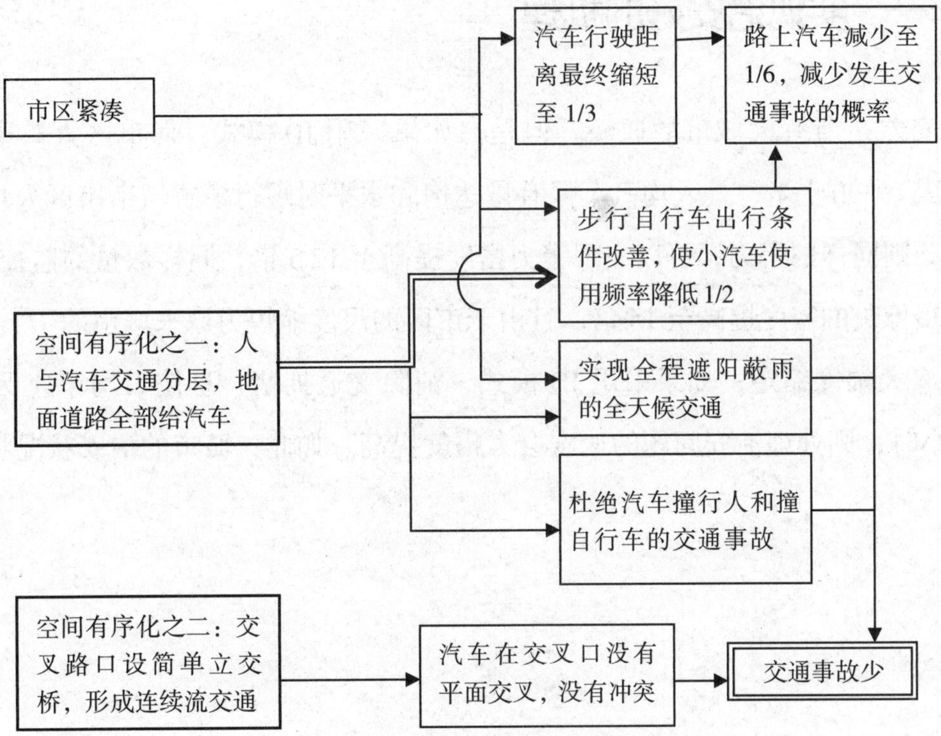

图3-10　实现交通事故少机理的逻辑分析图

十、实现城市建设投资小的机理

城市建设投资的多少，取决于两个方面：一是市区面积的大小，因为每平方千米城市建设所需要的投资，大体上相同，市区面积越大，所需投资越大；二是是否需要修建大量高架汽车路和地下交通工程。

显然，地面机动车道路畅通、多元化交通均衡、市区紧凑，是减少城市建设投资的三个基本条件。

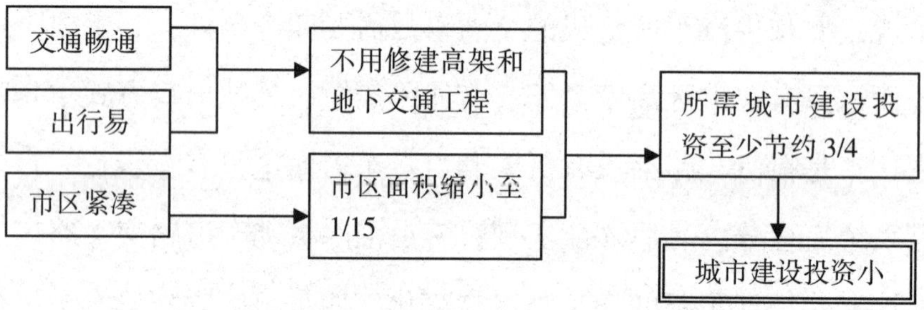

图 3-11　实现城市建设投资小机理的逻辑分析图

十一、实现治安好的机理

治安差是所有大城市的通病。但是，如果采用 JD 模式，使市区人口密度提高至 5 万人 / 平方千米，是人均汽车保有量达饱和水平时现行模式城市市区人口密度的 12.5 倍，则同样的警力，可以实现警力密度提高至 12.5 倍，同样数量的监控摄像头，可以使摄像头的密度提高至 15 倍，且由于市区的尺度缩短为原来城市的 1/3，出警所跑的距离大幅度缩短；如果采用 JD 模式，消除交通拥堵，且使平均车速保持在 60 千米 / 小时，则处理治安问题的速度会大幅度提高。如此，城市的治安状况将大幅度改善。

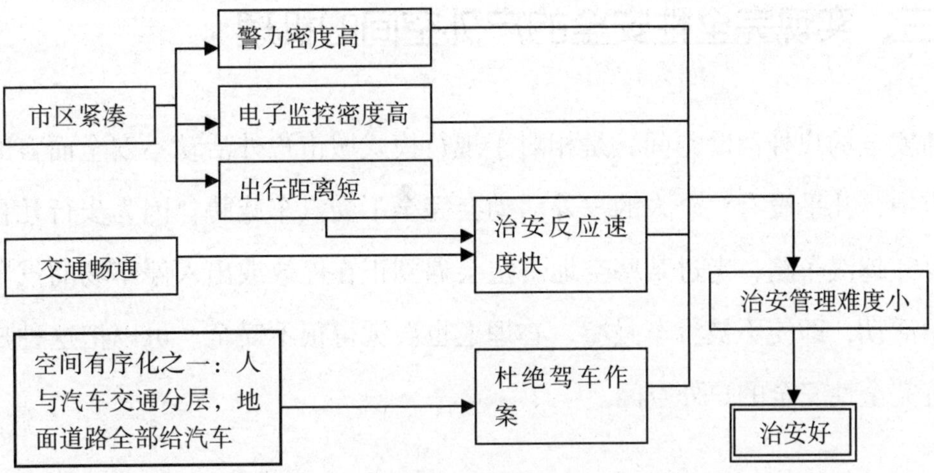

图 3-12　实现治安好机理的逻辑分析图

十二、实现高绿化面积的机理

在现行模式城市，最需要绿化的中心城区绿化率最低。导致中心城区绿化率低的原因有两个，一是机动车道路占用了市区面积，二是户外停车场占用了市区面积。

如果将汽车的行驶和停放全部放入地下，则市区地面恢复马车时代城市的自然面貌，而且由于不再需要马车道路，且高层建筑已经取代了马车时代的建筑，市区中将有很大的面积可供绿化。所以，只要实现人车全面分离，将开敞空间全部留给人，必可实现高绿化面积。

在市区户外空间完全没有汽车的情况下，绿化覆盖率会很高。设建筑密度为 20%、含消防通道和广场在内的步行道路面积率为 15%，可得：

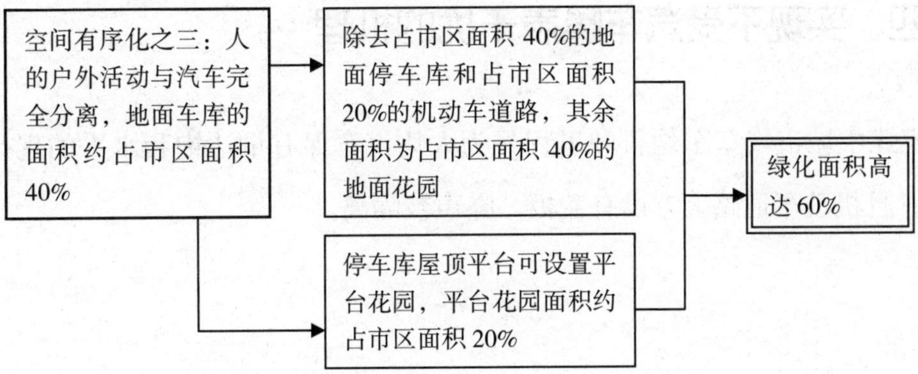

图 3-13　实现高绿化面积机理的逻辑分析图

十三、实现完全性安全的户外空间的机理

所谓安全的户外活动空间，是相对于现行模式城市户外活动不安全而言的。现行模式城市中，几乎没有一个人的户外活动会完全不受汽车威胁，因为步行几百米之后就一定要穿越汽车路，走过某些空地一定会遇到正在停放或出入停车场的汽车，在这种空间中活动，即使不被汽车碰撞，心理上也会觉得很不安全。可以把这种户外空间称作没有完全性安全的户外空间。

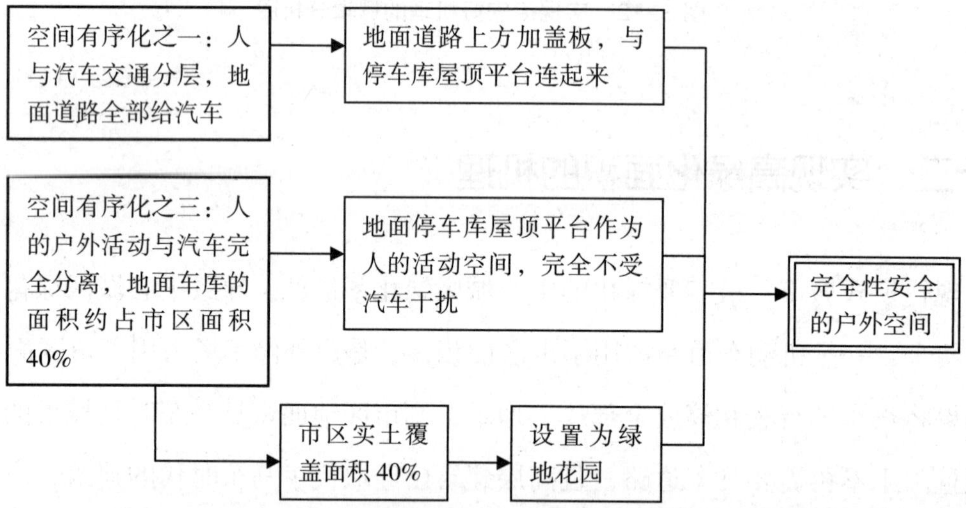

图 3-14　实现完全性安全的户外空间机理的逻辑分析图

我们所需要的是户外活动的全过程像在野外、在大公园中一样，是户外活动全过程不受汽车威胁的“完全性安全户外空间”。

十四、实现不受汽车噪声干扰的机理

JD 模式中城市汽车车均行驶里程只为人均汽车保有量达饱和水平的现行模式城市的 1/6，且机动车道路上方设有盖板，噪声被隔离。

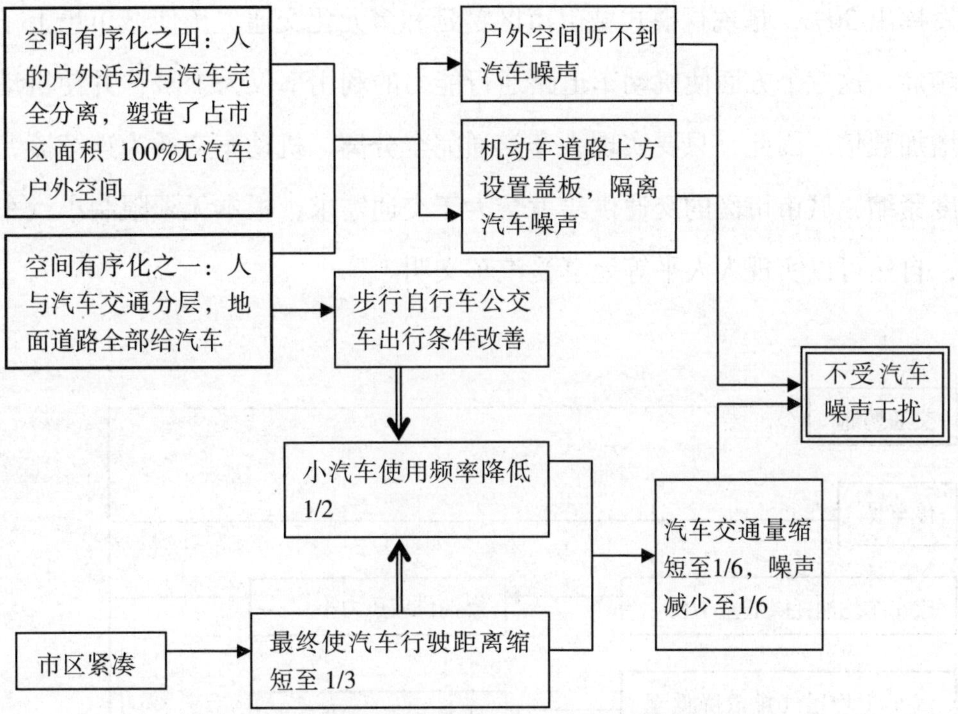

图 3-15　实现不受汽车噪声干扰机理的逻辑分析图

十五、实现人人享受汽车文明的机理

如果站在普通市民的角度，或者说是站在后富起来的普通市民的角度，一定会把人人享受汽车文明作为实现社会公平的重要条件，一定会把现行模式城市限制普通市民享受汽车文明的现象看作是城市病的表现之一。

有人说，城市的交通资源有限，永远不可能满足人人都享受汽车文明的需求，并且说“能否不加限制地使用小汽车，世界上所有城市给出的答案都是否定的”。正是在这个错误认识的主导下，几乎所有的城市都采用了限制小汽车购买和使用的政策。是不是这些城市的政府都不关心普通市民享受汽车文明的渴望呢？并不是。几乎所有城市的政府，都不想限制小汽车的购买和使用，只是由于交通拥堵、大量燃油消耗、大量尾气排放、停车困难、小汽车交通的发展使步行和自行车等绿色出行条件恶化等，无奈地选择了限制小汽车购买和使用的政策。

本书的理论证明，是现行模式城市人车交通混杂使机动车道路上供汽车行驶的面积仅有 60% 左右，是现行模式城市市区的间断流交通使每条汽车车道通行能力的利用率只发挥出 30%，是现行模式城市市区蔓延和多元化交通失衡使城市患上了机动车交通依赖症。这三个方面使机动车道路通行能力的利用率仅为 18%，并使机动车交通的总量增加数倍。因此，只要实现人车交通完全分离，机动车交通为连续流，并实现市区高度紧缩，城市市区的交通供给就会大于交通需求，根本无须限制小汽车的购买和使用，自然可以实现人人平等地享受汽车文明。

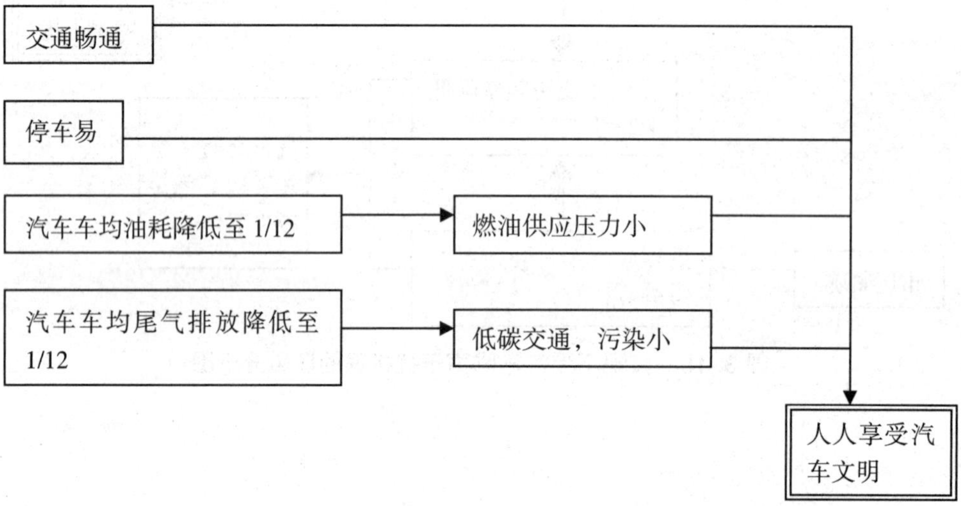

图 3-16　实现人人享受汽车文明机理的逻辑分析图

十六、实现平抑房价的机理

房价畸高是城市病，这在前文中已经做过专题讨论，这里只作简要说明。

大城市房价居高不下，不外乎几个原因：一是交通拥堵导致中心城区住房供不应求；二是现行模式城市市区面积过大，导致城市建设投资大，政府需要土地财政，或是土地出让金高，或是房地产税收重，导致房地产成本升高；三是市区蔓延造成住宅用地供应紧张。当然还有其他特殊情况下的原因，例如，金融投机商制造欺诈性的金融衍生品，导致美国的次贷危机中房价飙升的现象，但这不具有普遍性。

中国的大城市，在 2007 年之前房价始终处于比较平稳的阶段，在这个平稳的阶段有一个指标性的数字，即城市汽车拥有率一般不超过 15%，市区的交通拥堵并不严重，停车困难并不突出，市区蔓延基本上还没有出现。

而在 2008 年之后，由于汽车拥有率的提高，交通拥堵明显加重，停车困难问题凸显，市区蔓延开始出现。与此同步产生的一个现象是，中心城区房价与外围城区的房价逐渐拉开差距。也正是在这个时期，在中国几个特大城市的中心城区，开工的房地产项目明显减少，新房供应量陡降，房价开始飙升。再后来，外围城区的土地也开发得差不多了，外围城区的房价也开始飙升。随着市区蔓延和交通拥堵的出现，市区拓展和交通工程需要巨额的城市建设投资，城市政府被迫采取土地财政，从而进一步推高了地价和房价。

中国城市房价飙升的过程表明，房价畸高是现行模式城市交通拥堵、市区蔓延、政府采用土地财政的结果，只要进行城市模式变革，就完全可以消除房价畸高的现象，达到平抑房价的目的。

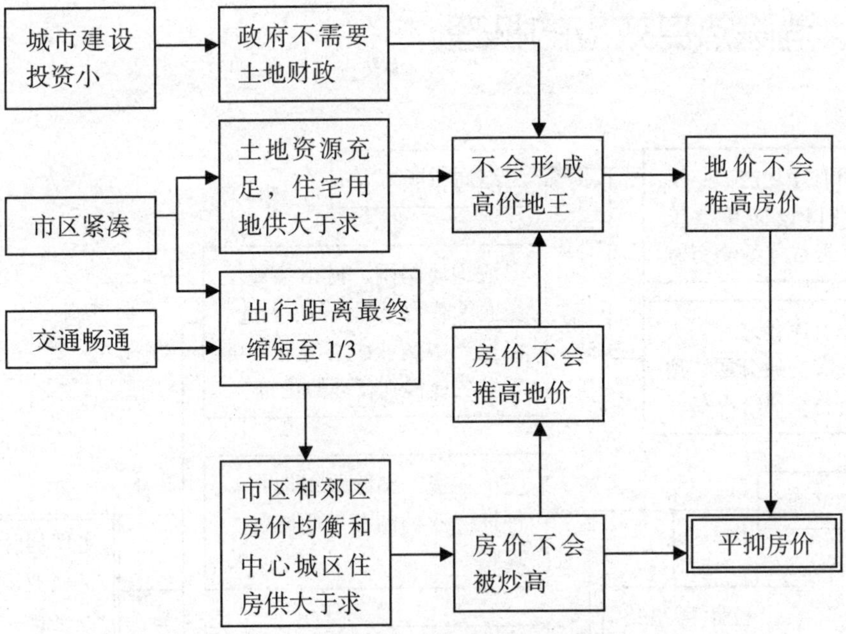

图 3–17　实现平抑房价机理的逻辑分析图

十七、实现居住与就业就近平衡的机理

为实现居住与就业就近平衡的混合布局的理念已经为业界广泛接受。但是，在现行模式城市，合理化的混合布局不可能实现，因为现行模式城市规划之初，大多具有

合理的混合布局，只是由于现行模式城市中存在着职住错位效应（参见本书第四章），才使原来规划的布局被扭曲，上班的距离越来越远。这种规划布局被扭曲导致上班距离越来越远的过程，最近这30年来北京市区的老住户大多有亲身的体验。

只有进行城市模式变革，消除职住错位效应，塑造职住归位效应，才能从根本上解决就业与居住就近平衡的问题。如果沿用现行城市模式，当初规划的功能混合布局再合理，也无法长期维持。

有人认为，《雅典宪章》将城市的功能划分为居住、工作、游憩、交通，是城市规划中把居住与工作分区的依据。这个认识并不准确，现在城市规划中将工业区与居住区分隔的根本原因是地价的差别，如果在地价上没有明显的差别，那些没有污染的工业完全可以与居住区混合布局。

十八、消除热岛效应的机理

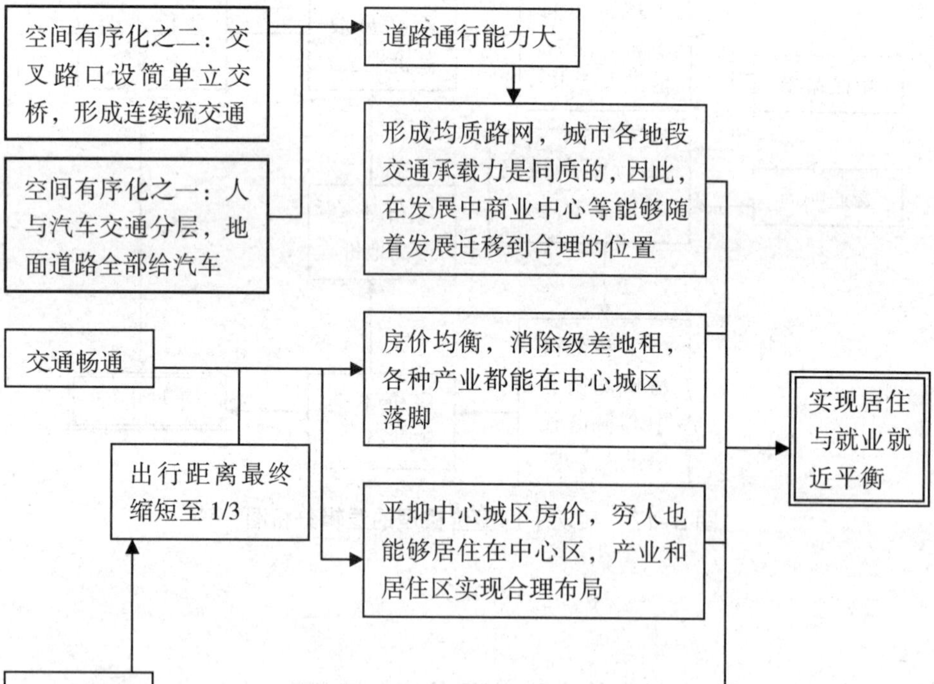

图3-18　实现居住与就业就近平衡机理的逻辑分析图

热岛效应只是现行模式城市中心城区的普遍现象，并非只要是城市，中心城区就一定会存在热岛效应。因为形成热岛效应的因素并非不可消除。

形成热岛效应不外乎三个因素：吸热、生热、不易散热。

暴露在阳光下的黑灰色的机动车道路，是吸热的祸首，烈日下路面往往会达到煎熟鸡蛋的温度。露天的停车场和停车场上的汽车，也大量吸收阳光。

采用有序化的空间结构，汽车道路和停车场均不受阳光直射，基本上不会吸收太阳的热量，同时，与汽车保有量达饱和水平的现行模式城市相比，汽车车均油耗降低至 1/12，交通产生的热量减少 93% 左右。此外，位于架空平台下的整个市区是贯通的，通风散热良好。如此，可消除热岛效应。

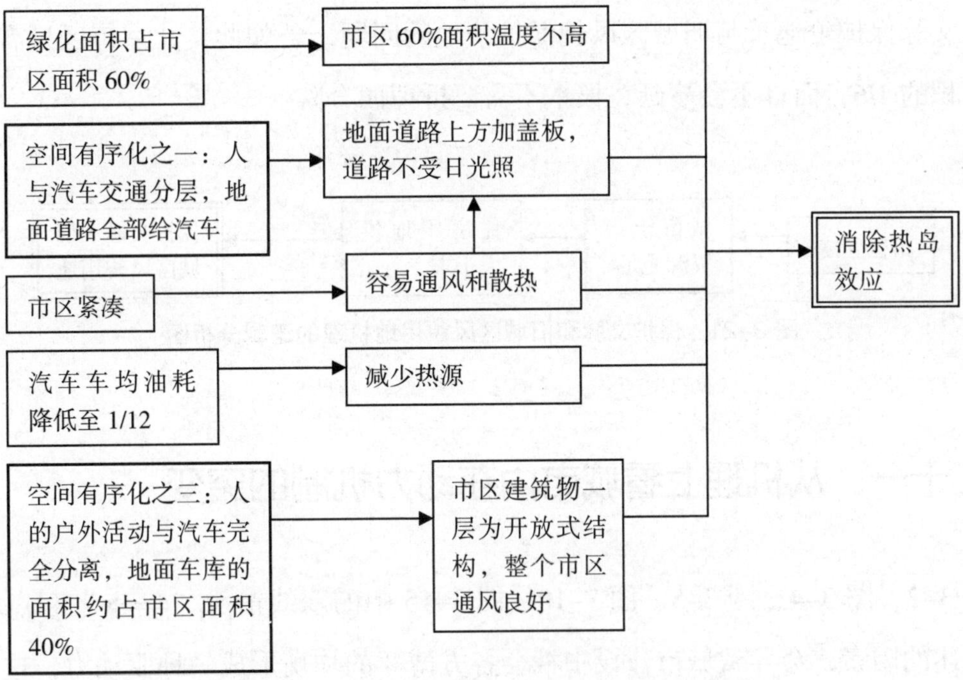

图 3-19　消除热岛效应机理的逻辑分析图

十九、实现雨水涵养地下水的机理

采用有序化的空间结构，不仅中心城区会有 40% 的裸土地面，而且这些裸土地面分散在各个街区的地面花园中，地面花园可以设围合的挡水墙，使雨水在地面花园中保留足够的时间，以便渗入地下。

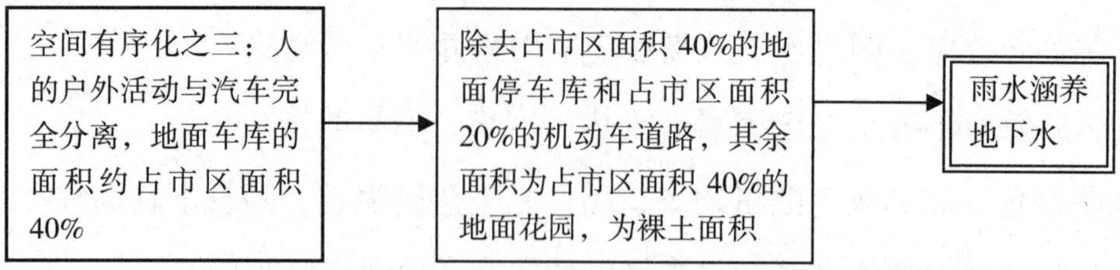

图 3–20 实现雨水涵养地下水机理的逻辑分析图

二十、实现保护文脉和旧城区风貌用地的机理

JD模式城市实现市区高度紧缩，人均建设用地仅为20平方米，不会再出现城市发展与文脉保护争地、与旧城区风貌保护争地的问题。若如此，北京市区只需要现在市区面积的1/6，而且不会蔓延，根本不需要拆掉四合院。

图 3–21 保护文脉和旧城区风貌用地机理的逻辑分析图

二十一、从机理上看城市内在动力机制的突变

图3–2、图3–4、图3–5、图3–10、图3–15中的双线箭头"⟹"起点的方框中所叙述的因素，会导致城市建设中社会各方博弈的均衡形成一种驱动力，这个驱动力产生箭头终点的方框中所描写的局面。

采用JD模式后，一方面，每平方千米汽车容量为3万辆，市区面积不会因每平方千米汽车容量不足（即汽车停不下、跑不动）而发生蔓延；另一方面，为便于交流，人们自动追求紧缩。以上两个方面的因素均会产生使市区紧凑的驱动力，这个驱动力使市区紧凑。

在机理分析方框图图3–4中，"步行和自行车出行条件改善，多元化交通均衡""出行距离最终缩短至1/3"等两个因素，均会产生使"小汽车使用频率降低1/2"

的驱动力，这个驱动力使小汽车使用频率降低 1/2。这成为实现“交通畅通”的因素之一。

采用 JD 模式后，“出行距离最终缩短至 1/3”“步行、自行车出行条件改善，多元化交通均衡”等两个因素，均会产生使“小汽车使用频率降低 1/2”的驱动力，这个驱动力使小汽车使用频率降低 1/2。这成为实现“汽车车均油耗降低至 1/12”的因素之一（见图 3–5）。

采用 JD 模式后，“人与汽车交通分层，地面道路全部给汽车”会产生使“步行、自行车出行条件改善，使小汽车使用频率降低 1/2”的驱动力，这个驱动力使小汽车使用频率降低 1/2。这成为实现“交通事故少”的因素之一（见图 3–10）。

采用 JD 模式后，“步行、自行车、公交车出行条件改善”“使汽车行驶距离缩短至 1/3”等两个因素，均会产生使“小汽车使用频率降低 1/2”的驱动力，使小汽车使用频率降低 1/2。这成为实现“不受汽车噪声干扰”的因素之一（见图 3–15）。

结论

本章中 20 个方框图的分析表明，JD 模式破解经济发展中八大难题的机理是：JD 模式消除了所有的 20 种城市病，即消除了经济发展中八大难题产生的根源，从而破解了所述的八大难题。

第四章

强化或弱化经济发展中八大难题的三类效应

本章提要

一、出行结构劣化效应 // 077

二、出行结构优化效应 // 079

三、出行结构劣化效应逆转为出行结构优化效应的条件 // 088

四、市区扩散效应 // 090

五、市区紧缩效应 // 094

六、市区扩散效应逆转为市区紧缩效应的条件 // 097

七、职住错位效应 // 097

八、职住归位效应 // 102

九、职住错位效应逆转为职住归位效应 // 104

十、城市发展的三个迷途 // 105

本章所讨论的三类效应，一方面是现在城市经济发展中八大难题产生并逐渐强化的过程中所显现的因果关系；另一方面是现在城市在采用JD模式建设绿色交通系统之后，经济发展中的八大难题对经济发展的制约逐渐弱化的过程中所显现的因果关系。这方面的因果关系表明，为什么采用现行城市模式的城市，随着汽车保有量的增加，必然会产生经济发展中的八大难题；为什么采用JD模式建设绿色交通系统之后，原来产生的经济发展中八大难题对经济发展的制约将逐渐减弱。

所谓效应，是指两种或两类现象之间的间接因果关系，即某种或某些现象产生之后，会产生一系列的现象，这一系列的现象必然会产生另一种或另一些现象。例如，著名的蝴蝶效应，是说亚马孙河流域森林中一只蝴蝶扇动翅膀，可能导致美国等国家出现一场风暴。

所谓城市演变中的三类效应，一是出行结构劣化效应和出行结构优化效应，二是市区扩散效应和市区紧凑效应，三是职住错位效应和职住归位效应。

城市状态演变的走向，是走向不可持续发展，还是走向可持续发展，取决于城市内在动力机制的类型。而城市内在动力机制能否从现在城市的“拥堵—蔓延—更拥堵”恶性循环转变为“畅通—紧凑—更畅通”的良性循环，则主要取决于能否将现在城市中存在的“出行结构劣化效应”逆转为“出行结构优化效应”，将“市区扩散效应”逆转为“市区紧凑效应”，将“职住错位效应”逆转为“职住归位效应”。

理解三类效应的存在、效应产生的条件和实现效应逆转的条件，是理解城市内在动力机制突变，从而形成新一代可持续发展城市的关键。

一、出行结构劣化效应

在上一章讨论中已经说明，现行模式城市中，存在着推动交通拥堵产生并日趋严重的动力，存在着推动步行、自行车道路系统被边缘化的动力，存在着形成公交出行难的动力。

交通拥堵的出现可以产生方向相反的两种效应：一种是使交通拥堵得到缓解；另一种是使交通拥堵持续加重。

本节讨论的是，交通拥堵的出现会导致拥堵持续加重的出行结构劣化效应。

（一）定义

定义：交通拥堵导致步行、自行车、公交车的出行分担率降低，小汽车出行分担率提高的因果关系，称为出行结构劣化效应。

（二）出行结构劣化效应导致越治越堵

在现行模式城市中，道路发生交通拥堵时，公交车与小汽车一样被堵在路上，挤在公交车中比坐在小汽车中要难受得多，同时，选择步行或自行车出行所要忍受的噪声和尾气污染也更严重。结果是，交通拥堵越严重，想放弃步行、自行车出行或公交车出行的人就越多，向往自驾车出行的人也就越多，从而导致小汽车出行的分担率提高、交通拥堵更加严重。这就是出行结构劣化效应在起作用。

媒体曾报道过一个很有意思的采访。记者采访刚下公交车的一位市民，请他谈一谈对绿色出行的认识，该市民却说：我没钱买不起汽车，有钱了我才不会挤公交车。记者反问道，自驾车出行也会堵在路上，有什么好处？市民回答，堵在自己的车里还可以打电话、听音乐，还可以享受空调，也挨不着日晒雨淋。记者又说，照你的想法，交通岂不越来越堵？市民回答，治堵是政府的事，我不买车，交通就不堵了吗？这个采访中的对话表明，出行结构劣化效应的存在是不以人的意志为转移的客观事实。

北京市电视台曾播出一个专题节目，讨论北京人买车是为了面子还是为了“里子”（即交通的需要）。该栏目认为，相当一部分人是为了面子，因为骑自行车或挤公交车没有尊严。这些为了面子买车的人，是要经常开车出去炫耀一下的。除非交通系统能改进到使步行者、骑车人或乘公交车者同样有尊严，否则，不到堵得没有办法的时候，人们是不会放弃开车的。

2010 年下半年，北京市交通状态的演变是对出行结构劣化效应最生动的诠释。这个时期交通拥堵格外严重，正是在这个格外严重的情况下，汽车数量增加速度却创造了历史纪录：2010 年汽车净增加 80 万辆，一年中汽车增加的数量就达到了全市汽车保有量的 1/6，使交通拥堵达到了社会无法承受的程度。

面对这种严峻的局面，北京市自 2011 年起严格限制小汽车数量的增加，每年只发 24 万辆汽车的牌照，仅为 2010 年 80 万辆的 30%。

但是，限制小汽车数量的政策并不能改变出行结构劣化效应，只不过是把交通拥堵严重程度的发展速度减缓了，没有改变拥堵持续严重的演变方向，避免不了今后道路越来越拥堵的局面。

（三）出行结构劣化效应的失效

出行结构劣化效应，是在一定范围内才存在的效应，当交通拥堵发展到一个新的平衡状态时，这个效应将不存在。

所谓交通拥堵新的平衡状态，是指机动车道路交通量处于饱和或亚饱和的状态。在这个状态下，自驾车出行者基本上不再增加，即使步行、自行车、公交车的出行条件很差，也不得不选择步行、自行车或公交车出行。这种平衡状态有两个人人能看到的现象：一是骑车人穿行于拥堵的汽车长龙之间，不顾危险地在赶路；二是打工一族为避免迟到，要起得很早，在交通高峰时段之前赶到工作单位，下班后在工作单位待上一段时间，躲过交通高峰后再挤公交车回家。这两个现象在目前的北京市很普遍。

在自行车道路建设和公交车专用道改善之后，这个平衡状态会向降低拥堵程度的方向变化。例如，伦敦、东京等地铁线路网完善，为避免上班迟到，很多人会放弃自驾车，转而乘坐地铁，这个平衡状态明显地向降低拥堵程度的方向变化。但是应该说明，这种拥堵程度的降低，并不能从根本上解决交通拥堵和市民出行难的问题，地铁线路网完善的伦敦早已在收取拥堵费，地铁线路网完善的纽约也有人建议收取拥堵费。在几年前的一次排名中，伦敦被评为世界上公共交通最好的城市，但媒体对此进行报道的同时，还报道了伦敦市民的质疑：“我们伦敦为什么会评为第一，我们每天像罐头里的沙丁鱼一样挤在地铁中，难道这是最好的公交吗？”

二、出行结构优化效应

（一）定义

上文讨论的出行结构劣化效应，是指现在城市中的一种怪现象，越拥堵越会有更多的人选择自驾车出行。

产生这种怪现象的根源是，拥堵严重后，步行、自行车、公交车出行的条件变得更差，趋利避害的本性使更多的人选择自驾车出行。反之，如果拥堵严重后，自驾车出行的人堵在路上，远不如步行、自行车、公交车出行快捷舒适，出于趋利避害的本性，部分人将会放弃自驾车出行。

定义：交通拥堵的出现或拥堵程度加重导致小汽车出行分担率降低，步行、自行车、公交车出行分担率提高的因果关系，称为出行结构优化效应。

（二）产生出行结构优化效应的条件

现在城市的交通系统，完全可以采用 JD 模式进行老城区交通系统的改造。改造后城市的道路一变四，现在的一套人车混杂的交通系统，变为步行、自行车、公交车、小汽车等四套独立的相互间没有平面交叉且同样四通八达的全天候（遮阳防雨）道路系统。在这个均衡发展的多元化交通格局下，必然出现出行结构优化效应。

采用 JD 模式进行全面改造的城市，称为 JD 模式城市。其中存在着均衡发展的多元化交通，且由于市区高度紧凑、出行距离短，小汽车使用频率较低，一般不会发生交通拥堵。即使在个别地段因人口密度过高形成汽车保有密度高，机动车道路服务水平降至 3 级或 4 级之后，也会由于出行结构优化效应而降低自驾车出行的分担率，使机动车道路保持畅通状态。

产生出行结构优化效应的条件如下。

1. 步行交通系统高度人性化

步行交通系统高度人性化的充分必要条件是：

- 充分安全。与机动车道路没有平面交叉，与自行车道路基本上没有平面交叉。只有这样才能够确保步行的安全。
- 便捷且四通八达。基本上没有绕行，可以直接到达市区所有的地方，且在出行的过程中不需要爬上和爬下。
- 全天候。出行全过程遮阳防雨雪。

●舒适。道路必要时可以封闭、加装空调，避免炎热或严寒；路边设排椅和休息站，设饮水处和厕所；安静，便于社交往来。

●路边环境优美。

2. 自行车交通系统高度人性化

自行车交通系统高度人性化的充分必要条件与步行系统相同。此外还需在自行车道路同一平面上设置自行车停放处，避免自行车搬上和搬下；道路的坡度尽量减少，最大坡度也应适合骑自行车。

3. 公共交通系统高度人性化

公共交通系统高度人性化的充分必要条件是：

●充分安全。在乘坐公交车前后走行和换乘公交车的走行中，不需要越过机动车道路。监控设备无盲区，随时监控所有乘客的人身和财物安全。突发事故时乘客可以安全逃生。

●全天候。乘坐公交车前后走行和换乘公交车的走行，全过程遮阳防雨雪。

●便捷且四通八达。所有公交车都是快速公交；公交线路四通八达，覆盖全部市区；乘坐公交车前后的走行距离不大于 500 米；公交车线路与步行道路无缝衔接；等车时间不大于 3 分钟；所有换乘都是近距离换乘。

●舒适。高峰时段不拥挤，基本上所有乘客都有座位，车上有空调。

4. 小汽车交通系统人性化

小汽车交通系统高度人性化的充分必要条件是：

●社会公平。满足所有市民小汽车出行要求，不限制小汽车的购买和使用。

●畅通。没有交通拥堵。

●停车方便。没有停车困难，而且就近停车。

●快捷。在交叉路口无须停顿，将现在城市汽车间断流交通改为连续流交通，使道路通行能力提高数倍、道路承载能力提高数倍，同样距离的交通时间至少缩短至原来的1/3。

之所以将小汽车交通系统的人性化，作为产生出行结构优化效应的条件之一，是因为在不限制小汽车购买和使用的情况下，汽车保有量将达到饱和水平约人均0.5辆，汽车保有量密度较高，所以，因出行的特殊需要而选择自驾车的人较多；如果汽车交通系统承载能力低，不能实现小汽车交通系统的人性化，则出现交通拥堵或严重交通拥堵的概率较高，出行结构优化效应不能充分发挥减少或消除交通拥堵的作用。

（三）具备出行结构优化效应四个条件后交通系统的质变

城市交通系统实现上述的四个变化之后，城市交通系统将出现两个方面的质变，对城市交通状态会产生重大影响。

1. 多元化交通失衡到多元化交通均衡的质变

这个质变是，原来的一套人车混杂、以小汽车为中心的交通系统，转变为具有步行、自行车、公交车、小汽车等四套独立的、相互间没有平面交叉且同样四通八达的多元化的交通系统。

这个质变表现为市民出行条件的变化：

（1）为所有的市民提供了可自由选择的四种出行方式，所有的市民平等地享受四种出行方式的权利；

（2）四种出行方式均衡地分担交通负荷，大幅度减少了机动车道路的交通负担，再不必限制小汽车的购买和使用；

（3）小汽车出行将不再是首选的出行方式，在不同情况下，四种出行方式都可以成为所有人的首选，为实现以绿色出行方式为主体的低碳交通创造了条件。

2. 在人文方面出现的质变

这个人文变化就是恢复了步行的尊严，恢复了自行车出行的尊严，还恢复了公交车出行的尊严，改变了步行、自行车和公交车出行者所谓“二等公民”的形象。

只有当步行出行与在公园中散步的环境一样时，步行者的尊严才能够得到恢复。因为不同身份、不同收入水平的市民都会在公园中散步，对于散步的人，人们是不会划分等级的。

只有当公交车完全不拥挤、完全有座位、等待公交车的时间很短、乘坐公交车前后的走行距离短且不会遭受日晒雨淋、公交车的换乘全部在遮阳防雨的情况下近距离完成时，才不会出现乘车人在烈日或暴雨中拼命挤车、衣冠不整、汗流浃背等狼狈不堪的局面，公交车出行者的尊严才能得到恢复。

采用 JD 模式改造后的城市交通系统，消除了出行方式所产生的等级差别，所有的人都可以很体面地选择步行、自行车或公交车出行，而步行或自行车出行将会作为一种兼作锻炼身体的健康出行方式被广泛采用。

城市交通在人文方面的变化，弱化了小汽车炫耀身份的功能，使小汽车回归到个性化交通工具的身份。因此，只要步行、自行车或公交车出行能足够快捷、舒适、体面，那些为了面子和炫耀而自驾车出行的人，就会放弃自驾车出行。

（四）交通拥堵缓解和汽车节能减排程度的估算之一

上文的讨论中已经说明，老城区道路采用 JD 模式改造后，乘坐公交车既快捷舒适又不丢面子。因此，自驾车者是否改乘公交车，或步行、骑自行车，不再考虑哪种方式最体面，而是取决于哪一种出行方式更省时间、更省费用。

由于出行情况千差万别，又缺乏统计资料，只能在假定的情况下，对采用 JD 模式改造后的交通拥堵缓解程度进行推演。

1. 根据大城市交通的一般情况特作如下假定

① 出行距离为 2~30 千米；根据最近选择工作单位的原则，假定出行者的数量在不同的出行距离上均匀分布。

② 乘公交车前后的走行时间与候车时间合计为 12 分钟，平均换乘一次，换乘的走行及候车时间合计为 8 分钟，以上合计为 20 分钟；采用 JD 模式改造后，公交车行程速度（所谓行程速度，又称区间车速，是车辆行驶路程与通过该路程所需的总时间之比）为 25 千米 / 小时。

③ 自驾车前后的步行时间与寻找停车位的时间合计为 8 分钟；自驾车中只有出行者 1 人；在采用 JD 模式改造前，不同出行距离自驾车出行的分担率相同；20 千米 / 小时作为交通拥堵的标准。

④ 在采用 JD 模式改造前，自驾车出行分担率为 40%。

⑤ 采用 JD 模式改造后，自行车（含电动自行车）速度为 20 千米 / 小时。

⑥ 采用 JD 模式改造后，若步行或自行车出行的单程时间不大于 30 分钟，50% 的自驾车出行者改为步行或自行车出行。

⑦ 为节约自驾车所增加的交通费用，非自驾车出行时交通时间可以增加 5 分钟。

⑧ 采用 JD 模式改造后，若乘公交车出行的交通时间加上 5 分钟后小于或等于自驾车出行时间，50% 的自驾车出行者改为乘坐公交车出行。

⑨ 除公交车专用车道外，机动车道路上用于出行的小汽车占道路上汽车总数的 95%，另外 5% 为工作用车。

2. 根据上述的假定条件，估算如下

（1）不同出行距离的自驾车所占的比例

根据假定条件①“出行距离 2~30 千米”，将其等分 7 段，即 2~6、6~10、10~14、14~18、18~22、22~26、26~30，每段长度为 4 千米，各段的平均出行距离为 4 千米、8 千米、12 千米、16 千米、20 千米、24 千米、28 千米。

根据假定条件①“出行者的数量在不同的出行距离上均匀分布”，可知每一段上出行者数量占出行者总数的 1/7；因为自驾车在途时间与出行距离成正比，设平均出行距离为 4 千米的在途时间为 1t，则各段自驾车在途时间分别为 1t、2t、3t、4t、5t、6t、7t。

再根据假定条件③“采用 JD 模式改造前，不同出行距离时自驾车出行的分担率相同”，设每一段上自驾车出行者的数量均为 Q，则在自驾车在途时间为 1t 的路段，开上路的自驾车数为 1Q；若以所有自驾车的在途时间均为 1t 来看待，在自驾车在途时间为 2t 的路段，开上路的自驾车数相当于 2Q，依此类推，7 个路段开上路的车辆数分别相当于 1Q、2Q、3Q、4Q、5Q、6Q、7Q，合计为 28Q。

因此，道路上平均出行距离不同的自驾车数量占道路上自驾车总数的比例分

别为 1/28、2/28、3/28 、4/28、5/28、6/28、7/28，换算为百分比，分别为 3.6%、7.1%、10.7%、14.3%、17.9%、21.4%、25%。不同出行距离的自驾车所占的比例如表 4–1：

表 4–1　不同出行距离的自驾车所占的比例

出行距离（千米）	2 ~ 6	6 ~ 10	10 ~ 14	14 ~ 18	18 ~ 22	22 ~ 26	26 ~ 30
平均出行距离（千米）	4	8	12	16	20	24	28
所占比例（平均）	3.6%	7.1%	10.7%	14.3%	17.9%	21.4%	25%

（2）乘坐公交车比乘小汽车节约时间的出行距离范围测算

根据假定条件②、③、⑦、⑨，设出行距离为 L，可得：

L ÷ 20 千米 / 小时＋ 8 分钟≥ L ÷ 25 千米 / 小时＋ 20 分钟－ 5 分钟

L/20 － L/25 ≥ 7/60

L ≥ 11.7 千米

即出行距离大于 11.7 千米的出行者，乘坐公交车比乘小汽车节约时间。

（3）在 2~6 和 6~10 千米路段小汽车数量减少的比例

根据假定条件⑥、⑨，可得：

除公交车外，道路上汽车数量减少的比例

＝（3.6% ＋ 7.1%）× 50% × 95%

＝ 5.08%

（4）在出行距离为 10~14、14~18、18~22、22~26、26~30 千米路段小汽车数量减少的比例

根据表 4–1 和假定条件⑧、⑨，在出行距离为 10~14、14~18、18~22、22~26、26~30 千米路段，自驾车出行者将有 50% 改为乘坐公交车出行，可得：

除公交车外，道路上小汽车数量减少的比例

＝ (10.7% ＋ 14.3% ＋ 17.9% ＋ 21.4% ＋ 25%) × 50% × 95%

＝ 42.4%

（5）合计

除公交车外，道路上小汽车数量减少的比例

$= 5.08\% + 42.4\%$

$= 47.48\% \approx 50\%$

结论

根据上述的假定条件和计算结果，采用JD模式对道路系统进行改造后，在出行结构优化效应的作用下，道路上小汽车数量减少的比例约为50%。

市区小汽车车均油耗和尾气排放减少约50%。

（五）交通拥堵缓解和汽车节能减排程度的估算之二

在城市汽车保有量逐渐增加到饱和水平后，交通拥堵的程度会进一步加剧。在这种情况下，估计交通拥堵缓解程度的假定条件做如下修改：假定条件③的交通拥堵时平均车速的尺度，从20千米/小时下调至15千米/小时；假定条件⑥修改为“80%的自驾车出行者改为步行或自行车出行”；假定条件⑧修改为“乘公交车出行交通时间加5分钟后，小于或等于小汽车出行时间时，80%的乘小汽车的出行者改为乘坐公交车出行”；假定条件①、②、④、⑤、⑦、⑨不变。

（1）乘坐公交车比乘小汽车节约时间的出行距离范围测算

根据假定条件②、⑦、⑨及修改后的假定条件③，设出行距离为L，可得：

L÷15千米/小时＋8分钟/60分钟≥L÷25千米/小时＋（20分钟－5分钟）/60分钟

$L/15 - L/25 \geq 7/60$

L≥4.4千米

即出行距离大于4.4千米的出行者，乘坐公交车比乘小汽车节约时间。

（2）在2~6千米路段小汽车数量减少的比例

根据假定条件⑨及修改后的假定条件⑥可得：

除公交车外，道路上小汽车数量减少的比例

$= 3.6\% \times 80\% \times 95\%$

$= 2.7\%$

（3）在出行距离为 6~10、10~14、14~18、18~22、22~26、26~30 千米路段小汽车数量减少的比例

根据表 4–1、假定条件⑨和修改后的假定条件⑧，在出行距离为 6~10、10~14、14~18、18~22、22~26、26~30 千米路段，乘小汽车的出行者将有 80% 改为乘坐公交车出行，可得：

除公交车外，道路上小汽车数量减少的比例

$= (7.1\% + 10.7\% + 14.3\% + 17.9\% + 21.4\% + 25\%) \times 80\% \times 95\%$

$= 73.3\%$

（4）合计

除公交车外，道路上小汽车数量减少的比例

$= 2.7\% + 73.3\%$

$= 76\%$

结论

在汽车保有量达到饱和水平后，根据上述的假定条件和计算结果，采用 JD 模式对道路系统进行改造后，在出行结构优化效应的作用下，道路上汽车数量减少的比例约为 76%。

市区小汽车车均油耗和尾气排放减少约 76%。

（六）城市汽车容量提高的倍数

根据上述数据，可以推算城市汽车容量提高的倍数。

1. 按照（四）中的结论，在维持平均车速 20 千米 / 小时不变的情况下，除公交车车道外，机动车道路上汽车的数量会减少约 50%，即在城市汽车保有量增加约 1 倍的情况下，机动车道路上汽车的数量和采用 JD 模式改造前相同。

由此可得：在维持平均车速为 20 千米 / 小时和机动车道路上汽车数量不变的前提下，采用 JD 模式改造后，城市的汽车容量可以增加约 1 倍。

2. 按照（五）中的结论，在维持平均车速 15 千米 / 小时不变的情况下，除公交

车车道外，机动车道路上汽车的数量会减少约76%，汽车的数量只为原来的24%，即在城市汽车保有量增加约3倍的情况下，机动车道路上汽车的数量和采用JD模式改造前相同。

由此可得：在维持平均车速为15千米/小时和机动车道路上汽车数量不变的前提下，采用JD模式改造后，城市的汽车容量可以增加约3倍。

（七）城市汽车保有量增加的倍数

根据上文可知，在采用JD模式对老城区交通进行改造后，出行方式劣化效应逆转为出行方式优化效应，只要城市汽车的保有量增加在1倍以内，汽车的平均车速就不会低于20千米/小时。只要城市汽车的保有量增加在3倍以内，汽车的平均车速就不会低于15千米/小时。

以北京市为例。采用JD模式改造前，汽车保有量为300万辆时平均车速不低于20千米/小时，改造后只要汽车保有量不超过600万辆，平均车速就不低于20千米/小时；采用JD模式第二套技术方案改造前，汽车保有量为400万辆时平均车速不低于15千米/小时，改造后只要汽车保有量不超过1600万辆，平均车速就不低于15千米/小时。北京市的汽车保有量不会超过1600万辆，由此可以得出结论，北京市采用JD模式改造后，平均车速永远不会低于15千米/小时。

三、出行结构劣化效应逆转为出行结构优化效应的条件

笔者作为中国的学者，有了观察城市交通劣化过程的历史条件，因为2005年至2011年的北京市交通演变，不仅生动地体现了发达国家城市曾经经历过的交通演变过程，而且自2009年开始，出现了发达国家城市没有出现过的交通困局。

具体地说，2008年底北京市的汽车保有量约为330万辆，市区每平方千米土地上的汽车保有量刚刚超过2000辆。这个汽车保有量密度是发达国家很多大城市中心城区的密度，所以交通拥堵程度也达到了发达国家城市的水平。而从2009年开始，由于中国人多地少的国情，北京市汽车保有量增加的速度远远超过了市区面积扩大的速度，所以汽车保有量密度超过了发达国家的大城市。至2011年4季度，北京市汽

车保有量密度已远远超过了许多发达国家的大城市，其交通拥堵程度不仅更加严重，而且出现了一些此前无人预料到的现象，即交通高峰时段大部分出租车司机主动停止营运，打出租车难竟然成了新闻栏目多次报道的内容。出租车司机的苦衷是，交通高峰期堵在路上，不仅不赚钱还要赔油钱，为了生计只好暂停营运。这种现象恐怕是北京市独有的。发达国家大城市治堵的所有手段，除了拥堵费一项之外，北京几乎都采用了。

公平地说，北京市政府采取的治堵措施，在很大程度上缓解了拥堵，出行限号、买车摇号、减少市区停车位等措施，是在现行城市模式下的必然选择。只不过是在人多地少的国情下，汽车拥有率还不到饱和保有量一半的北京，其交通拥堵和出行难已经名列世界前茅。

遗憾的是，很多人盲目地认为，既然汽车已达饱和保有量的发达国家城市，交通尚能正常运转，中国自然可以心安理得地沿用发达国家城市的治堵措施。正是这种做法，造成了北京市目前交通异常困难的局面。这种认识的盲目之处在于，中国人多地少，市区的蔓延受到了很大限制，大量的人口和大量的汽车被挤在有限的面积中，所以汽车达到饱和保有量一半左右时，交通拥堵等城市病的严重程度就超过了发达国家的城市。这表明，发达国家的城市模式到了中国就水土不服！

北京市的交通拥堵表现出了一条规律现象，交通越堵，想自驾车出行的人越多，交通就会更堵。这就是出行结构劣化效应。例如上面谈到的打出租车难的问题，起源于交通过分拥堵，但又会导致饱受打车难困扰的人选择自驾车出行，从而使交通拥堵更加严重。

笔者认为，城市模式变革一定会从中国开始，这不仅因为耕地保护的需要，还因为中国城市建设的决策者很快会明白，解决城市交通问题的根本出路是将出行结构劣化效应逆转为出行结构优化效应。

形成出行结构劣化效应的根源是，现行模式城市中只有一套人车混杂的道路系统，步行、自行车、公交车、小汽车等混杂在一起。而这个人车混杂，正是现行城市模式的基本特点。由此可以得出结论，变革城市模式，用 JD 模式取代现行城市模式，是出行结构劣化效应逆转为出行结构优化效应的基本条件。

四、市区扩散效应

（一）市区扩散效应的定义

定义：在汽车保有量密度（每平方千米土地上汽车保有量）达到一定数值后，汽车保有量的增加必然导致市区人口密度降低的因果关系，称为市区扩散效应。

定义中的“一定数值”，可以称作市区汽车容量密度极限，是指市区每平方千米土地上汽车的极限容量，超过这个容量后交通拥堵、环境恶化的程度将变得难以忍受，停车困难将无法解决。其中的停车困难，可以给出定量的判定，现行模式城市市区平均约每 500 平方米的土地上才有 1 个停车位，每平方千米土地上的停车位约为 2000 个，汽车保有量密度接近或超过 2000 辆 / 平方千米时，则出现停车困难。而交通拥堵和环境恶化，只能做定性的判定，根据各个特大城市的经验，大约也是在汽车保有量密度接近或超过 2000 辆 / 平方千米时，交通拥堵和环境恶化变得难以忍受。

现行模式城市中，汽车增加和市区蔓延是孪生兄弟，在汽车保有量密度达到一定数值后，汽车增加必然与市区蔓延同步发生。只有揭示其中深层的逻辑关系，才能找到消除市区蔓延的办法。

前文关于城市状态演变动力的讨论，已经讨论了产生市区蔓延的动力（见第二章），对市区扩散效应的讨论是对动力问题讨论的延伸。

（二）认识市区扩散效应的重要性

认识市区扩散效应有重大的实践意义。长期以来，就是因为没有认识到市区扩散效应的存在，市区蔓延成了不治之症。

市区蔓延犹如癌症扩散一样，给人类社会带来了十分严重的后果：大量占用土地、机动车交通总量增加数倍、大量消耗汽车燃油、严重的尾气污染和巨量的碳排放、交通占用市民大量时间等。

发达国家克服城市蔓延的努力之所以屡屡失败，是因为至今仍只想依靠政策解决问题，而没有认识到存在着市区扩散效应造成市区蔓延，没有认识到必须消除市区扩散效应，才能消除市区蔓延。例如，1933 年世界性的《雅典宪章》针对无序蔓延所造成的“市区土地的过度分割”，提出“急切需要建立一个土地改革制度”；此后的44年，仍无法遏制蔓延，1977年世界性的《马丘比丘宪章》坦承“自从1933年以来，尽管多方面的努力，城市土地有限仍然是实现规划好的城市建设的根本阻碍。所以，对这一问题今天仍迫切要求拟订有效的公平的立法，以便在不久的将来能够找到确有很大改进的解决城市土地的办法”。历史已经证明，这两个宪章想靠“改革制度”和“立法”来解决城市蔓延的努力，均以失败告终。

同样地，历史还证明，用规划控制城市蔓延的努力也以失败告终。因为市区人口密度的形成，依据的是规律，而不是规划。

1990年欧共体的《城市绿皮书》虽然明确指出“紧凑型的城市才是可持续发展的城市”，但是，欧共体的专家同时指出，还找不到实现紧凑型城市的方法。在美国，精明增长的理念被广泛接受，正是由于认识到严重的城市蔓延带来的严重弊端，认识到曾经以“汽车轮子上的国家”而自豪、为其他国家所羡慕的城市发展模式再维持下去会导致生态灾难。但是，精明增长并没有给出克服市区蔓延的办法，只是在充分利用城市公共设施的前提下，严格控制市区的面积。精明增长的理念中并没有把消除市区扩散效应作为其内涵之一，所以并未消除蔓延，只是将蔓延控制在最低限度。精明增长理念所能起的作用，是实现精明的、而不是无节制的蔓延。

（三）市区扩散效应形成的机制

前文的讨论，说明了交通拥堵、停车位稀缺、户外空间人车混杂安全受威胁、丧失人性化交通、严重背离了人们对清新宁静的世外桃源般居住环境的向往，以及在中国存在的城市政府需要土地财政等六个方面，产生促成市区蔓延的动力。

这六个方面的动力所形成的合力，即市区扩散力，它推动市区向蔓延方向发展。土地财政是中国的特殊性问题，在以下关于市区扩散效应产生机制的一般性讨论中不予考虑。

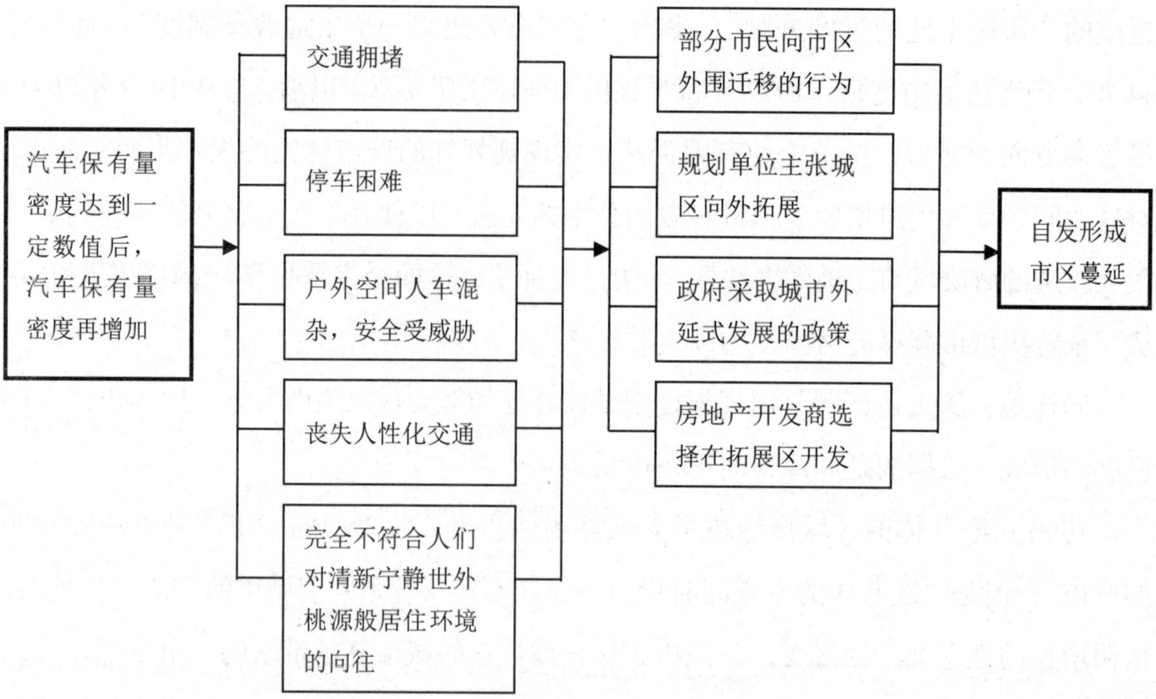

图 4–1 市区扩散效应形成的机制

上图表明市区扩散效应形成的机制是，汽车保有量密度超过市区汽车容量密度极限后，交通拥堵、停车困难、环境恶化、步行及自行车出行条件恶化等明显加重，这将促使部分居民、规划单位、房地产开发商、政府等四个方面的行为集中到一个方向，共同推动市区蔓延。对此分别说明如下：

（1）停车困难明显加重

据不完全统计，现行模式城市汽车容量密度极限普遍低于 2000 辆 / 平方千米。这表现在几乎所有的大城市都有大量的汽车停在路边，而发生此种情况时，汽车保有量密度都低于 2000 辆 / 平方千米。例如：①北京市在 2006 年中心城区（城八区）汽车保有量只有 260 万辆，中心城区的面积为 1280 平方千米，据交管部门发布的数据，有 40% 的汽车没有专门的停车位，到处乱停，依此推算，停车位数量为 260 万辆 ×60% = 156 万车位，停车位的密度仅为 156 万车位 ÷1280 平方千米 = 1219 车位 / 平方千米；② 深圳市在 2010 年建成区面积为 690 平方千米，汽车保有量 150 万辆，争抢 70 万个停车位，折合停车位的密度仅为 1014 车位 / 平方千米。

这种情况表明，在汽车保有量密度为 2000 辆 / 平方千米时，大约有 40% 的汽车停在各级道路上，几乎所有的支路的路边都停放着成排的汽车，严重影响交通的微循环；几乎所有的居住区消防通道上都停满汽车；几乎所有居住区供人活动的区域都改作了停车场；在更严重的情况下，例如北京市汽车保有量超过350万辆后，政府部门修改了人行便道停车罚款的规定，正式规定允许在二环路以外的人行便道上停车，经常出现人与汽车同时在便道上行进的情况。

在这种情况下，降低居住密度、向拓展区蔓延，成了居民、规划单位、政府部门、房地产开发商等共同的选择。

（2）交通拥堵明显加重

在汽车保有量密度达到或接近市区汽车容量密度极限时，交通拥堵明显加重，以下的计算结果说明交通拥堵明显加重是必然的。

假设：扣除节假日后市区汽车日均行驶距离为64千米，交通不均匀系数为1.6，高峰小时交通流量比取11%，道路面积率为20%，一条汽车车道宽度为3.5米，道路面积中扣除步行、自行车道路和路边停车、中央分隔带和部分道路上的绿化带等所占的面积后，供汽车行驶的面积占60%。可得：

交通需求密度

＝2000辆/平方千米 ×64千米/日 ×11%（日/小时）×1.6

＝22528（车·千米/平方千米·小时）

交通供给密度

＝1平方千米 ×20%×60%÷3.5米 ×600辆/小时

＝20571（车·千米/平方千米·小时）

以上表明：交通供给密度小于交通需求密度，拥堵是必然的。

以上计算，假定了道路面积率为20%，而目前北京市的道路面积率仅为11%，高峰时段几条环路上塞满了汽车，交通不均匀系数远大于1.6，所以在汽车保有量密度大于2000辆/平方千米时，拥堵将很严重。

（3）环境恶化明显加重

环境恶化表现在三个方面：一是户外空间大部分被汽车停放占用，这一点在上面的停车难中已有说明；二是大量的尾气排放造成空气污浊；三是噪声充斥，严重影响健康。居民感到特别明显的是，到处塞满了汽车，宜人的公共空间几乎丧失殆尽，特别是小孩和老人在户外活动很不安全，强化了对郊区居住环境的向往。

（4）多元化交通失衡，强化了对郊区居住的向往

汽车保有量密度达到或接近市区汽车容量极限后，步行、自行车出行安全与健康受到威胁明显加重：

● 步行、自行车出行环境很差，严重损害健康。

● 步行、自行车出行的安全性问题突出。步行过程中始终处于紧张防范汽车或电动自行车的状态，担心会被机动车撞上。同时，几乎在所有的路口等待红绿灯都要花去出行时间的一半，使步行时间增加了1倍。自行车出行则是隐藏着重大风险的出行，担心发生重大车祸，几乎是穿梭于汽车之间的骑行者的普遍心理。

五、市区紧缩效应

（一）市区紧缩效应的定义

定义：在消除市区蔓延的动力和实现户外空间完全没有汽车的条件下，市区人口高密度自动形成的因果关系，称为市区紧缩效应。

JD模式城市，完全没有交通拥堵、停车困难和环境恶化，市区汽车容量极限超过汽车保有量极限，消除了市区蔓延的五个动力，从而消除了市区扩散效应；同时，由于人车在空间上全面分离，实现了步行、自行车出行的全面人性化，以及户外空间100%的面积是人的户外活动空间，居民为缩短交通距离而希望空间高度紧凑，从而产生了市区按步行尺度适度紧缩的动力，形成市区紧缩效应。关于市区紧缩效应的形成，后文有进一步的分析。

（二）认识市区紧缩效应的重要性

发现并认识市区紧缩效应，是人类社会对城市建设80多年实践和探索的必然结果。80多年前，勒·柯布西埃对紧凑型城市做了宝贵的探索，业界公认他是城市集中化发展的代表人物。他提出的“光辉城市”，其核心理念是要实现城市紧缩，为了有足够的户外空间和绿地供人享受，没有采取霍华德式的让人住在矮房子里、充分降低居住密度来取得足够的户外空间和绿地的“田园城市”模式，而是安排人

住在高楼之中，想凭借这种安排同时达到缩短交通距离和户外绿地充足两个目的。但是，柯布西埃式的紧凑型城市的理念，依然保留了人车混杂在地面上，只在干路上采用高架路供汽车通行等特点，所以无法避免交通拥堵和户外空间被汽车停放挤占的后果。

柯布西埃没有认识到他的“光辉城市”中存在着强大的市区扩散效应。不消除市区扩散效应，人为地紧缩城市，必然会产生无法容忍的交通拥堵和停车困难。

从柯布西埃的理念提出至今，城市二维空间安排的集中与分散两派的对峙持续了80多年。只是近20年以来，关于分散的和低密度的城市必然导致不可持续发展（资源过度消耗、尾气污染严重、城市效率陡降）的观点，分散派无力反驳。所以世界上主流的声音是“紧凑型的城市才是可持续发展的城市”。

实际上，分散派的理念仍然是部分业界人士所向往的，因为田园牧歌式的居住模式实在是太吸引人了，它早已成为某些人生活梦想的一部分。分散派的声音低了，并不等于集中派的观点胜利了，因为集中派的理念从来没有成为过现实，它无法消除目前城市普遍存在的严重蔓延。

因此，发现并认识扩散机制的存在，是实现紧凑型城市目标的第一步；给出消除扩散机制的方法，从而塑造紧缩机制，是实现紧凑型城市目标的第二步；有了这两步，才可能解决城市可持续发展的问题。从这个意义上讲，城市模式学就是完成这两步的理论和方法。

认识蔓延或紧缩的客观必然性是十分重要的：现行模式城市市区的严重蔓延是自发形成的，是不以人的意志为转移的；同样地，JD模式城市市区的紧缩也是自发形成的。

采用JD模式的城市，扩散机制消失了，紧缩机制出现了，必然自发地形成紧凑型的城市。这一点在JD模式的试点中表现得十分突出。长沙市湘江世纪城采用JD模式后，政府、开发商、居民共同的选择是高强度开发，人口密度比其他城区高3倍以上，由于户外空间100%的面积上没有汽车、是绿化率达60%的大花园，同时停车位数量增加10倍以上，能够做到高度紧凑且高度宜居，所以自发地形成了人均建设用地约为18平方米的高度紧凑形态，且深受市场青睐。

当然，人口密度不宜太高，应该实现交通距离短、户外环境宜人、停车位充裕、交通畅通等四个因素的平衡，由这个平衡决定人口密度的最佳数值。

综上所述，发现并认识市区紧缩效应，对城市发展有划时代的意义，将引导城市爬出不可持续发展的泥潭，走上可持续发展的坦途。

（三）市区紧缩效应形成的机制

市区紧缩效应的形成，分为两个层次：

第一个层次是，消除与紧缩力对抗的扩散力，使市区维持汽车开始普及前的紧凑状态。在这个状态下，紧缩力与扩散力平衡。

这里所谓的紧缩力，是指城市中社会各方为缩短交通距离而力求避免市区蔓延的行为，所形成的推动市区紧缩的动力。这里所谓的扩散力，是指促成市区蔓延的五个动力。

第二个层次是，按照JD模式建设的城市，由于户外空间所有的面积都是不受汽车威胁的宜人空间，且具备遮阳防雨的步行、自行车道路，所以城市中社会各方的共同行为将形成使城市按人的尺度紧缩的动力：居民希望在保持户外空间适度宽敞的前提下尽量缩短出行距离；政府希望为了节约土地、减少城市建设投资、减少交通距离提高城市效率，建成紧凑宜居的城市；而发展商自然希望建设政府要求的、居民喜欢的建筑。

以上的两个层次表明，只要在市区三维空间的利用上按照JD模式进行建设，则市区不仅不会随着汽车的增加出现蔓延，而且还会比汽车普及以前的现行模式城市更加紧凑。这就是市区紧缩效应形成的机制。

在市区紧缩效应的作用下，城市将自发形成人口的高密度。这个高密度的数值，取决于扩散力与紧缩力的平衡。这个平衡是在采用JD模式的情况下，由社会各方（主要是居民、政府、开发商）在城市建设中博弈形成的均势所决定。JD模式在中国湖南省长沙市局部实践的结果表明，在达到均势的情况下，人口密度为5万人/平方千米左右。

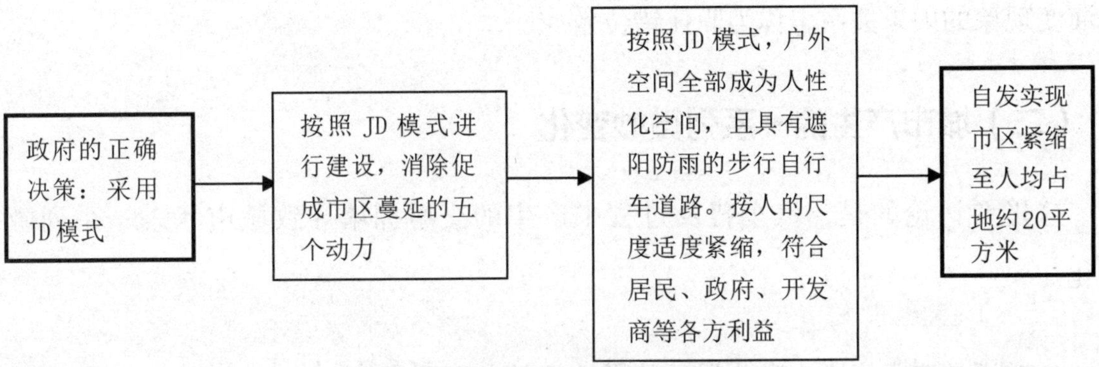

图 4-2 市区紧缩效应产生的机制

六、市区扩散效应逆转为市区紧缩效应的条件

如果从发表《雅典宪章》的 1933 年算起，人类与市区蔓延的斗争已经进行了 80 多年，关于城市应该分散发展或集中发展的争论，也进行了 80 多年。

通过前文的讨论，可以得出的第一个结论是：市区蔓延是由于现行模式城市中存在着市区扩散效应，如果要实现近 20 年来业界普遍追求的紧凑型城市，则必须将市区扩散效应逆转为市区紧缩效应。

可以得出的第二个结论是：促成市区蔓延的动力都源于市区空间利用上的“两个人车混杂”，一个是地面道路上人车交通混杂，一个是户外空间人车混杂，而两个人车混杂是现行城市模式的基本特点，因此可以说，市区蔓延是现行模式城市固有的本性。

可以得出的第三个结论是：要将城市的本性从蔓延改变为紧缩，必须采用 JD 模式消除两个人车混杂。

综上所述，将市区扩散效应逆转为市区紧缩效应的条件是，变革城市模式，用 JD 模式取代现行城市模式。

七、职住错位效应

（一）定义

汽车普及过程中产生的交通拥堵导致城市状态一系列微妙变化，进而产生职住错位演变现象的因果关系，称为职住错位效应。

（二）城市产生的一系列微妙变化

这里要讨论的是，汽车普及过程中产生的交通拥堵导致城市状态一系列微妙变化。

1. 交通的时间成本上升为居住位置选择的首要因素

交通拥堵可以使同样几何距离的交通时间增加数倍，上下班交通时间的长短已经严重影响了人们的生活质量。例如北京市，在 20 世纪 80 年代，市民每天用于上下班交通的时间平均约 1 小时，而 40 年后的今天，每天用于上下班交通的时间长达 3~5 小时，除了保证基本生存所需的时间之外，为保证正常生活所需的时间都被交通挤掉了。因此，为能够过上比较从容的生活，选择居住位置时，交通的时间成本成为选择的首要因素。

2. 中心城区尾气污染加重

严重的交通拥堵会使汽车车均燃油消耗和尾气排放增加 1~2 倍，汽车低速行驶、频繁启动或加速，以及怠速状态时，尾气的成分对人体有更大的危害。因此交通拥堵将使尾气污染加重 1~2 倍，严重破坏城市的人居环境。

2011 年 12 月 25 日《参考消息》转载英国《每日电讯报》文章《感受灰色的早晨——生活在北京的雾霾下》，文中谈道："比利的足球队因为雾霾天气而取消了活动，这已经是那个月的第二次……一周中有好几天空气的毒性太大，上学的孩子无法进行课外活动……在北京，碳排放不是一些理论数据，而是让你身临其境的现实，肮脏的碳足迹每天都落在衬衫领子上、窗玻璃上和孩子的肺里……孩子们只能在室内活动，而他们的家长则花费重金购买在英国只有重症监护病房才有的空气净化装置……空气质量指数常常在 400 点左右徘徊，本月早些时候该指数一度突破 500 点，在平淡的官样文章中这被称为'爆表'，用更富有感情色彩的话来说叫作'糟糕透顶'。"

即使上述的报道不够准确，但至少反映了北京市当时汽车尾气的污染已经极其严重。估计交通拥堵对北京市尾气污染的贡献率大约为 50%，市区蔓延对北京市尾气污染的贡献率大约为 40%。如果没有交通拥堵、没有市区蔓延，汽车尾气对北京市区的污染程度只相当于目前的 1/10 左右。

3. 推动市区蔓延

近 20 年来，中国城市建设用地已经从 80 平方米 / 人增加到 120 平方米 / 人。推动市区蔓延的动因主要有三个，除了停车困难、环境恶化之外，交通拥堵也是其中之一，交通拥堵又是构成环境恶化的主要因素。

4. 逐渐形成地价和房价的高低悬殊

上述三个变化的结果是，中心城区住宅供不应求，中心城区地价居高不下。因此就形成了房价和地价的梯度变化，犹如金字塔形，市中心最高，往外逐步降低。中心城区与外围城区的房价和地价高低悬殊。

5. 掀起老城区拆迁改造大潮

由于中心城区房价和地价远高于外围城区，中心城区中很多片区的拆迁重建就有了巨大的盈利空间，既可以增加政府的土地出让收益，也可以增加房地产开发商的利润。因此，中心城区低附加值的产业和占地块较大的企业，会主动寻求向市区外围迁移的途径，以原来的占地换取较多的资金；政府和开发商不约而同地瞄准某些低容积率片区的住宅，或棚户区等低档次住宅片区，合作启动老城区的拆迁改造，拆迁户的居民也往往通过拆迁补偿额外增加一笔财富。

总之，在出现房价和地价高低悬殊之后，老城区的拆迁改造大为有利可图。在经济利益的驱动下，政府、开发商、低附加值产业的企业、老旧住宅区中的居民等形成合力，掀起了老城区拆迁改造的大潮。这个大潮的形成，在中国沿海的特大城市十分明显。

6. 导致政府采取道路网外延式发展的政策

市区蔓延和拆迁安置工作，促使政府采取道路网外延式发展的政策，因为任何一个城市拓展都必须先修路。

7. 导致被迫开展多项大规模交通工程，并使步行、自行车出行条件恶化

在市区蔓延和交通拥堵的情况下，政府不得不进行大规模交通工程的建设，包括拓宽道路、建大型立交桥、建高架汽车路、建地铁等。

普遍的现象是，大规模交通工程首先考虑解决交通拥堵问题，即改善汽车行驶的条件，这往往使原来的步行、自行车道路系统被打散、切断，增加了出行者的绕行距离，对步行和自行车的出行条件产生明显的负面影响。

8. 导致土地财政，并进一步推高地价和房价

交通拥堵等因素导致的市区蔓延，由交通拥堵和市区蔓延所导致的路网外延式发展和大规模的交通工程，都需要政府投入巨额资金。根据前文所述的现在城市的蔓延规律，在汽车达饱和保有量后，政府需投入约人均 250 平方米市区面积的城市基本建设资金，这相当于给每个市民建 50 平方米住宅的资金。城市建设需要如此巨额的资金，地方正常的财政收入根本无力解决，仅有的办法一是举债，二是卖地，别无其他选择。以目前中国城市建设为例，地方的平均负债率高达 130%，举债的空间已经不大，卖地（即土地使用权出让）成了首要的选择。因此，交通拥堵作为原始因素，一步一步地迫使地方政府无奈地选择了土地财政。

（三）职住错位效应作用的过程

现以北京市为例来说明现行模式的大城市必然发生职住错位演变。

在 20 世纪 80 年代，经济体制改革开始后产生了大量的人员流动，造成了部分市民上班距离过远的问题。为了能够就近上班，当时兴起了换房的热潮，住房条件相近的居民互相调换居住，有些中介机构提供三角或多角换房的服务。但是，后来这个换房潮偃旗息鼓了，因为上班距离过远已经成了普遍的现象，而且住宅商品化后，房价

高低悬殊，也使换房很难实现。

职住错位演变的过程是这样发生的：随着市区蔓延、拆迁和交通拥堵的出现，老城区中很多片区的中低收入居民搬到了城区的外围居住，或是搬到东，或是搬到西，或是搬到南，或是搬到北，这要看哪个地方恰好有价格合适的住宅；原来在三环以内的工厂或企业，在经济利益或生存压力的作用下，按照市政府“退二进三”政策（第二产业退出中心城区、重点发展第三产业），纷纷迁到较远的郊区，或是搬到东，或是搬到西，或是搬到南，或是搬到北，这要看规划的安排和对新址地价的承受能力。

从上述的过程可以看得出：在市区蔓延过程中，市民居住位置的演变取决于两个条件，一个是经济能力与房价的匹配，另一个是拆迁当时正在销售中楼盘的位置，买房位置的选择虽然也会考虑到上班的距离，但往往很难得到满足；工厂企业外迁的位置取决于两个条件，一个是其赢利能力与新址地价的匹配，另一个是规划的安排，几乎完全不考虑本单位员工上班距离会有多大变化。演变结果，最糟糕的是居民住在城市一边，而其工作单位迁到了城市的另一边。一个单位中总会有一部分人上班很远，一部分人较近。城市交通的总量，因为职住错位演变而爆炸性地增加，使交通拥堵成为不治之症。

很显然，造成职住错位演变的动因是不同地段房价的高低悬殊以及不同地段企业用地价格的高低悬殊；造成房价和地价高低悬殊的深层原因是交通拥堵以及市区蔓延使要素间距离加长。

交通拥堵及其为动因之一所导致的市区蔓延，是现行模式城市的本性。因此，现行模式城市职住错位演变就是不可避免的。

（四）颠倒了的因果关系

表面上看，规划布局不合理是上下班距离长、交通时间长、交通拥堵加重等问题的根源。所以流行的观点是，规划布局的不合理使出行距离过长，从而加重了交通拥堵，并进而认为，只有解决规划布局不合理的问题，才能缓解交通拥堵，似乎城市规划应该对交通拥堵加重负责。

但这明显地颠倒了因果关系。本书要为规划界说句公道话，几乎所有的城市规划师，都懂得在规划中尽量缩短出行距离，既减少交通量又节约出行时间。规划布局的不合理并不是规划师的初衷：要么是因为从市中心到市区外围的地价高低悬殊，规划中不得不考虑某些产业对地价的承受能力，因而拉开了职住距离；要么是在城市演变中由于职住错位效应在发挥作用，使本来合理的规划布局在演变中发生扭曲，通勤距离增大。

既然交通拥堵是“规划布局不合理和出行距离过长”的原始因素，而“规划布局不合理和出行距离过长”是交通拥堵加重的原因，也就是说，交通拥堵加重的原因就是交通拥堵本身。一旦开始出现交通拥堵，就进入了恶性循环，交通拥堵本身就会导致交通拥堵持续加重。

八、职住归位效应

（一）定义

定义：消除交通拥堵及其他推动市区蔓延的动因使城市发生一系列变化，进而形成职住距离最小化的因果关系，称为职住归位效应。

（二）城市发生的一系列变化

这里要讨论的是，消除交通拥堵及其他推动市区蔓延的动因使城市发生的一系列变化。

1. 交通的时间成本大幅度降低

在汽车开始普及之前，没有交通拥堵，也没有交通拥堵等动因所导致的市区蔓延，每天用于上下班的交通时间一般为 1 小时左右，大部分市民感觉不到交通时间对生活造成的压力。例如北京市在 20 世纪 80 年代，市民每天用于上下班交通的时间平均约 1 小时。

因此，消除交通拥堵及其所造成的市区蔓延之后，交通的时间成本将大幅度降低，一般不会因为计较交通时间的长短而选择特定位置的住宅。

2. 中心城区尾气污染很轻

根据前文所述，采用 JD 模式后，城区小汽车车均油耗仅为现行城市模式下汽车保有量达饱和时车均油耗的约 1/12，尾气排放量也相应地降低至约 1/12。如此，中心城区将变得宜居。

3. 消除地价和房价的高低悬殊

消除交通拥堵和市区蔓延后，交通距离短且交通畅通，交通的时间成本大幅度降低，人们无须争相选择中心城区居住。因此中心城区与外围城区房价高低悬殊的现象会消失，由此会导致地价高低悬殊现象的消失。

4. 城市建设不再与文脉传承和文化保护争地

消除市区蔓延后，即使维持着汽车普及之前市区的紧凑程度，城市的发展也无须挤占文脉传承和文化保护用地。根据不完全统计，汽车普及之前大城市市区人口密度为 2~4 万人 / 平方千米（有的还要高一些，例如 2011 年合并而成的上海市老城区黄浦区，面积 20 平方千米，户籍人口 90 万人，折合 4.5 万人 / 平方千米），按 3.3 万人 / 平方千米计算，人均建设用地约 30 平方米。这与汽车保有量达饱和的现行模式城市人均建设用地 300 平方米相比，仅为其 1/10。而 JD 模式的城市，人均建设用地为 20 平方米。这与汽车保有量达饱和的现行模式城市人均建设用地 300 平方米相比，仅为其 1/15。

可见，在消除市区蔓延之后，城市建设用地可以降低至 20 平方米 / 人，不仅远远小于 300 平方米 / 人的原有水平，而且也小于我国法规规定的 100 平方米 / 人，大幅度节约了土地。因此，消除市区蔓延后，不会出现城市发展与文脉传承和文化保护争地的现象。

5. 土地财政的现象将彻底消失

如上文所述的人均建设用地大幅度降低，将使人均城市建设投资从 300 平方米市区面积的投资减少为 20 平方米，而且无须建设高架汽车路、大型立交桥等大规模交通工程，城市建设投资大幅度降低。所节约的投资相当于政府送给每户 1 套 100 平方米的住房。城市建设投资靠正常的财政收入解决仍然有余，土地财政的现象将彻底消失。

九、职住错位效应逆转为职住归位效应

职住错位效应形成的条件是，先出现交通拥堵和市区蔓延，然后市区出现交通的时间成本上升为居住位置选择的首要因素等一系列微妙的变化（见第 99—101 页），从而产生职住错位演变现象。因此，只要消除交通拥堵和市区蔓延，使市区出现交通的时间成本大幅度降低等一系列变化（见第 103—105 页），则职住错位效应必然逆转为职住归位效应。

这个逆转过程发生在以下两种情况中。

1. 发生在采用 JD 模式进行老城区改造的过程中

现行模式城市采用 JD 模式改造老旧片区，并采用 JD 模式进行交通系统改造，从而逐步消除交通拥堵并实现市区适度紧缩。随着这个改造效果的不断显现，中心城区与外围城区的房价和地价高低悬殊现象逐渐消失，将逐渐演变为在整个城区的大范围内产业和企业的均衡布局，市民居住点的选择逐步演变为靠近工作地点。概括地说，随着采用 JD 模式进行老城区改造的进展，职住错位效应逐渐消失，职住归位效应不断显现，即出现了效应的逆转，企业所在地和居住所在地将逐步演变为合理的功能混合布局。这个演变的过程当然是缓慢的，但会慢慢形成。

2. 发生在采用 JD 模式进行规划的过程中

在采用 JD 模式进行城市规划设计的过程中，由于城市将不发生交通拥堵，不发生市区蔓延，不出现中心城区与外围城区房价与地价高低悬殊的现象，并且由于整个市区开敞空间没有汽车，无须布置汽车道路和地面停车场，市区将按人的尺度更加紧缩，所以在安排产业和居住功能的布局时，再不受限于中心城区与外围城区房价和地价的高低悬殊，规划设计的思维过程不再受职住错位效应的影响，自然会按照职住距

离最小化的标准来安排功能混合布局。这个促使城市规划中实现职住距离最小化的因果关系，体现了职住错位效应逆转为职住归位效应。

十、城市发展的三个迷途

传统城市建设理论未能揭示本章所讨论的三类效应，当然也就未能认识到"出行结构劣化效应"可以逆转为"出行结构优化效应"，"市区扩散效应"可以逆转为"市区紧缩效应"，"职住错位效应"可以逆转为"职住归位效应"。因此，城市发展正在走入三个迷途。

（一）迷途之一：有悖于社会公平的城市交通发展之路

现在全世界所有的城市，都没有形成出行结构优化效应，都存在着出行结构劣化效应。因此，它们都在用各种方法限制普通市民使用小汽车，城市交通在有悖于社会公平的方向上越走越远。而随着科学技术的发展和人们富裕程度的普遍提高，汽车的价格不断下降，所有的市民都将具有购买和使用小汽车的经济能力，在这种情况下限制普通市民使用小汽车所导致的不公平，将成为社会两极分化的重要组成部分，必将转化为严重的社会问题。

没有形成出行结构优化效应，是因为未能认识到现行模式城市存在着出行结构劣化效应，未能认识到这个劣化效应可以逆转为出行结构优化效应。这是城市发展的迷途之一，遗憾的是，走入迷途而不自知。

（二）迷途之二：滥用人类生存资源的城市发展之路

我们之所以称之为"滥用人类生存资源"，是因为现在城市大量占用土地、大量消耗汽车燃油、大量排放汽车尾气、大量浪费交通时间。城市对这些资源的消耗量之大，严重超过了地球资源与环境的承载能力，超过了正常生活所能忍受的极限。这种浪费现象的继续存在，必将导致人类自毁地球家园。

城市之所以会形成滥用人类生存资源的局面，归根到底是因为汽车普及所带来的市区严重蔓延。严重蔓延的结果是人均城市建设用地增加10倍以上，从而导致交通距离加长数倍、交通拥堵大面积出现、大量消耗汽车燃油、大量排放汽车尾气、大量浪费交通时间。

奇怪的是，人类社会竟然容忍了造成如此严重后果的城市市区的严重蔓延。虽然20多年前发达国家业界人士就提出要建立紧凑型城市，但实际情况是，各国政府和国际社会都没有真正推动城市模式的创新，以至于“建立紧凑型城市”成了空泛的口号，几乎所有的城市，都是在不触动市区蔓延的情况下寻找解决交通问题的办法。

这也并不奇怪，因为大多数城市至今还普遍遵循着传统城市建设理论，根本未能认识到存在着城市市区扩散效应，自然也就未能认识到可以将这个市区扩散效应逆转为市区紧缩效应，所以，城市在严重蔓延、滥用人类生存资源的迷途上越走越远。可怕的是，走在迷途上而不自知。

（三）迷途之三：盲目地寄望于实现合理的混合布局

所有关于城市交通的电视访谈中无论是外行还是内行，都会讲到交通拥堵的治本之策是实现合理的混合布局。然而，在汽车普及之前的城市本来有着合理的混合布局。具有讽刺意味的是，人们虽曾亲身经历过原本存在的混合布局逐渐被破坏的过程，却并未认识到在现行模式城市中形成这个过程的必然性，还将消除交通拥堵的希望寄托在根本无法实现的合理混合布局上。

笔者之所以将寄望于实现合理的混合布局称为迷途，是因为这种盲目的认识，可能阻碍寻求真正的交通拥堵治本之策，使城市永陷交通拥堵之中。实际上，正是由于传统城市建设理论未能认识到职住错位效应的存在，未能认识到职住错位效应可以逆转为职住归位效应，更未能认识到实现这个逆转所需要的条件，才使得交通拥堵的治理一直走在错误的道路上。

危险的是，人类社会实际上是容忍了交通拥堵成为常态的现实，似乎只要提高公交出行的分担率，交通拥堵的存在无伤大雅；放任交通拥堵成为常态，将导致使人类社会陷入严重不可持续发展的市区蔓延无法克服。在不触动现行城市模式的情况下，寄希望于实现不可能出现的合理的混合布局，是在迷途上越走越远。

（四）如何使城市走出上述三个迷途

首先要认识到上述三个迷途的存在，并认识到导致走入这三个迷途的深层原因是出行结构劣化效应、市区扩散效应、职住错位效应。其次再按照本章所揭示的规律，将这三种效应逆转为出行结构优化效应、市区紧缩效应、职住归位效应。如此，城市自然可以走出上述的三个迷途。

第五章

城市模式与经济生活各方面的关系

本章提要

一、城市模式与耕地保护的关系 // 112
二、城市模式与城建投资的关系 // 114
三、城市模式与能源需求的关系 // 114
四、城市模式与城市交通碳排放的关系 // 115
五、城市模式与智慧城市产业的关系 // 116
六、城市模式与城市水资源供需的关系 // 118
七、城市模式与房地产业的关系 // 120
八、城市模式与金融安全的关系 // 123
九、城市模式与汽车产业的关系 // 125
十、城市模式与停车位供给侧改革的关系 // 126
十一、城市模式与地铁产业的关系 // 127
十二、城市模式与建筑行业的关系 // 128
十三、城市模式与物流产业的关系 // 128
十四、城市模式与商业的关系 // 129
十五、城市模式与教育产业的关系 // 130
十六、城市模式与医疗产业的关系 // 130
十七、城市模式与餐饮产业的关系 // 131
十八、城市模式与文体娱乐休闲产业的关系 // 132
十九、城市模式与菜篮子农业的关系 // 132
二十、城市模式与城区产业布局的关系 // 133
二十一、城市模式与城市群产业布局的关系 // 133

二十二、城市模式与劳动力技能更新的关系 // 134
二十三、城市模式与避免城市内涝而影响经济运行的关系 // 134
二十四、城市模式与疫情暴发期经济运行的关系 // 135
二十五、JD 模式城市无须再改来改去 长期节约资源和资金 // 135

关于本章内容的特别说明：本章的讨论涉及各行各业，而有些行业笔者并未做过专门研究，相关的数据也无法查到，所以，除了与经济发展中八大难题相关方面的讨论是定量分析之外，其他方面的讨论大多是定性分析。此外，由于社会经济还从未在JD模式城市中实践过，有些方面的讨论还只能是展望，当然，对虽然没有但今后必然会发生的经济生活之变化，做些展望也是必要的。

实际上，本章所列出的经济生活20多个方面与城市模式的关系，一半以上是有待研究的问题。

一、城市模式与耕地保护的关系

（一）沿用现行城市模式　城镇化全过程至少浪费3亿亩耕地

现在城市城区面积的大小不是由人口规模决定，而是由汽车保有量决定。在我国严格控制城市建设用地的情况下，其具体规律如下式：

市区面积≈汽车保有量 ×500平方米

根据以上公式计算，目前我国城镇建设用地总量与国土资源部的数据基本一致。

2020年我国城市汽车保有量约2亿辆。根据上面的公式可得：

城镇建设用地总量＝2亿辆 ×500平方米＝1000亿平方米＝10万平方千米

在我国城镇人口达10亿人、汽车保有量达5亿辆后，根据上面的公式可得：

城镇建设用地总量＝5亿辆 ×500平方米＝2500亿平方米＝25万平方千米

上式计算结果表明，在我国城镇人口达10亿人、汽车保有量达5亿辆后，城镇建设用地总量将达25万平方千米，折合3.75亿亩。

JD模式城市的市区面积与汽车保有量无关。在JD模式城市每个停车位平均占用的市区面积仅约30平方米；在汽车保有量达到人均0.5辆的饱和水平后，每两个人只需要1个停车位；而1个停车位占用的市区面积小于两个人的城建用地40平方米（2×20平方米/人）。

采用JD模式，城市人口达10亿后的城建用地面积如下式：

城建用地总面积＝10亿人 ×20平方米/人＝200亿平方米＝2万平方千米

考虑到我国城镇建设再不能占用耕地了，应该采用 JD 模式改造老城区。采用 JD 模式改造老城区，由于老城区中的个别区域需要保留，因而会多占用一些面积，即人均城建用地会大于 20 平方米，具体会是多少目前很难估计，但不会超过人均城建用地 50 平方米，所以，采用 JD 模式，城市人口达 10 亿后的城建用地面积如下式：

城建用地总面积≤ 10 亿人 ×50 平方米 / 人＝ 500 亿平方米＝ 5 万平方千米

上式表明，采用 JD 模式城建用地不会大于 5 万平方千米。采用现行城市模式城建用地总量为 25 万平方千米。两者相比较可知，采用现行城市模式将浪费的耕地至少是 20 万平方千米，即 3 亿亩耕地。

（二）截至 2020 年城镇建设已浪费约 6100 万亩耕地

2005 年我国城建用地总量约 6 万平方千米，而截至 2020 年我国城建用地总量已达 10.1 万平方千米。两者相比，2005—2020 年城建用地总量增加约 4.1 万多平方千米（4.1 万平方千米折合 6100 万亩）。

国土资源部 2005 年在无锡召开节约集约用地市长研讨班，开始在全国推广 JD 模式。但由于始终沿用现行城市模式，2005—2020 年我国城镇建设已浪费约 6100 万亩耕地。

（三）试点实践已验证了 JD 模式耕地保护效果

长沙市的 JD 模式试点街区“湘江世纪城”于 2008 年落成。“湘江世纪城”占地面积 1.1 平方千米，总建筑面积 400 万平方米，建筑密度 17%，建筑物平均 22 层，汽车的行驶和停放在架空平台这个人造地面下方的自然地面上，每户绑定两个停车位。

“湘江世纪城”入住人口 6 万多人，折合人均占地约 18 平方米。从空中俯视，整个街区是完全没有汽车的绿化率 60% 的大花园，环境优美、宁静、安全，居民犹如住在公园中，人居环境极佳。

“湘江世纪城”试点实践已经验证了 JD 模式人均城建用地约 20 平方米的大量节约耕地的效果。

二、城市模式与城建投资的关系

（一）沿用现行城市模式城建投资已浪费约 31 万亿元

如上文所述，采用现行城市模式，2005—2020 年城镇建设已浪费约 4.1 万平方千米耕地。按照每平方千米城建投资约 7.5 亿元计算：

浪费的城建投资＝ 4.1 万平方千米 ×7.5 亿元 / 平方千米＝ 31 万亿元

上式表明，由于采用现行城市模式，2005—2020 年城镇建设已浪费约 31 万亿元投资。

（二）城镇化全过程将累计浪费约 150 万亿元城镇投资

如上文所述，沿用现行城市模式，城镇化全过程城镇建设将浪费约 20 万平方千米（3 亿亩）耕地。按照每平方千米城建投资约 7.5 亿元计算：

浪费的城建投资＝ 20 万平方千米 ×7.5 亿元 / 平方千米＝ 150 万亿元

上式表明，沿用现行城市模式在城镇化全过程将累计浪费约 150 万亿元城建投资。

三、城市模式与能源需求的关系

（一）城市模式与城市交通能耗的数量关系

城市模式决定与市区小汽车能耗相关的三个因素：①平均每一次出行的行驶距离；②自驾车出行的频率；③汽车百公里油耗。

根据《城市模式学》书中的分析，采用 JD 模式与采用现行城市模式相比：①市区小汽车平均每一次出行的行驶距离缩短至原来的 1/3；②由于出行距离近、具备与机动车道路没有平面交叉的遮阳防雨的步行、自行车道路系统，自驾车出行的频率降低至原来的 1/2；③由于完全没有交通拥堵，且取消全部红绿灯，汽车全程连续行驶，汽车百公里油耗降低约 1/2。综合以上三个因素，可得下式：

$1/3 \times 1/2 \times 1/2 = 1/12$

上式表明，采用 JD 模式与采用现行城市模式相比，小汽车年油耗降至原来的 1/12。

（二）城市模式与我国能源安全的关系

我国年产石油约 2 亿吨，2019 年城市小汽车保有量约 2 亿辆，对进口石油的依存度约为 60%。

根据不完全统计，假设现在城市市区小汽车年油耗 1 吨，采用 JD 模式后每辆小汽车年油耗为 0.1 吨。

假定始终采用燃油汽车，在我国城镇化基本完成城市人口达 10 亿人、城市汽车保有量 5 亿辆（汽车达饱和保有量）后，按照沿用现行城市模式城市小汽车年油耗 1 亿吨计算，城市小汽车年油耗将达 5 亿吨。如此，对进口石油依存度将达 80% 以上。

当然，由于电动小汽车的普及和推广，我们不会出现对进口石油依存度达 80% 以上的局面。但是，只要小汽车依旧消耗化石能源，5 亿辆城市电动小汽车年消耗能源也会达到 5 亿吨当量石油。所以只要沿用现行城市模式，5 亿辆城市小汽车年耗 5 亿吨当量石油就会威胁到我国的能源安全。

我国若推广采用 JD 模式，如上文中所述，城市小汽车的能耗将降低为采用现行城市模式的 1/12，上一段所述的 5 亿辆城市小汽车年能耗将从 5 亿吨当量石油降低至约 0.42 亿吨当量石油。采用 JD 模式后，即使城市汽车保有量高达 5 亿辆，年耗仅约 0.42 亿吨当量石油，完全威胁不到我国的能源安全。

四、城市模式与城市交通碳排放的关系

（一）采用现行城市模式　城市小汽车的碳排放量

根据上文所述，截至 2020 年我国城市小汽车保有量约 2 亿辆，车均年油耗约 1 吨，2 亿辆小汽车年油耗总量 2 亿吨。据此计算，目前我国城市小汽车年碳排放总量约 6 亿吨。

我国只要采用现行城市模式，目前城市小汽车年碳排放总量约 6 亿吨，占我国目前年碳排放总量约 90 亿吨的约 6.7%；在城市小汽车达到饱和保有量 5 亿辆之后，城市小汽车年碳排放总量约 15 亿吨，占我国目前年碳排放总量 90 亿吨的约 16.7%。

（二）采用 JD 模式　城市交通的碳排放量

根据上文中所述，JD 模式城市平均每辆小汽车年油耗 0.08 吨，折合平均每辆小汽车年碳排放 0.24 吨。在城市小汽车达到饱和保有量 5 亿辆之后，城市小汽车年碳排放总量约 1.2 亿吨，占我国目前年碳排放总量 90 亿吨的 1.3%。

（三）小结

采用现行城市模式，在城市小汽车达到饱和保有量 5 亿辆之后，城市小汽车年碳排放约 15 亿吨。而推广采用 JD 模式，在城市小汽车达到饱和保有量 5 亿辆之后，城市小汽车年碳排放总量约 1.2 亿吨。1.2 亿吨与 15 亿吨相比，年碳排放减少约 13.8 亿吨，这相当于目前我国年碳排放约 90 亿吨的 15%。由此可见，我国推广采用 JD 模式对减少城市交通年碳排放效果很大，对实现碳中和将做出重要贡献。

在此说明，即使全面推广电动汽车，只要消耗的仍是化石能源，其间接的碳排放总量，比采用燃油汽车也少不了多少。

五、城市模式与智慧城市产业的关系

（一）解决城市模式这个硬件的问题　才能建成美好的智慧城市

毫无疑问，智慧城市是城市发展的方向之一。但有人认为现在城市交通所存在的交通拥堵、停车困难、市区蔓延、环境恶化等问题可以通过建设智慧城市来解决，而笔者却不赞同此种观点。

道理很简单，智慧城市所解决的是软件问题，而 JD 城市模式所解决的是硬件问题。硬件是软件的载体，尽管软件可以在一定程度上改善硬件的运行状态，但归根结底，只有彻底解决硬件存在的问题，并同时利用完善的软件，才能彻底改善系统的运行状态。关于这方面的道理，计算机系统和手机系统的更新换代足以说明问题。

（二）只有推广采用 JD 模式才能建成理想的智慧城市

对于市区空间利用混杂无序、市区土地利用极端粗放而大量浪费耕地的现在城市而言，智慧城市只能在某些方面改善现状，而解决不了现在城市在总体上存在的问题。或者说，我们不可能使采用“城区地面上人车交通并存”的马车时代城市模式的第二代城市转变为第三代城市。这犹如芯片的更新对手机更新换代的作用。

只有推广 JD 模式这个汽车时代城市模式，使现在城市市区空间利用混杂无序的状态，转变为完全有序的状态，智慧城市的软件手段才能发挥出最大的作用；或者说，只有在采用 JD 模式的第三代城市，智慧城市的软件手段才具备发挥其各方面作用的硬件条件。极而言之，只有推广 JD 模式建设第三代城市，才可能建成完善的智慧城市。

（三）结论

在现在的第二代城市，由于市区空间混杂无序且市区面积严重蔓延，智慧城市产业的发展受到很大的限制，或者说现行城市模式所提供的城市硬件条件与智慧城市技术的软件条件匹配度很低，智慧城市产业的发展空间有限。

JD 模式开创的第三代城市的市区空间是高度有序化的，特别是，第三代城市的市区不会再改来改去。这些都为智慧城市产业技术的发展提供了结构稳定的有序空间，与智慧城市技术的软件条件匹配度很高。

预计我国在今后的 20 多年中，所有的城市都将逐渐改造为第三代城市，或者说，智慧城市产业所面对的是第三代城市，这是智慧城市产业必须适应的城市发展趋势。认识到这一点，智慧城市产业的发展可以少走弯路、少做无用功，有利于智慧城市产业的长远发展。

六、城市模式与城市水资源供需的关系

（一）现在城市水资源供需方面存在三个劣势

1. 雨水不能回收利用

几乎在所有的现在城市，雨水都不能成为自来水的水源。特别是，我国大部分城市的雨水集中在时间较短的雨季，雨水白白流失掉而不能成为自来水的水源，这是城市水资源供应方面的一个劣势。

2. 地下水很难得到涵养

现在城市市区的地面绝大部分是硬地面，雨水基本上都通过排水管道流走了，雨水起不到涵养地下水的作用。一些所谓的海绵城市，雨水虽然能够起到一些作用，但作用很有限。这是因为城市市区对雨水涵养地下水的影响大小，取决于市区人均硬地面面积，现在城市在汽车保有量达到人均 0.5 辆的饱和水平后，由于市区蔓延的规律是“市区面积≈汽车保有量 ×500平方米”，届时市区人均面积将达到250平方米左右，因而，海绵城市的技术即使能使市区面积的 20% 成为可渗水的地面，人均硬地面面积仍高达 200 平方米。在这种情况下，即使推广了海绵城市的技术，下渗的雨水远不足以涵养地下水。在地下水不能得到充分涵养的情况下，自来水的水源就不能至少是不能长期依靠抽取地下水来解决，这对城市水资源的供应造成很大的制约，是城市水资源供应的一个劣势。

3. 各个街区不具备设立中水系统的条件

现在的城市基本市区蔓延十分严重，例如，我国的人均城建用地 1980 年仅为 26 平方米，2020 年已蔓延至约 160 平方米，人均城建用地增加到原来的 6 倍多。但是城市市区却依然显得很拥挤，很多汽车都停在马路边上。因而，现在的城市中很难找到设立中水系统的地块，特别是造价和管路安置成本最低的街区中的中水系统，几乎在每个街区中都不可能设置。在这种情况下，冲洗马桶和绿化所需要的水都要用到来之不易的自来水，如此会增加水资源的消耗，从而提高城市对水资源供应的要求。这是城市水资源供应的一个劣势。

（二）采用 JD 模式可消除现在城市水资源供需方面的三个劣势

1. 城区雨水可以 100% 回收利用

在 JD 模式城市中，架空平台约占市区面积约 70%，架空平台上的雨水可以全部集中排放到另外占街区面积约 30% 的街区地面花园。而地面花园中的雨水，一部分可以排入蓄水池中，另一部分则通过裸土地面渗入地下以涵养地下水。在遇到大暴雨时，雨水的水量可能超过所述蓄水池的容量，但由于地面花园周边设置了适当高度的挡水墙，过量的雨水可以存储在整个地面花园中，慢慢地渗入地下，从而大量地补充地下水。如此，就消除了现在城市雨水不能回收利用的劣势。

2. 人均市区硬地面面积几乎不存在

在 JD 模式城市的市区，人均城建用地面积仅约 20 平方米，即使这 20 平方米雨水都不能下渗，此面积也仅为现在城市在汽车达饱和保有量后人均硬地面面积（至少为 200 平方米）的 1/10，何况 JD 模式城市市区雨水 100% 回收利用，这相当于市区硬地面面积并不存在。采用 JD 模式还有一个重要的特点，即在人口规模相同、汽车达饱和保有量的情况下，城市市区所占的面积仅为现行模式城市的 8% 左右，即保留了采用现行城市模式原本会被占用的大量耕地，这非常有利于雨水下渗涵养地下水。如此，就消除了现在城市雨水不能下渗涵养地下水的劣势。

3. 各个街区都可以设置中水系统

由于每个街区都有占街区面积约 30% 的地面花园，假定街区面积为 0.5 平方千米，则街区地面花园的面积约 15 万平方米，其中完全可以拿出占地约 1.5 万平方米的面积设置中水系统。如此，冲洗马桶的用水、绿化用水、冲洗车辆用水等皆可利用中水；这在街区绿化覆盖率达 60% 的情况下，中水系统的设置可以节约自来水一半左右。如此，就消除了现在城市不能设置中水而大量消耗自来水的劣势。

（三）小结

综上可见，是沿用现行城市模式还是推广采用JD模式，城市水资源的供需平衡有很大的不同。推广采用JD模式可以解决相当一部分北方城市的水资源供需不平衡的问题。

七、城市模式与房地产业的关系

（一）采用现行城市模式　房地产业的三个特点

采用现行城市模式房地产业的特点，就是现在城市房地产业面临的问题。

1. 房价极不稳定　大城市住房逐渐成为少部分人的投资品

这里不谈小城市房价降低和空置房大量增加的问题，因为这个问题是小城市人口往大城市流动的结果。

大城市房价总的趋势是不断升高。但房价的升高分以下四个阶段：

①第一个阶段是城区到处建新房的时期。从主城区到郊区房价下降得比较缓慢，从总体上看房价上升的速度很慢。

②第二个阶段是城区中已经基本上看不到在建的新房。这个阶段开始出现了城区中住房从供求平衡向供不应求的变化，但由于城区周边的地区还有房屋的供应，所以房价虽然上升，但上升的速度较为缓慢。

③第三个阶段是不但主城区没有在建的新房，城区周边的地区也没有新房供应。这个阶段明显地出现城区住房供不应求的局面，导致房价逐年明显上升，但每年上升的幅度大致相同，可以说是房价在稳步地上升。

④第四个阶段是交通拥堵严重的阶段。这个阶段由于交通时间成本的迅速增加，中心城区的房价迅速升高，在中心城区开始有一部分房屋持有者高价出售而获取暴利。此后，逐渐进入住房成为投资品的阶段，房价飙升。在特大城市，2015年前后城区的房价飙升5倍左右。

2. 房价高企无法避免　无法实现房地产市场平稳健康发展

上述的住房价格上升的过程表明，随着交通拥堵、交通时间适当的地段住宅用地供不应求等问题的逐渐严重，房价从逐渐上升、快速上升，发展到迅速飙升。

还有一个重要因素促使房价上升。现行城市模式下市区过度蔓延，导致了城建投资过大，地方政府要负债进行城市建设，如此就产生了所谓的“土地财政”，在房价飙升阶段土地使用权出让价格同样飙升，出现了所谓“面粉贵于面包”的现象，进一步促进房价飙升。

恩格斯在《自然辩证法》中指出“历史的就是逻辑的”。上述的房价上升过程所表明的客观逻辑是，“交通拥堵 + 交通时间适当（上下班交通时间不超过半小时）的地段住宅用地供不应求 + 土地财政”是房价高企的始作俑者。

3. 必然形成房地产泡沫

如上文中所述，采用现行城市模式的特大城市必然出现房价飙升的局面。在查不到统计数据的情况下，可以根据有限的报道假设：2020 年，一线城市房价平均约为每平方米 7 万元，二线城市房价平均约为每平方米 3 万元。按照一线城市居民共计 7000 万人、二线城市居民共计 2 亿人、城市人均住房面积 40 平方米计算，可得：

一线城市房价总计＝ 7000 万人 ×40 平方米 / 人 ×7 万元 / 平方米

＝ 196 万亿元

二线城市房价总计＝ 2 亿人 ×40 平方米 / 人 ×3 万元 / 平方米

＝ 240 万亿元

一、二线城市房价总计＝ 196 万亿元 +240 万亿元＝ 436 万亿元

以上的计算结果表明，按照 2020 年飙升后的房价，一、二线城市房价总计高达 436 万亿元。而我国各大银行存款总额合计仅为约 212 万亿元。显然，这 436 万亿元远远高于一、二线城市住房的购买力。因而，一旦一、二线城市住房进入集中销售期，所有的住房价格必然暴跌。这种今后必然会出现的动荡情况表明，房地产的泡沫十分严重。

（二）推广 JD 模式可实现房地产市场平稳健康发展　采取合理的政策可实现居者有其屋　并可避免高房价硬着陆

采用 JD 模式，可完全消除交通拥堵（本书第三章对此有严谨的论证，从 JD 模式视频中也可以看到完全消除交通拥堵）的情况。

采用 JD 模式，人均城建用地仅为现行城市模式城市的 1/12.5（本书第三章对此有严谨的论证），面积同样大小的城区的人口容量，为采用现行城市模式的 12 倍，交通时间为半小时的市区面积能容纳的人口达千万以上，所以，在交通时间适当的地段住宅用地完全可以做到供大于求。

采用 JD 模式，由于在汽车达饱和保有量之后的人均城建用地仅为现行城市的 1/12.5，所以，城市建设投资仅为采用现行城市模式的约 10%。所以，政府完全有财力进行城市建设而无须采用土地财政。

综上，采用 JD 模式消除了房价高企的始作俑者"交通拥堵 + 交通时间适当（上下班交通时间不超过半小时）的地段住宅用地供不应求 + 土地财政"。推广采用 JD 模式可彻底避免出现房价高企。由此可见，唯有推广采用 JD 模式，才能形成房地产市场平稳健康发展的长效机制。

（三）推广采用 JD 模式　采取合理的政策　可避免高房价硬着陆

推广采用 JD 模式形成房地产市场平稳健康发展的长效机制的同时，可对应住宅购买力的高、中、低，采取有差别性的土地供应政策和税收政策，形成"房价很高的豪宅市场、房价较高的大户型住宅市场、房价较低的普通住宅市场"三个平行的房地产市场。如此，可在不减少财政收入的情况下消除房价高企而避免高房价硬着陆，并可使广大居民用较低的价格购买住宅而实现居者有其屋。解决了广大普通居民低价购买住宅的问题，也是缩小贫富差距最有效的社会二次分配方式。

采取上述避免高房价硬着陆并实现居者有其屋的政策，在实现普通住房价格降低的同时，会使原本高房价购入普通住房的人们遭受很大的损失，也会使原本平价购入普通住房的人们损失住房涨价所带来的收益。为此，政府应视具体情况，对遭受损失的人，分若干年逐渐给予补贴。所述补贴的来源可有两个方面：一、从推广 JD 模式后每年所节约的城建投资约 2 万亿元中拿出一部分；二、对豪宅市场多收取的土地使用权出让金和税收，从其中拿出一部分。

八、城市模式与金融安全的关系

采用现行城市模式还是采用 JD 模式，将决定城镇建设和房地产业这两个方面是否会威胁到金融安全。

（一）采用现行城市模式　在两个方面严重威胁金融安全

1. 城镇建设严重威胁金融安全

截至 2020 年，我国人均城建用地约为 160 平方米，城镇建设用地总量约为 9.5 万平方千米，城建投资总额约为 71 万亿元。根据现在城市市区蔓延的规律“市区面积≈汽车保有量 ×500 平方米”，在汽车达到人均 0.5 辆的饱和保有量后，人均城建用地约等于 250 平方米。在城镇化基本完成、汽车达饱和保有量后，城市人口将达到 10 亿人，城市汽车保有量将达到 5 亿辆。届时，城建用地总量约为 25 万平方千米，城建投资总额约为 187.5 万亿元（按照每平方千米城建投资为 7.5 亿元计算）。

按照 2020 年人均城建用地约 160 平方米计算，人均城建投资约为 12 万元。如此，100 万人口的城市，城建投资高达 1200 亿元。如此高额的城建投资，远远超过了财政的支付能力，所以，地方政府大部分背负着沉重的债务。正如《国家新型城镇化规划（2014—2020）》中指出的“城镇建设……加大了地方政府性债务等财政金融风险”。

根据媒体对有关部门和人士估算的报道，截至 2019 年地方政府的债务（包括隐性债务）约为 40 万亿元。这些债务逐年在增加，似乎永远不能消除。

严重的问题是，城镇建设造成的地方政府性债务等财政金融风险逐年有增无减。

2. 房地产业严重威胁金融安全

采用现行模式的城市，即现在的城市，房价飙升之后，银行背负的按揭贷款额会飙升，同时，地方政府的土地出让成交价格往往会升幅更高，出现了所谓“面粉贵过面包”的现象，从而导致了很多房企贷款额迅速增加。按揭贷款额的飙升和房企贷款额的飙升，导致房地产业贷款额占银行贷款总额的比例不断升高。根据媒体的报道，房地产方面的企业贷款和个人贷款相加，已经高达银行贷款总和的约40%。而已经飙升的房价，迟早会因为某一个触发点而暴跌，因而可能产生金融危机，至少也是经济剧烈动荡。美国的次贷危机和日本曾经因房价暴跌所产生的经济动荡表明，只要采用现行模式，房地产业对金融安全的威胁会日趋严重。

3. 结论

只要采用现行城市模式，城镇建设和房地产业这两个方面，都会对金融安全形成日趋严重的威胁。

（二）推广 JD 模式　在两个方面完全不会威胁金融安全

1. 城镇建设完全不会威胁金融安全

在前文中，我们已经充分说明了JD模式城市的人均城建用地约为20平方米。因而，与截至2020年人均城建用地约160平方米相比，JD模式城市人均城建投资仅为现在城市的约12.5%；与现行模式城市在汽车达饱和保有量后的人均城建用地约250平方米相比，JD模式城市人均城建投资仅为现行模式城市的8%。

以人口100万的城市为例：采用现行城市模式的城建投资截至2020年总额约为1200亿元；而若采用JD模式，城建投资总额约为150亿元。后者仅为前者的1/8，城建投资减少了87.5%。由此可见，采用JD模式的城镇建设投资不会威胁金融安全。

2. 房地产业完全不会威胁金融安全

采用JD模式，按揭贷款总额与房企贷款总额之和占银行贷款总额的比例在合理的范围之中，房地产业不会威胁金融安全。这是由于三方面的原因：（1）前文中已经充分说明了采用JD模式完全消除房价高企的始作俑者“市区蔓延＋交通拥堵＋上下班交通时间较短的地段住宅用地供不应求＋土地财政”，因而不会出现房价高企的问题。（2）由于不存在房价高企的问题，因而按揭贷款额不会飙升。（3）由于不存在房价高企的问题，在土地出让方面不会出现“面粉贵过面包”的现象，因而房企的贷款额不会飙升。

3. 结论

推广采用JD模式后，城镇建设的投资不会导致地方政府负债，房地产业的贷款占银行贷款总额的比例在合理范围内，所以，城镇建设和房地产业都不会威胁金融安全。

九、城市模式与汽车产业的关系

（一）采用现行城市模式　在两个方面制约汽车产业发展

1. 交通严重拥堵导致汽车销售量明显下降

众所周知，交通拥堵迫使很多城市采取摇号买车的政策，以控制每年汽车保有量的增加，因而导致汽车销售量的减少。此外，交通拥堵非常严重之后，很多曾经想买车的人，也打消了买车的念头，这也导致汽车销售量减少。总之，交通拥堵必然减少汽车销售量。

2. 停车位严重不足导致汽车销售量明显下降

我国虽然没有像新加坡那样，只有拥有停车位的证明才能购买小汽车，但是，很多想买车的家庭由于找不到停车位，而放弃了买车的念头。几乎所有的城市都在想方设法增加停车位。但是，无论如何也增加不了多少停车位，停车位严重不足的局面依旧。总之，停车位不足明显导致汽车销售量下降。

3. 结论

交通拥堵和停车位不足是现行城市模式的本性之一。各个大城市的现状表明，由于我国严格限制城市建设用地的供应，在汽车拥有率达到饱和值的约50%之后，交通拥堵和停车位不足必然严重制约汽车产业的发展。这种制约才刚刚开始，今后会日趋严重。

（二）推广 JD 模式 完全不会制约汽车产业发展

1. 彻底消除交通拥堵

在 JD 模式城市，机动车道路完全没有行人和自行车，所有交叉路口皆为简单立交。交通拥堵的问题彻底被消除。

2. 彻底消除停车困难

在JD模式城市，停车位密度约为现在城市的15倍以上，完全不会产生停车困难。

3. 结论

采用 JD 模式彻底消除了交通拥堵和停车困难。所以，完全不会制约汽车产业的发展。

十、城市模式与停车位供给侧改革的关系

所谓停车位供给侧改革，其目的是要达到供需平衡或供略大于需。如此可以达到两个方面的目的：既能对拉动经济增长作出贡献，又能彻底消除停车困难。

采用现行城市模式，任何办法都远不能解决停车位的严重不足。这是目前所有城市的现实。

而推广 JD 模式改造老城区，每改造 1 平方千米的老城区即可建成约 3 万个停车位的地面停车库。

采用JD模式每年改造400平方千米老城区，每年可多建约1200万个地面停车位。如此才能实现停车位供给侧改革的两个目的：（1）实现停车位供需平衡或供略大于需，彻底消除停车难。（2）每年对 GDP 贡献约 2.4 亿元，有效拉动经济增长。

十一、城市模式与地铁产业的关系

城市模式与地铁产业的关系，是一个有待深入研究的问题。以下观点只能算是展望，仅供国家有关方面制定产业发展规划时参考。

任何产业的发展都有其客观规律，都有其生命发展的周期。所以，站在客观的立场上进行展望，也是有价值的。

（一）采用现行城市模式　地铁产业的市场容量很大　但投资大赢利难

在现在的大城市，在地铁系统完善之后，大约平均每 3 平方千米的市区建设 1 千米的地铁。

根据现在城市市区蔓延的规律“市区面积≈汽车保有量 ×500 平方米”，在汽车达到人均 0.5 辆汽车的汽车饱和保有量、城市人口达 10 亿之后，全国城市城区面积的总和约为 25 万平方千米。按照每 3 平方千米市区面积建设 1 千米地铁计算，全国城市地铁总里程约为 83000 千米。假定由于只在大城市建设地铁，届时全国地铁线路总长度为 30000 千米，按照每千米地铁造价 10 亿元计算，届时地铁总建设投资约为 30 万亿元。根据媒体相关报道，可以按照每千米长度地铁的运行年均亏损 100 万元计算，那么，在全国地铁总长度达到 3 万千米之后，年亏损总额约为 300 亿元（按照目前的情况，地铁运营的亏损由财政补贴）。

综上可见，在采用现行城市模式的情况下，地铁产业的市场容量很大，但很难赢利。

（二）推广或不推广 JD 模式　地铁产业前景的展望

若国家决定全面推广 JD 模式，估计 20 年可以完成约 8000 平方千米老城区的全面改造。在这 8000 平方千米的老城区，尽管已经实现了安全舒适的多元化交通，且日常出行距离仅为现在城市的约 1/3，但由于人口密度至少提高 8 倍以上，估计每条地铁线路的乘坐人数不会比现在的城市少。

除了上述已经改造过的 8000 平方千米老城区之外，尚未改造的约 9 万平方千米老城区中，地铁的运行状态依旧，不会有什么变化。

估计从现在算起的50年之后，所有城市都改造为采用JD模式的城市，到那时，我国城区面积的总和大约会减少到3万平方千米。如此，则地铁所覆盖的城区面积也是3万平方千米左右。

如果我国不推广JD模式，而始终采用现行城市模式，大约25年后我国所有城市城区面积的总和将增长至约25万平方千米。地铁覆盖的面积将逐渐增加，而最终达到约25万平方千米。

十二、城市模式与建筑行业的关系

采用JD模式，要建设大面积的架空平台和大面积的地面停车库。沿用现行城市模式，则需要建设大面积的地下停车库。两者相比，建筑行业的工程量不会有太大变化。

但是，在推广JD模式改造老城区的约20多年中，由于老城区改造中需拆掉大面积危房，同时，每平方千米建设的停车位数量约为现在城市的15倍，所以，在这20多年中，建筑行业的工程总量约增加30%。

根据有关方面统计，2020年我国建筑行业就业总人数约5000万人。若全面推广JD模式改造老城区，建筑行业的就业岗位约增加1500万至2000万个。

十三、城市模式与物流产业的关系

（一）两种城市模式交通速度和交通距离的比较

JD模式城市的交通速度约为现代城市的2倍，同样目的的出行距离，约为现在城市的1/3。由此可见，JD模式城市完成每一次物流任务的交通时间仅为现在城市的约1/6。

如果假定每一次物流任务的准备时间与交通时间相同，则JD模式城市与现在城市的每一次物流任务的总时间相比，可得下式：

（1 + 1/6）÷ 2 ≈ 58%

可见，在 JD 模式城市中完成每一次物流任务的总时间，比现在城市约节约 42%。

另外，JD 模式城市中所有的道路系统都是遮阳防雨的全天候道路系统，不会因为天气问题而增加每一次物流的交通时间。

十四、城市模式与商业的关系

（一）现行城市模式不利于商业发展的四个问题

1. 房价影响布局

中心城区的房价明显高于周边的城区，特别是大城市的中心城区房价往往很高。这种情况使得商业布局不能够合理化。

2. 出行距离远和交通时间长 影响日常购物

随着城区汽车保有量的增加，出行距离逐渐增加到原来的 3 倍，上述的商业布局不合理又会使购物出行距离增加很多，因而严重影响日常购物。

3. 坏天气影响购物

烈日和雨雪天气，人们往往会放弃外出购物，这对商业构成不利的影响。

4. 绝大部分道路都不是无人的商业街

除某些特大城市有无人商业街之外，绝大部分城市都没有无人商业街，不能够在休闲逛街的同时购物，这显然不能增加商品的销售量。

（二）JD 模式消除了现行城市模式的上述问题

在 JD 模式城市，房价均衡；步行、自行车、小汽车、公交车四套交通系统，都是遮阳防雨的全天候交通系统；购物很近，日常出行距离仅为现在城市的约 1/3；所有的道路都是步行商业街。可见，JD 模式对商业的发展非常有利。

十五、城市模式与教育产业的关系

与现行模式的城市相比，JD 模式城市对教育产业有以下好处。

（一）优势教育资源共享的程度是现在城市的 10 倍以上

JD 模式的城市完全没有城市病，人口密度约为汽车达饱和保有量之后现在城市的 12.5 倍。这表明，每一座学校所覆盖的居民人数为现在城市的约 12.5 倍，或者说，可以把现在城市 12.5 座学校的教育资源集中到一所学校中。如此，优势教育资源共享的程度提高 10 倍以上。

（二）学生有更多的时间用于学习

JD 模式的城市与现行城市模式的城市相比，小学生每天可以节约半个小时以上的上下学交通时间，中学生每天可以节约一个半小时左右的上下学交通时间。年纪小的学生也省掉了每天等待家长来接送的时间。如此，学生有更多的时间用于学习和锻炼身体。

十六、城市模式与医疗产业的关系

JD 模式城市市区人口密度比现在的城市高 10 倍以上，因此，医院的个数可以减少很多。从而使每座医院所集中的医疗资源，比现在城市的医院多 10 倍以上。医疗资源的集中，不仅有利于居民看病，还会在很大程度上提高每座医院的医疗水平，同时，医疗资源的集中会使每座医院都有高水平的医生，从而带动医院的医疗水平提高，从总体上提高了医疗产业的医疗水平。

十七、城市模式与餐饮产业的关系

（一）与现行城市模式的城市相比　JD 模式城市具备饮食产业大发展的两个条件

1. 在 JD 模式的城市 餐饮业会有较大发展

由于 JD 模式城市市区人口密度为现在城市的 10 倍以上，所以，每一座餐馆所覆盖的城市人口比目前多 10 倍以上，因而每一座餐馆的规模可以扩大很多倍，这可使每一座餐馆的品种齐全且饭菜质量高，如此可以提高城市居民外出就餐的比例，从而使餐饮行业有较大的发展。

2. 乐观估计 在 JD 模式城市可望实现餐饮社会化

由于 JD 模式城市市区所有的道路都是安全美观的步行街，各种交通系统都是遮阳防雨的全天候系统，并且由于市区人口密度比现在城市高 10 倍以上，所以，居民通过惬意的散步就可找到品种齐全且饭菜质量高的餐馆。这会促成家庭餐饮社会化。假设现在城市市区人口的 1% 每天外出就餐三次，由于上述的 JD 模式城市市区就餐条件的极大改善，乐观地估计，市区人口的 30% 每天会外出就餐三次。如此，JD 模式城市就餐的人次就相当于现在城市的 30 倍，餐饮业就餐人次的大量增加使边际成本大幅度降低，相应地，餐饮的价格也会大幅降低。如此，又会进一步提高市民外出就餐的比例，进一步实现餐饮社会化。

（二）推广采用 JD 模式 会增加餐饮行业就业岗位

餐饮行业如有大发展，必然会同步地增加餐饮行业就业岗位。如果如乐观估计的餐饮行业就餐人次增加至 30 倍，那么，餐饮行业就业岗位数可望增加至 10 倍左右。

十八、城市模式与文体娱乐休闲产业的关系

（一）现行城市模式的城市　有四个问题制约文体娱乐休闲产业发展

1. 交通时间过长且交通时间无法预计，这使以前绝大多数经常参加文化娱乐活动的人不再参加了。

2. 自驾车的人往往由于找不到停车位，而再也不敢开车去参加文化娱乐活动。

3. 市区蔓延导致参加文化娱乐活动的交通距离过长。要参加文体活动必须乘坐公共交通工具。但大型文体活动散场后，很难及时坐上公共交通的车辆。

4. 所有的交通都不能全程遮阳防雨。碰到坏天气没有办法去参加文化娱乐活动。

（二）JD 模式的城市　文化娱乐产业肯定会有一个很大的发展

1. JD 模式城市无交通拥堵，步行、自行车道路与机动车道路完全没有平面交叉（无须在路口停顿等待）。所以，出行时间可以准确地估计，便于人们安排参加文体娱乐休闲活动的时间。

2. JD 模式城市每平方千米城区面积上，停车位数量约为现在城市的 15 倍，不会因为自驾车出行找不到停车位而不能参加文体娱乐休闲活动。

3. JD 模式城市同样出行目的地的出行距离仅为现在城市的约 1/3，同时，所有公交都是路口无须停顿等待的快速公交，所以，在大型文体活动散场后，能够很方便地乘坐公共交通工具。

4. JD 模式城市的各种出行方式都是全程遮阳防雨的，因而不会因为坏天气而影响人们去参加文化娱乐活动。

综上，JD 模式城市完全消除了现行城市模式制约文体休闲娱乐产业发展的四个方面的问题，文化娱乐产业肯定会有一个大的发展。

十九、城市模式与菜篮子农业的关系

沿用现行城市模式，市区会不断蔓延，最终将挤掉大部分郊区农业。很多大城

市，特别是特大城市，居民所需要的蔬菜全靠远程运输。

而推广采用JD模式，可以节约出能够完全满足城市需求的郊区农业用地，从而使菜篮子农业回归城市郊区。

二十、城市模式与城区产业布局的关系

现行城市模式的城市，严重的交通拥堵以及中心区房价与郊区房价悬殊，均导致产业布局扭曲。

JD模式城市彻底消除了交通拥堵以及所说的房价高低悬殊，因而可完全根据产业对空间和位置的需要进行合理布局。

二十一、城市模式与城市群产业布局的关系

在采用现行城市模式的情况下，城市群中的各个城市之间的交通可以采用高速的轨道交通，但是，一旦进入各个城市，交通时间不但长而且难以估计。举一个极端的例子，北京到天津的高铁只需半小时，都在半小时经济圈之内，但是，一旦进入北京或天津的市区，交通时间可能达到两个小时。这个极端的例子表明，采用现行城市模式的情况下，很难使城市群中的城市都处于半小时经济圈甚至一小时经济圈之内。这种情况会妨碍城市群的合理布局。

而采用JD模式则完全不同。仍以天津和北京之间的交通为例，高铁的交通仅需半小时，进入采用JD模式的天津或北京的市区内之后，市区内的交通时间平均仅约15分钟，如此，可以说天津和北京处于一小时经济圈之内。这表明，推广采用JD模式之后，交通时间问题完全不会制约城市群的合理布局。

一个特别重要的问题是，若推广采用JD模式还需要考虑城市群的布局吗？答案是完全不需要。因为JD模式的城市无论规模有多大，都不会产生城市病。只是为了享受蔬菜瓜果的田园风光和郊野环境，我们可以将一个规模很大的JD模式城市，分割为相距1—2千米的若干个组团。

客观地说，现在建设城市群的想法是为了避免所谓的大城市病。宁肯牺牲一部分

城市的聚集效益，也要选择若干个规模较小的城市组成一个群，以达到既能发挥大城市的聚集效益，又能够使城市负担不会太重的目的。但是，如前面所分析的，采用现行城市模式建设的城市群，在实际运行中存在交通效率很低的问题，因而，基本上不能发挥大城市的聚集效益。

另外，“大城市病”的概念也是不科学的。只要采用现行城市模式就必然产生城市病，城市病并不是因为城市大了才有的。之所以有人提出“大城市病”的概念，是因为不知道城市病之所以产生，是汽车时代的现代城市仍在采用“城区地面上人与车交通并存”的马车时代城市模式的结果。

可以断言：若全面推广 JD 模式改造老城区，已经存在了多年的城市群中的各个规模较小的城市，会由于人们自动向生活环境极好的改造过的 JD 模式城区流动，而集中形成一个较大的 JD 模式城市。

总之，应该采用全面推广 JD 模式改造老城区的办法，代替采用现行城市模式建设城市群的办法。因为后面的这个办法，完全无助于破解经济发展中的八大难题。

二十二、城市模式与劳动力技能更新的关系

在现行城市模式的城市，每天上下班交通所占用的时间，挤掉了劳动力技能更新的时间。

与现在城市相比，在 JD 模式的城市，平均每天上下班的交通时间约可节约 3 小时，所以为每个劳动力一年节约出约 800 小时学习时间。

总之，在现在的城市，劳动力没有时间进行技能更新。而推广采用 JD 模式，平均每天能有两个小时左右解决劳动力技能更新的问题。

二十三、城市模式与避免城市内涝而影响经济运行的关系

我国现在的城市，有一半以上在雨季可能发生内涝，从而影响经济的正常运行。

在 JD 模式城市，城区地面标高提高了约 6.5 米，在城区对外的机动车道路上采取适当的局部加高措施之后，完全可以避免城区发生内涝。即使在特殊情况下，城区

机动车道路上进了水，距离自然地面约 6.5 米高的架空平台上的消防车通道，也可作为临时的机动车道路使用。

总之，推广采用 JD 模式改造老城区，是避免城市因发生内涝而影响经济运行的唯一有效办法。

二十四、城市模式与疫情暴发期经济运行的关系

在现行城市模式的城市，人们上下班主要靠挤公交车或挤地铁。所以，一旦疫情暴发，且情况严重时，为避免被传染，很多人会选择不去上班。如此，经济的运行在一定程度上会受到影响。

在 JD 模式的城市，同时具备步行、自行车、小汽车、公交车四套同样四通八达、相互间没有平面交叉且全程遮阳防雨的道路系统。所以，一旦有疫情暴发，上下班完全可以采用个性化的出行方式，而不必非去乘公共交通。如此，在很大程度上减少对经济运行的影响。当然，每个人都能采用个性化的出行方式，对防止疫情传播是非常重要的。

二十五、JD 模式城市无须再改来改去 长期节约资源和资金

自 1885 年汽车诞生之后，这一百多年来，几乎所有的城市都在不断地改造。这不仅给城市的日常交通带来很大干扰，也耗费了大量的资源和巨额资金，从而在某些方面严重影响经济运行。

JD 模式是最优化的城市模式，是唯一能适应汽车时代而不产生城市病的城市模式，或者说，JD 模式城市是城市的最后形式。因而，推广采用 JD 模式完成城市的改造之后，就无须再改来改去。如此，不仅不会对城市日常交通带来干扰，也节约了大量资源和巨额资金，彻底消除了城市反复改造对经济运行产生的不利影响。

第六章

城市模式学理论的要点

本章提要

一、城市模式学的三个基本原理 // 139

二、城市模式学理论的结构 // 140

三、城市模式学要解决的两个基本问题 // 141

四、城市模式学的价值在于创造出最优城市模式 // 142

五、“现行模式城市”与“JD 模式城市”两者的对比 // 143

六、城市模式学与 JD 模式将启动城市技术革命 // 147

七、JD 模式消除了将人与汽车对立起来的错误观点 // 149

八、蔓延或紧缩的动因及市区扩散力与内聚力的平衡 // 150

九、城市模式学理论消除了传统城市建设理论的三块短板 // 151

十、中国最迫切需要 JD 模式 // 152

十一、城市模式不变革　人类无幸福 // 152

十二、推广 JD 模式恰逢其时 // 153

十三、城市模式学是对传统城市建设理论的继承和发展 // 153

“城市模式学”是“城市模式经济学”的技术基础。因此需要了解城市模式学的基本理论。本章对城市模式学的理论要点进行介绍。了解本章的内容，有助于对城市模式经济学的全面理解。

一、城市模式学的三个基本原理

（一）城市和谐原理

城市和谐原理：人与汽车相生又相克。共处于市区户外空间中则相克，按照 JD 模式分隔在两个空间中则相生；相克为城市诸病之源，相生为城市和谐之本。

所谓的“城市诸病”，是指交通拥堵等 20 种城市病（详见第二章）；所谓的“城市和谐”，是指城市满足可持续发展的所有约束条件。

这是城市百年演变昭示的原理。本书后文中不会专门讨论这个原理，因为本书的全部内容都是在阐明这个原理的真理性。

传统的城市建设理论中，城市规划学、交通工程学、建筑学、结构学、城市经济学等各个分支的理论，不可谓不完善。但按照这些理论建设的大量的现代城市，到头来却均陷入城市病梦魇之中，并成为资源与环境不可持续的祸首。之所以会造成这种事与愿违的结果，就是因为传统的城市建设理论未能遵照“城市和谐原理”。

（二）城市模式构成原理

城市模式构成原理：土地提供空间、交通决定时间，两者的耦合方式决定城市模式。

城市模式学给出了严谨的理论证明，证明存在着与汽车文明完全相容的城市新模式，并已创造出这种城市新模式，即“节地畅通城市模式”，简称 JD 模式（JD 为“节地”两字汉语拼音的字头）。世界推广采用 JD 模式，恰逢其时，可一步到位地建成汽车大众化时代节地低碳畅通生态宜居的新一代城市。

（三）城市四维空间结构有序化原理

城市四维空间结构有序化原理：城市的空间结构是动态的，是包括时间维度在内的四维空间结构；对城市空间结构的理解，要包括在时间长河中展开的全过程。

现行模式城市中存在着三种劣化效应（出行结构劣化效应、市区扩散效应、职住错位效应），所以，其四维空间结构必然随着时间维度的推移及几何空间的不断蔓延，直至汽车达饱和保有量后，进入几何空间混杂无序的稳定状态；JD 模式城市中则存在着三种优化效应（出行结构优化效应、市区紧缩效应、职住归位效应），在时间维度的推移中，几何空间维持高度紧凑，在汽车达饱和保有量后，仍处于几何空间紧凑有序的稳定状态。

这个原理告诉我们，只要采用现行城市模式，城市四维空间结构的稳定状态必然是混杂无序的，所以，想通过高容积率的规划达到紧凑，通过周密的规划达到有序，都是不可能的。

（四）小结

以上三个原理所形成的理论体系，使城市模式学成为城市建设理论中的综合性学科。传统城市建设理论中各个分支的理论虽很完善，但缺少这个综合性学科，有空白，理论体系不完整，因此不能从整体上把握城市演变的走向，致使城市陷入了在严重蔓延中演变的百年迷局。

二、城市模式学理论的结构

城市模式学由三部分构成，如图 6–1 所示。

其中，交通与空间互决论、城市演变论两部分，是城市模式学的基础理论，偏重于应用科学；城市模式学本论，是城市模式学的主体部分，偏重于技术科学。

交通与空间互决论回答的问题是，如何同时实现以人为本的交通和城市空间结构的有序化。

城市演变论回答的问题是，如何掌握决定城市演变走向的规律，并利用这个规律将城市变为真正宜居的伊甸园。

由于城市模式学的理论结构并不是树枝状的演绎系统，而是网络状的分析系统，所以它的三个组成部分在叙述上有相互交叉。例如：城市演变论的分析中，包含了城市模式学本论中最优城市模式的演变机制分析；理论网络中每一个点的叙述，也会与周边各个点的叙述有某些重复，但这是不可避免的，也是必要的。这也反映了城市作为复杂巨系统的特点，只有从十分复杂的各要素之间相互关系上去叙述并加以理解，才能理解城市系统。

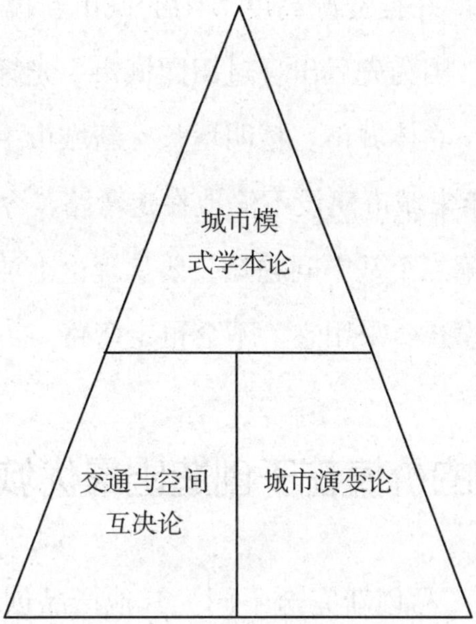

图 6–1　城市模式学理论体系图

三、城市模式学要解决的两个基本问题

西方有识之士的四个论断振聋发聩：

其一，1961 年《美国大城市的死与生》一书指出“传统城市建设理论将会导致城市被摧毁”；其二，1996 年迈克 · 詹克斯等欧共体专家指出“现在的城市是不可持续发展的首要元凶，发展中国家的城市也这样建下去，很快会发生大规模的生态系统崩溃”；其三，2007 年法国业界人士埃瑞克著文指出“五十年来城市状态每况愈下，表明我们在城市建设上集体无能”；其四，2009 年，在上海世博会国际论坛上，国际展览局主席让 · 皮埃尔 · 蓝峰呼吁“面对 21 世纪的各种挑战，不能闭上眼睛，我们别无选择，必须创造出一种新型城市模式，这也是上海世博会的使命之一”。

以上四个论断的时间跨度长达 50 年。这表明，经过 50 年的探索，世界才认识到“我们别无选择”，才认识到解决城市问题的各种努力应该聚焦到一个点上，就是创造城市新模式。这个认识，来之不易。

虽然创造城市新模式是上海世博会的使命，但是，JD模式是上海世博会展出的唯一的城市新模式，发达国家没有创造出，并因此未能在上海世博会上展出任何城市新模式。这表明，传统的城市建设理论解决不了创造城市新模式的问题。

显然，创造出人居环境好且资源高度节约的城市新模式，是城市模式学要解决的基本问题。但这还不够。因为先后出现过田园城市、光辉城市、广亩城市、有机疏散、分散发展、集中发展、立体城市、精明增长、新城市主义、交通导向发展等多种技术方案或理念，100多年来城市建设不停地在走弯路，今后再也走不起弯路了。所以，城市模式学要解决的第二个基本问题是，要从理论上证明，我们所创造的城市新模式是具有唯一性的最优模式，采用它，不会再走弯路。

四、城市模式学的价值在于创造出最优城市模式

城市模式创新与其他产品创新完全不同。其他产品创新可以不断进行改进，每一次创新都可以形成产品推向市场，在完成下一次创新后又可以有更新的产品推向市场，例如汽车、手机等，都是经历了很多代的产品。而城市建设不允许反复改来改去劳民伤财，所以城市模式创新必须一步到位，即所完成的创新必须是汽车时代的最优城市模式，按照这个模式建设的城市不会再改来改去。

然而，被业界奉为经典的《马丘比丘宪章》却认定“根本不存在最理想的解决方法，城市交通系统的设计应当允许随着城市的增长变化做经常性的试验”，很多城市正是改来改去，在做试验。例如美国的波士顿，为应对交通拥堵，1961年修了一条横穿市中心的高架汽车路，几年后发现，该高架路上又出现了严重的拥堵，而且市区被这条高架路撕成了两半。至1990年，波士顿终于下决心拆掉了这条高架路，取而代之的是一个更大的工程，修了一条地下汽车路。有人对此发出了感慨，“当初修高架路是一个不慎的决定，造成了城市多年的痛苦；花巨资改成地下道路，解决了问题”。但是谁能保证，将高架路改成地下路的办法，今后不会推倒重来呢？

为交通拥堵所困扰的北京市，已经拟定了北京市区修建三横两纵地下汽车路的规划。这是城市建设中一步到位的创新吗？会不会仍然是在走弯路呢？

广而言之，如何判断现在城市正在实施、或准备实施的建设工程，是不是在走弯路，将来是不是会推倒重来呢？因此，城市模式学的前瞻性必须贯穿整个汽车时代，并能够一步到位地创造出汽车时代最优城市模式，否则，城市模式学就没有存在的价值。城市模式学回答了这个问题：通过对城市演变过程的分析，认识到城市模式构成原理；根据这个规律创造了“城市模式完全性筛选法”，给出了城市模式生成公式：

$$(C_4^1+C_4^2+C_4^3+C_4^4)\times(C_3^1+C_3^2+C_3^3)=(4+6+4+1)\times(3+3+1)=15\times7$$

$$\left(\sum_{i=1}^{4}C_4^i\right)\times\left(\sum_{i=1}^{3}C_3^i\right)=15\times7=105$$

根据上式计算出所有可能的城市模式共105种。“城市模式学”揭示汽车时代城市可持续发展的约束条件共33个；以33个约束条件为尺度，穷尽105种城市模式，筛选出了最优城市模式，即JD模式。它是市区四维空间的最优化结构。

显然，这样筛选出的JD模式，既具有最优性又具有唯一性，是汽车时代的最优城市模式。按照JD模式，城市建设不会再走弯路。

五、“现行模式城市”与“JD模式城市”两者的对比

（一）市区空间结构对比

现行模式城市严重蔓延、且混杂无序。JD模式城市市区分为两层，结构简单有序：① 地面层，只供人活动，完全没有汽车，保持汽车出现以前的自然状态，汽车出现以来产生的所有城市病自然全部消失，且如今无须设马车道路，市区将更加清洁、宁静、紧凑；② 地下层（占市区面积60%），只供汽车行驶和停放，没有行人和自行车，路口皆为简单立交，无交通拥堵和停车困难。

JD模式城市具有良好可行性，因为其地下层不是挖出来的，而是设计出来的——将建筑标高的 ±0 定在原地面上方6.5米处，此处成为JD模式城市的地面，±0以下建设的架空层自然就成了“地下层”。

JD模式城市不仅能同时享受城市文明和汽车文明，而且用城市规划学、交通工

程学、建筑学、结构学、城市经济学、生态学、社会学、施工工程和造价估算等各个学科的理论来衡量，都是最优化的技术方案。后者用于具体城市时要因地制宜，但只有充分理解城市模式学的理论，才能做到因地制宜方案的最优化。

（二）生态化的对比

现行模式城市市区面积＝市区人口 ×250 平方米 / 人

JD 模式城市市区面积＝市区人口 ×20 平方米 / 人

在同样人口规模的城市，JD 模式城市市区面积仅为前者的 1/12.5，节约出的 11.5/12.5 的土地均可以绿化，从而使现行模式城市原来市区的绿化覆盖率达 90% 以上，使城市变为真正的生态城市。

（三）交通的对比

现行模式城市交通拥堵、停车困难、交通事故频发。JD 模式同时具有步行、自行车、公交车、小汽车等四套独立的相互间没有平面交叉且同样四通八达的遮阳防雨道路系统，其中的步行和自行车道路犹如颐和园中的长廊，路边设排椅和休息亭，绿色出行条件良好，且杜绝汽车撞行人或撞自行车的交通事故；机动车道路通行能力提高至原来的 5 倍，无交通拥堵；停车位密度提高 15 倍，无停车困难。

JD 模式城市绿色出行条件良好，从而形成“出行结构优化效应”，即：一旦机动车道路出现交通拥堵，自驾车出行的舒适程度就会远低于步行、自行车或公交车出行，促使一部分人放弃自驾车，改为绿色出行。

（四）居民幸福指数的对比

现行模式城市市区人车混杂、环境恶化、交通时间过长，居民幸福指数低。

JD 模式城市达到宜居城市的最高标准“1001”，前面的“100”是指从空中俯视，市区 100% 的面积上没有汽车，是绿化率达 60% 的大花园，宛如洋溢着现代都市风情的世外桃源；后面的“1”是指居民每天的交通时间合计为 1 小时左右，符合交通人性化的“马切提恒值”（意大利城市学家马切提多年发现，每天交通时间合计 1 小时，最有利于健康和生活安排）的要求，居民幸福指数大为提高。

（五）资源与环境可持续发展方面的对比

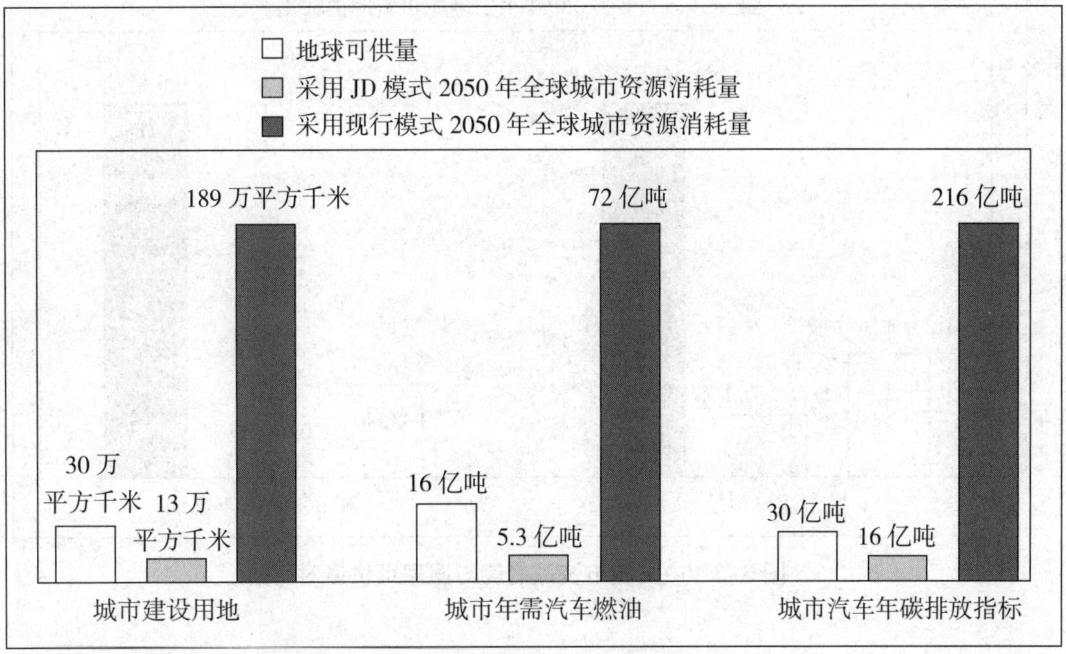

图 6–2　全球城市资源消耗与地球可供量对比图

与现行模式城市相比，在汽车达饱和保有量时，JD 模式城市城建用地节约 92%、汽车车均节能减排 92%。

● 沿用现行城市模式，城市的资源消耗和碳排放（包括电动汽车的间接碳排放）将超过地球承载能力的数倍，人类将自毁地球家园。

● 中国人多地少石油少，沿用现行城市模式，将严重威胁粮食安全和能源安全，并因大量消耗汽车燃油而发生碳排放危机。

中国正在沿用发达国家城市模式，在走着城市病日趋严重、与农业争地的传统城市化道路。要实现可持续发展，中国应走 JD 模式开创的城市病日渐消失、不与农业争地的新型城市化道路。

● 城市尺度是城市的生命。

所谓城市尺度，是指市区空间的微观尺度，是汽车达饱和保有量后城市进入扩散力与内聚力基本平衡的稳定状态时，自发形成的人均建设用地的大小。

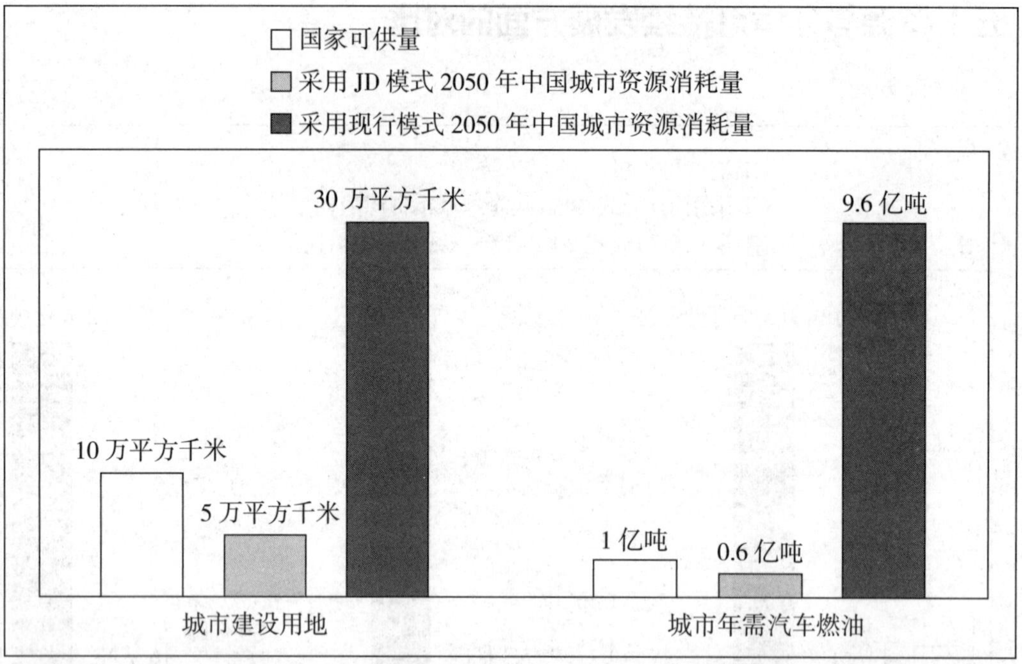

图6-3　中国城市资源消耗与国家可供量对比图

城市尺度标志着城市状态的“死”与“生”——现行模式城市的尺度为300平方米左右，城市陷入严重不可持续发展的状态；采用JD模式，城市尺度为20平方米，绿色交通和生态城市的目标自然全面实现，将达到宜居城市的最高标准“1001”，市民幸福指数大为提高。

判断城市建设或城市治理措施的对与错，要判断它对城市尺度变化的影响，并判断它能否使城市尺度最终演变为20平方米。

城市模式学中筛选出的最优城市模式，之所以称为“节地模式”，简称JD模式，是因为“节地”与城市状态的和谐及各项资源的节约，具有高度的一致性。这里的“节地”，应理解为城市尺度为20平方米，它标志着城市是资源节约环境友好的城市。

而有些负责城市规划的人士，看不到“节地”与资源全面节约和城市环境全面友好的高度一致性，认为节约土地不是自己的责任，无须像国土资源部那样，为实现土地的节约集约利用而积极推广JD模式。

综上可知，与汽车达饱和保有量的现行模式城市相比，JD模式城市自发地实现城市建设用地节约92%的结果是，城市建设投资、汽车能耗和排放、驾车出行的交通时间等均节约92%左右。

正是JD模式城市的高度宜居，才自发地实现“节地”；正是“节地”实现空间尺度大幅度缩短，才能也必然实现资源的全面节约。因此，“节地”与资源全面节约和环境全面友好具有高度一致性，“节地”是实现资源节约环境友好的充分必要条件。

（六）四维空间结构的对比

JD模式具备良性的内在动力机制，使城市在时间长河的演变中保持高度紧凑、高度宜居的状态。因此，JD模式是有序化的四维空间结构。

现行城市模式具备进入恶性循环的内在动力机制，使城市在时间长河中演变为严重蔓延、人居环境恶化的状态。因此，现行城市模式是无序化的四维空间结构。

（七）交通工程量的对比

在汽车达饱和保有量时，现行模式城市人均建设用地约为300平方米，而JD模式城市仅为20平方米。在道路面积率为20%的情况下，前者人均道路面积为60平方米，后者仅为4平方米，两者的对比为15∶1；同样，在路网密度相同的情况下，两者各种道路系统中道路的长度的对比，也是15∶1。两者交通工程量悬殊。

六、城市模式学与JD模式将启动城市技术革命

传统城市建设理论，预见不到城市状态会有革命性的变化，从来没有城市技术革命的提法，似乎人类要永远生活在城市病梦魇之中。

汽车开始普及以前的城市人均建设用地仅为26平方米左右；由于现行城市模式与汽车文明不相容，随着汽车普及到饱和保有量，城市人均建设用地疯狂地增加至250平方米左右，增加9倍多，从而导致土地、石油、碳排放等资源与环境的严重不可持续；JD模式的理论和实践均证明，只要解决城市文明与汽车文明相容的问题，城市人均建设用地仅为20平方米左右，城市面貌和资源与环境的可持续等方面均出现翻天覆地的变化。

以下四个方面表明，JD模式启动的城市技术革命，将与工业革命和信息革命一

样，给人类社会带来划时代的变化。

（一）将缔造地球人的新生活

全球推广 JD 模式，城市面貌将彻底改观，变为宜居低碳生态城市，而且城市资源消耗与碳排放将不再超过地球的承载力：① 汽车时代的交通拥堵、人居环境恶化、房价畸高等 20 种城市病完全被消除，且市民每天的交通时间合计仅为 1 小时左右，幸福指数大为提高；② 从空中俯视，所有城市市区是绿化率达 60% 的完全没有汽车出现的大花园，成为洋溢着现代都市风情的世外桃源；③ 汽车车均节能减排 92%，不仅城市基本不受汽车尾气污染，而且世界也不会因汽车高能耗而发生能源危机，并且在汽车达饱和水平后可望使全球碳排放总量减少 1/3 左右；④ 城市人均建设用地节约 92%，可以在很大程度上避免粮食危机；⑤ 人均城市建设投资节约 90% 左右，财政开支大幅度减少，因此可以大幅度减税。

综上所述，全球推广采用 JD 模式，将使人类从此彻底摆脱城市病梦魇，并能在很大程度上避免粮食危机、能源危机、碳排放危机，世界将因此而大大减少纷争。如此，犹如换了人间，JD 模式将缔造地球人的新生活。

（二）城市系统的本性突变　实现城市更新换代

JD 模式的技术含量在于系统构造方式的创新。JD 模式的结构要素大多是已有的或常见的，这些结构要素按照 JD 模式组成为新系统后，系统就涌现出了新的性质，系统的本性出现了突变，使现在城市“拥堵—蔓延—更拥堵“的恶性循环，突变为“畅通—紧凑—更畅通”的良性循环。这是城市更新换代的突变，现在的第二代城市，将变为人与汽车和谐共存的第三代城市。

系统的突变是重要的，在雷内 · 托姆揭示系统突变现象后，《大英百科年鉴》1977 年版中写道：“突变论使得人类有了战胜愚昧无知的珍奇武器，获得了一种观察宇宙万物的深奥见解。”

JD 模式犹如中药秘方，所用的药材都是已有的，关键在于配伍，即系统的组合技术。JD 模式还犹如华丽的乐章，其音符不外乎常用的那些，只是经过作曲家的奇妙组合，达到了不同凡响的效果。

（三）城市聚集效益陡增

现行模式城市，在汽车达饱和水平、市区严重蔓延后，半小时车程经济圈覆盖的人口不足200万。

JD模式城市，10分钟车程经济圈覆盖的人口即高达1000万，15分钟车程经济圈覆盖人口高达2250万，而且准时无误，特大城市也不会因规模过大而降低效益，城市效率大幅度提高，经济运行的外部成本大幅度降低：同时由于无交通拥堵且平均车速提高3倍，快捷准时的交通，将使商业模式有重大创新。这是聚集效益很高的城市。

（四）资源和资金的节约达到天文数字　对社会经济影响巨大

1. 全球推广采用JD模式

在今后全球城市人口增加到2倍、汽车保有量增加到5倍的情况下，依据现在的数据粗略推算：城市建设累计节约养活20亿人的耕地；城市建设投资累计节约90万亿美元；每年可节约汽车燃油60亿吨、节约燃油费用5万亿美元、减少二氧化碳排放180亿吨。

在此应该说明，即使汽车全部改为电动，上述的数据依旧成立。因为电动汽车电能消耗量、电费、间接碳排放等也为同一个数量级。

2. 中国推广采用JD模式

依据现在的数据粗略推算：城市建设累计节约出3亿亩耕地、约百万亿元城市建设投资、约百亿吨汽车燃油；在城市人口10亿人、城市汽车保有量6亿辆的情况下，每年可节约汽车燃油8.6亿吨、节约4.3万亿元的燃油费用、减少二氧化碳排放25.8亿吨。

七、JD模式消除了将人与汽车对立起来的错误观点

早在1961年，雅各布斯在《美国大城市的死与生》一书中就强调“人与汽车本

不该处于战争状态，不应该把城市的问题归罪于汽车”。显然，这个观点是正确的。

但是，近年来却有人提出“谁是城市的主人？”的问题。似乎不限制小汽车，人就不再是城市的主人；似乎不限制小汽车的购买和使用，以汽车为中心的城市，就不可能改造为以人为本的城市；似乎不限制小汽车就是以车为中心，就不符合以人为本。

汽车文明是人类文明成果中非常珍贵的一部分，对小汽车的需求，是人性的一部分，任何限制小汽车的政策都不甚得人心。

现行模式城市人车混杂，城市文明与汽车文明不相容，才出现了人与汽车的“战争状态”，而不在于汽车的多少。JD 模式城市人车完全分离，城市文明与汽车文明完全相容，小汽车的存在不会对人构成伤害，完全不需要限制小汽车，市民可以同时享受城市文明与汽车文明，这是在更高层次上实现以人为本。

因此，推广 JD 模式，会消除将人与汽车对立起来的错误观点。

八、蔓延或紧缩的动因及市区扩散力与内聚力的平衡

城市市区蔓延，是因为存在着蔓延的动因，只要这个动因不除，蔓延就会自发地发生，这种现象称为自发蔓延。

只要消除蔓延的动因，而代之以紧缩的动因，市区紧缩会自发地发生，这种现象称为自发紧缩。

城市市区或是蔓延，或是紧缩，是城市建设中社会各方（政府、开发商、购房者等）博弈的结果，政府用政策控制的效果很有限。

现行模式城市，博弈的结果是产生蔓延的动因，扩散力大于内聚力，市区自发蔓延，直到蔓延至扩散力与内聚力达到新的平衡，蔓延才会终止。当汽车达饱和保有量时，市区蔓延至人均占地为 300 平方米左右，扩散力与内聚力才能实现新的平衡。

JD 模式城市，博弈的结果是产生紧缩的动因，使内聚力大于扩散力，市区自发紧缩，直到紧缩至内聚力与扩散力达到新的平衡，紧缩才会终止，此时市区人均占地仅为 20 平方米左右。

九、城市模式学理论消除了传统城市建设理论的三块短板

传统城市建设理论“木桶”上，存在着三块短板：

短板之一是，无人研究市区土地三维空间的结构规律，只在城市平面布局上做文章。关于平面布局的集中派与分散派的争论，至今难分伯仲。例如，以同济大学名义发表的文章中称“任何城市的发展，都是分散与集中相互对抗所形成的暂时平衡状态”。显然，居住在处于暂时平衡状态的城市中，不会有好日子过。

短板之二是，无人研究市区土地三维空间与交通方式的组合规律。虽然早在1933年的《雅典宪章》中就指出，城市设计不能只着眼于“长”和“宽”两个维度，也应关注“高”的维度。但勒·柯布西埃所起草的《雅典宪章》中“高”的含义，只停留在“光辉城市”中人住在高楼中的层面，远没有认识到要实现市区三维空间利用的有序化。在那以后，并没有人对城市整个市区的三维空间深入研究，交通问题发生后，长期“水多了加面、面多了加水”被动地应对，形成了市区三维空间利用的严重无序化，从而导致土地资源利用的极端粗放化。例如：① 市区平均约500多平方米的土地上，才有1个停车位，停车岂能不难；② 中心城区地面道路机动车通行能力的利用率只有30%，交通岂能不堵；③ 人的户外活动空间几乎全被汽车挤占，环境岂能不恶化；④ 汽车普及反而使上下班交通时间增加2倍多，出行岂能不苦；⑤ 汽车达饱和水平后人均建设用地浪费92%、汽车车均油耗提高10倍多。在一次论坛上笔者讲了上述的数据，引起惊诧，北大研究生院、清华研究生院为此请笔者去讲过学。

短板之三是，未认识到存在着城市内在动力机制，是它决定城市状态演变的走向，或是走向不可持续发展，或是走向可持续发展。因此，未认识到改变城市状态，必须改变现行城市模式的内在动力机制，致使城市陷入了在严重蔓延中演变的百年迷局。

城市模式学消除了上述三块短板：① 重点研究了市区三维空间结构的规律，并从理论上证明了诸多城市病“诸病同源”，它们都源于市区三维空间利用的严重无序化，城市病只能一揽子地被消除，如能消除某种城市病，其他城市病也一定会同时被消除；② 深入研究了市区三维空间结构与交通的相互关系，并揭示市区三维

空间结构与多种交通方式的耦合，决定城市模式；③ 从理论上证明了存在着决定城市状态好坏的内在动力机制，现在城市的内在动力机制与JD模式城市的内在动力机制完全不同。

十、中国最迫切需要JD模式

发达国家城市之所以尚能维持运转，是因为提供了人均城市建设用地300平方米左右。而中国，要保住18亿亩耕地，只能提供人均城市建设用地70平方米左右，要使耕地恢复至19亿亩，则只能提供人均城市建设用地30平方米。

发达国家城市模式到了中国水土不服：① 中国人多地少，不能为市区蔓延提供足够的土地，虽然远未达到汽车饱和拥有水平，而市区汽车保有量密度却远远超过发达国家城市，因此，交通拥堵、停车困难、环境恶化等城市病远甚于发达国家（北京市已显露这个苗头）；② 城市发展与农业争地的矛盾日趋尖锐，耕地有下降至16亿亩的危险；③ 全国汽车保有量今后将增加约10倍，燃油供应和尾气排放都是威胁国家安全的重大问题；④ 交通拥堵导致城市限车，今后汽车产业市场空间可能被压缩3/4，影响经济发展和就业。

中国要实现科学发展，迫切需要解决上述四个方面的问题，因此，迫切需要采用JD模式。全国推广采用JD模式后，不仅耕地将恢复至19亿亩以上，而且今后全国汽车保有量再增加10倍的情况下，汽车燃油消耗和尾气排放的总量均低于目前的水平，无须依靠石油进口。

十一、城市模式不变革　人类无幸福

大量的城市已经建成，进行城市模式变革绝非易事，有人因此认为城市模式变革不现实。错！我们面临的问题不是城市模式变革的难易问题，而是不变革城市模式，人类能否继续生存的问题——目前无论是城市还是地球，资源与环境的承载能力都几近极限，气候问题、石油问题、城市病折磨的问题都已严重威胁着人类的生存，在全球城市人口和汽车保有量还将增加1倍和4倍的21世纪，如果采取绥靖主义或鸵鸟政策，城市模式再不变革，即使不会影响到人类继续生存，今后人类也绝无幸福生活可言。因此，城市模式不变革，人类无幸福。

十二、推广 JD 模式恰逢其时

无论是中国还是世界，城市的规模都还将扩大 1 倍以上，需要建设大面积的新城区，老旧城区中也有一半以上需要改造。所以，推广 JD 模式恰逢其时。

现在的城市，已经深陷不可持续发展的泥坑。推广 JD 模式总要费点力气，但所费的是从泥坑中爬出来的力气，之后就好了。

十三、城市模式学是对传统城市建设理论的继承和发展

城市模式学，是以中国哲学的整体论思想为指导，在学习传统城市建设理论的基础上，运用系统论和博弈论的基本理念，综合传统城市建设理论各学科中的相关研究成果，并深入研究城市演变规律、分析 20 种城市病产生的机理和消除的机理、研究并揭示城市交通的 14 条内在规律、研究城市空间结构与交通方式的相互关系、研究并揭示了城市可持续发展的全部约束条件、研究城市模式的生成规律和优选最优城市模式的方法等，从而逐步形成的综合性新学科。它是对传统城市建设理论的继承和发展。

第七章

本书理论解决的是经济发展中两个深层次问题之一

本章提要

一、两个基本概念 // 158

二、消除市场经济内在运行机制中的缺陷（即消除“非合作博弈市场竞争”）从而消除市场经济的“内生弊端”// 158

三、摒弃不适应汽车时代的现行城市模式　采用简称为 JD 模式的最优城市模式　消除制约经济发展的“外生约束”// 162

为了说明本书理论所解决的问题是社会经济发展中两个深层次问题之一，彰显本书所讨论问题对经济发展的重要作用，本章采用了笔者以前所写的一篇文章《经济发展两个深层次问题之解决——消除内生弊端和外生约束》。同时，采用这篇文章，也是从不同的视角说明本书所讨论的问题。

需要说明的是，由于这篇文章是在几年前写的，其中有些估算性的数据，与本书其他章中的数据略有出入，但这并不会影响对相关问题的说明，所以未做修改。

当然，能借这本书的出版，将笔者几十年来对经济发展深层次问题之思考所形成的新观点贡献给社会，也是在本章中采用这篇文章的重要原因。

这篇文章中所述的两个深层次问题是世界性的，有关人士可能与境外人士讨论这两个问题。为便于这方面的讨论，笔者将这篇文章的英文稿放在附录中。

经济发展中产生的灾难性弊端和诸多约束，已困扰社会达百余年，且困扰日趋严重，这是经济发展深层次问题。笔者从新视角观察研究所述问题的产生原因，并初步给出解决办法。

一、两个基本概念

“内生弊端”：经济发展中，日趋严重的贫富悬殊、环境污染、经济动荡、贸易摩擦等会使世界陷入灾难的弊端，这些是由“非合作博弈市场竞争”这个市场经济内在运行机制产生的缺陷，故称作“内生弊端”。“内生弊端”是经济发展深层次问题。

“外生约束”：城镇化和汽车化过程中，浪费耕地、投资、能源的现象日趋严重，并且巨量碳排放等会使发展陷入困境，这些问题源于尚处于经济学视野之外的城市模式抉择错误（城市模式不适应汽车时代），故称作“外生约束”。“外生约束”是经济发展深层次问题。

“内生弊端”和“外生约束”是笔者研究中形成的新概念，其中明确了所述弊端和约束产生的源头，迈出了解决问题的第一步。

二、消除市场经济内在运行机制中的缺陷（即消除“非合作博弈市场竞争”）从而消除市场经济的“内生弊端”

（一）构筑合作共赢的市场经济已是当务之急

在人类已“全面占领地球”的今天，在地球已受到全面污染的今天，在气候变暖已成为严重威胁的今天，在现存的核武器已足够毁灭地球家园数十次的今天，在人工智能受商业利益和各国争胜意图所左右而可能走上毁灭人类文明之路（如霍金所预言）的今天，在贸易摩擦可能带来世界性灾难的今天，人类社会已经走到若不合作共赢构建人类命运共同体就会滑入万劫不复深渊的“临界点”——遵循合作共赢构建人类命运共同体的思想，从来没有像现在这样迫切！

社会之所以走到了上述的“临界点”，归根到底，是多年来非合作博弈市场竞争的结果。博弈论揭示的深刻理念是“非合作博弈中个体理性会导致群体非理性”。

关于市场经济弊端的克服，已经有很多可作为政策依据的效果很好的经济理论。笔者认为，还应该从一个全新的视角，从优化市场经济内在运行机制的方面，着手解决问题。

市场经济内在运行机制是市场竞争，这有两种：非合作博弈市场竞争；合作博弈市场竞争。非合作博弈市场竞争可以看作市场经济内在运行机制中的缺陷，因为它既是有害的，也是可以消除的。遵守合作共赢博弈规则的合作博弈市场竞争，可以克服“非合作博弈中个体理性会导致群体非理性”的弊端。例如：遵守休渔期和网眼尺寸规定的合作博弈规则，渔民之间的竞争由非合作博弈转变为合作博弈，避免渔业资源减少，实现合作共赢；遵守圈养制的合作博弈规则，保护牧草资源，牧民之间的竞争实现合作共赢。当然，为市场竞争的方方面面制定合作博弈规则，是很复杂的事情，充分完善之可能是世纪工程，但这是在已有经济理论的基础上彻底消除“内生弊端”的必由之路，是市场经济进入和谐发展新纪元的必由之路。

（二）市场经济分为两种

1. 非合作型市场经济

非合作型市场经济，是内在运行机制为非合作博弈市场竞争的市场经济，它受资本逐利性的支配，必然形成“资本利益高于社会利益的局面”（并因而形成拜金主义价值观、滋生贪腐）。从这个基本属性上看，非合作型市场经济是资本主义市场经济。

托马斯·皮凯蒂的《21世纪资本论》揭示，绝大多数国家贫富差距在持续扩大。此不争事实表明，非合作型市场经济确已形成“资本利益高于社会利益的局面”！这个局面意味着灾难，仅就经济活动的负外部性而言，其所造成的威胁人类生存的气候问题、生态环境恶化问题（2018年9月22日美国《新闻周刊》网报道“2050年全球垃圾或达到34亿吨”）、海洋污染问题（2018年5月联合国秘书长的报告称“长此以往，2050年海洋中的塑料垃圾重量将等于鱼类的重量”）等，令人不寒而栗，世界正在悄然地逐渐滑入人类难以生存的困境！

2. 合作型市场经济

合作型市场经济，是内在运行机制为合作博弈市场竞争的市场经济，市场竞争遵守社会各相关方合作共赢的合作博弈规则，必然形成“社会利益高于资本利益的局面”（并因而形成社会主义价值观，崇尚诚实劳动，不滋生贪腐）。从这个基本属性上看，合作型市场经济是社会主义市场经济。

极而言之，为避免非合作博弈市场竞争产生灾难性后果，制定并推行市场竞争的合作博弈规则，从而塑造合作型市场经济，应是各国政府在经济领域的基本职责。这至少包括以下诸方面：在关乎人类生存条件可能极端恶化的垃圾问题上，治本之策是从根本上改变家庭垃圾量与日俱增的局面，为此需要各国国内和国际上制定相关的合作博弈规则，以强制采用包装材料最少且包装品可回收或可循环使用的包装方式，实现快递包装物（数量已达天文数字，且仍在爆炸性增长）的循环使用，实现鸡鸭鱼肉、蔬菜等食品原料无厨余化的半成品供应，实现日常购物袋的无垃圾化。在缩小贫富差距方面，制定适当的政策，对于豪富和富人的消费品（例如住房、汽车、高档奢侈品等）征收不同程度的消费税；并为低收入阶层提供足够数量的安居房，同时，实行以诚实劳动为前提的负所得税制度，从而实现劳动者双重身份（劳动力提供者身份和消费支撑者身份）的平衡，以最大限度地实现全社会的供需平衡；此外，还建立这样的制度，富人可以向国家贡献重金换取其子、孙、曾孙三代人的不同等级生活保障，并换取荣誉身份。在实体经济与虚拟经济的平衡方面，推行实体经济所得税远低于虚拟经济所得税的政策，以提高实体经济对资本的吸引力，从根本上消除资本“脱实向虚”的动因，对“脱实向虚”釜底抽薪。在证券市场方面，制定适当的合作博弈规则（例如，T+10 或其他），将以投机为主旋律改变为以投资为主旋律，使股民成为价值投资者、大部分人能赚到钱，从而使民间资金既为企业发展服务又能提高社会购买力，彻底扭转证券市场扩大贫富差距的局面，并避免股市崩盘导致经济低迷或引发经济危机。在确保经济有序化高效运转方面，由于在经济方面政府与市场是共生关系（同样需要合作博弈规则），为了使政府充分且有效地发挥其经济管理职能，应该建立由社会评价的公务员重奖制度和淘汰制度，以彻底消除懒政怠政现象，并吸引更多的优秀人才进入政府。在气候保护方面，建立确保全球平均气温不升高的全球人均碳排放量标准，并建立气候保护基金（用于降低全球碳排放），凡超过所述标准的国家，均应按所超过的数值向所述基金交纳适当的费用。在国际经济关系方面，经济学界要使各国政府接受合作型市场经济理论，在此理论基础上改革和完善 WTO，并建立协调各国货币政策的国际机构（以避免发生周期性危机），实现各国在经济上合作共赢。

纵观我国深化经济体制改革的走向，正是遵循“合作共赢”思想，逐步塑造完善的合作型市场经济。

（三）合作型市场经济必将取代非合作型市场经济

非合作型市场经济产生的诸多灾难性弊端，必然推动变革，虽然变革的过程会有反复和曲折，但合作型市场经济终将取代非合作型市场经济。放眼历史长河，非合作型市场经济只是“短暂”的存在，合作型市场经济才是长远存在的市场经济，是成熟的市场经济。

是否可以说，“合作型市场经济制度”回答了经济学诺奖得主约瑟夫·斯蒂格利茨“究竟何种经济系统能给人类带来最大的福祉？”之问。非合作型市场经济中市场竞争的非合作博弈必然导致政治上的非合作博弈，且最终会导致战争，而合作型市场经济则不然，它不会导致战争，是世界和平的经济基础，没有这个经济基础世界不可能安宁，同时，它不会产生危害社会的“内生弊端”，会形成“社会利益高于资本利益的局面”，因而，合作型市场经济制度给人类带来最大的福祉。

特别说明：以上关于合作型市场经济的理论还是初步的，对于塑造合作型市场经济的实践来说远远不够。期望所述理论能起到抛砖引玉作用，引起经济学界对这方面研究的重视，共同研究之，形成完善的理论，以早日消除危害经济发展的“内生弊端”，逐步建立能为人类带来最大福祉的合作型市场经济制度。社会若能如此发展，笔者的心愿足矣。

三、摒弃不适应汽车时代的现行城市模式　采用简称为JD模式的最优城市模式　消除制约经济发展的“外生约束”

以下从技术经济学角度进行讨论。

（一）消除“外生约束”必须澄清的认识问题

1902年以来产生了“田园城市”“光辉城市”“广亩城市”“立体城市”“快速公交”“哥本哈根公交导向方式”“新城市主义”“精明增长城市”等解决城市病问题的方案。但这些方案均未能突破“城区地面上人与汽车交通并存”的思维定式，实质上仍采用现行城市模式，因而都未能消除城市病，无助于消除“外生约束”。

（二）采用现行城市模式产生的“外生约束”极为严重

1. 浪费大量耕地与投资

我国人均城建用地1980年为26平方米，2014年已蔓延至145平方米（国土资源部数据）。这个145平方米，与后文介绍的JD模式人均城建用地20平方米相比，城建用地浪费了86%，据此，并根据《国家新型城镇化规划（2014—2020）》第一篇第二章中披露的“城镇建设用地年均增加515万亩”计算，每年浪费耕地443万亩（515万亩 ×86% = 443万亩），折合每天浪费约1.2万亩耕地。按照每平方千米城建投资7.5亿元计算，1.2万亩城建用地的城建投资为60亿元。综上，2005年至2020年的15年，城镇建设平均每天浪费约1.2万亩耕地和60亿元投资，累计浪费约6100万亩耕地和31万亿元投资，而且在4万多平方千米新增城建用地上建成的城市病严重的城市，今后还需额外花费约50万亿元、若干年才能改造出来。长此以往，城镇化全过程累计浪费约3.3亿亩耕地和165万亿元投资，且累计在20多万平方千米土地上建设的城市病严重的城市恐永难改造过来，堪称万劫不复！

在全世界，若继续采用现行城市模式，城镇化全过程城镇建设将累计约浪费18亿亩耕地和120万亿美元投资。

2. 多消耗巨量能源（可能导致能源危机）

由于采用现行城市模式，在目前，我国汽车每年多耗约 1.2 亿吨石油，全世界汽车每年多耗约 8 亿吨石油；在我国和世界汽车保有量都还将增加约 4 倍的今后，我国汽车每年多耗约 6 亿吨石油，全世界汽车每年多耗约 40 亿吨石油。

3. 增加巨量碳排放（将导致碳排放危机）

由于采用现行城市模式，根据上一条所述的汽车能耗增加，在目前，我国汽车年碳排放增加约 3.6 亿吨，全世界汽车年碳排放增加约 24 亿吨；在我国和世界汽车保有量都还将增加约 4 倍的今后，我国汽车年碳排放增加约 18 亿吨，全世界汽车年碳排放增加约 120 亿吨，将使全球年碳排放总量增加约 30%，严重威胁气候安全！

（按照目前的能源结构，如汽车全面电动化，估计“多消耗的巨量能源”与“增加的巨量碳排放”中的数据减少 30% 左右。）

（三）采用简称为 JD 模式的最优城市模式必然消除“外生约束”

1. 何谓城市模式，何谓简称为 JD 模式的最优城市模式

“城市病因汽车进入城区地面而产生，因汽车普及而加重”的城市演变史表明，汽车交通与步行、自行车交通都放在地面上的城区中“交通与空间匹配方式”，可能是城市病产生的根源。后文中将证明，城区中“交通与空间匹配方式”共有 105 种，其中确有一种完全不会产生城市病。可见，城区中“交通与空间匹配方式”是城市病有或无的决定性因素，由此引申出下述的“城市模式”概念。

定义：以“交通与空间匹配方式”为骨架的城区三维空间利用方式，称作城市模式。城市模式共有 105 种，其中能使城市最宜居、最节约资源的城市模式，称作最优城市模式。

最优城市模式的效果直观地表现为城建用地节约 90%，所以，采用“节地”两个字的汉语拼音字头“JD”命名最优城市模式，简称为节地模式或 JD 模式。“JD”按英文字母读音也无妨。

2. 采用 JD 模式，是消除“外生约束”的必由之路

JD 模式是这样创造出来的（详见关于笔者新创学科的 70 万字专著《城市模式学》）：首先，给出“城市模式生成公式”，计算出市区中 4 种交通方式（步行、自行车、小汽车、公交车）与 3 层空间（地面、地上、地下）的匹配方式，共 105 种。

$$\left(\sum_{i=1}^{4} C_4^i\right) \times \left(\sum_{i=1}^{3} C_3^i\right) = 15 \times 7 = 105$$

表 7–1　交通与空间匹配方式

交通方式	城市空间						
	地面	地上	地下	地面 + 地上	地面 + 地下	地上 + 地下	地面 + 地上 + 地下
步行	1	2	3	4	5	6	7
自行车	8	9	10	11	12	13	14
公交车	15	16	17	18	19	20	21
小汽车	22	23	24	25	26	27	28
步行 + 自行车	29	30	31	32	33	34	35
步行 + 公交车	36	37	38	39	40	41	42
步行 + 小汽车	43	44	45	46	47	48	49
自行车 + 公交车	50	51	52	53	54	55	56
自行车 + 小汽车	57	58	59	60	61	62	63
公交车 + 小汽车	64	65	66	67	68	69	70
自行车 + 公交车 + 小汽车	71	72	73	74	75	76	77
步行 + 自行车 + 小汽车	78	79	80	81	82	83	84
步行 + 公交车 + 小汽车	85	86	87	88	89	90	91
步行 + 自行车 + 公交车	92	93	94	95	96	97	98
步行 + 自行车 + 公交车 + 小汽车	99	100	101	102	103	104	105

以 105 种“交通与空间匹配方式”作为骨架，可构成 105 种城市模式。表中的 99 号构成现行城市模式，102 号构成 JD 模式。

从105种城市模式中，以消除所有城市病必须满足的33个约束条件（详见专著《城市模式学》）为筛选尺度，筛选出的最优城市模式，即JD模式。筛选过程表明：①JD模式满足所有的33个约束条件，所以能消除所有城市病；②JD模式是105种城市模式中唯一能够消除所有城市病的城市模式。

综上，JD模式具有最优性，采用它建设新城区和改造老城区今后不会再改来改去劳民伤财，将一劳永逸，同时，JD模式是唯一能消除所有城市病的城市模式，采用它是消除“外生约束”的必由之路。

3. JD模式结构简洁，便于施工，节约投资

JD模式结构特点是，人与汽车在空间上完全分离，人在上层、车在下层，各得其所，互不干扰。

JD模式具体结构的说明：①城区地面上搭建高约6.5米、面积约为城区地面面积60%的架空平台；另外约40%没有搭建架空平台的城区地面，是分散在各个街区中的地面花园；每个街区皆有大面积的地面花园，其中可设体育场馆和游泳池。②架空平台下方的地面专供汽车行驶和停放；地面机动车道路上没有行人和自行车，交叉路口设简单立交桥，取消全部红绿灯，道路机动车通行能力约为现在城市的5倍；地面停车库面积很大，停车位密度约为现在城市的15倍。③架空平台的上面布置建筑物、步行和自行车道路、平台花园，平台花园中有水景和亭台连廊等建筑小品，建筑物基础坐落在架空平台下面的地面。④平台花园和地面花园共同使城区绿化覆盖率达60%。⑤在架空平台的适当位置，设置与地面相连的供消防车上下的坡道；架空平台上步行、自行车道路的干路兼做消防车通道和应急汽车道。（JD模式结构、效果和专家评价的视频可使用手机扫描扉页二维码观看。）

4. 试点实践已证明，JD模式彻底消除“外生约束”

国土资源部2005年举办“节约集约利用土地市长研讨班”推广JD模式。在国土资源部推动下，长沙市进行了JD模式试点。试点片区“湘江世纪城”占地面积1.1平方千米，总建筑面积400万平方米，入住人口6万多人，人均城建用地18平方米。

试点片区虽然面积较小，未能充分展现JD模式的交通网络，但展现了JD模式的基本结构，作为理论的实践支点，已能证明JD模式的效果。

试点实践表明，JD模式具有如下效果：①整个城区户外空间无汽车，是绿化覆盖率60%的大花园，人居环境彻底改善。②人与汽车的交通不在一个平面上，机动车想撞行人和自行车也撞不上，绿色出行安全。③道路机动车通行能力提高至原来的约5倍，无交通拥堵。④停车位数量增加约15倍，无停车困难。⑤由于以上四项消除了市区低密度蔓延的动因，实现紧凑集约，人均城建用地约20平方米（约为目前我国人均城建用地的1/8、美国人均城建用地的1/16），城建用地节约90%。⑥与城建用地的节约同步，城建投资节约90%。⑦城区地面标高至少提高6.5米，抗洪涝能力强。⑧由于紧凑集约使出行距离缩短为现在城市的约1/3，绿色出行安全且全过程遮阳防雨，所以绿色出行成为首选。⑨交通时间节约70%以上。⑩绿色出行成为首选使自驾车出行频率降低约1/2、出行距离缩短为现在城市的约1/3、汽车全程连续行驶且无交通拥堵使百公里油耗降低约1/2，三者综合的效果是1/2×1/3×1/2=1/12，即城区中汽车车均节能减排90%以上。即使汽车全部电动化，只要是消耗化石能源，汽车节能减排同样重要。

根据试点实践验证过的效果推断：我国推广JD模式，城镇化全过程累计约节约3.3亿亩耕地和165万亿元投资，对进口石油的依存度至少降低一半，碳排放总量约降低30%；全球推广JD模式，城镇化全过程累计约节约18亿亩耕地和120万亿美元投资，同时，全球年总能耗和总碳排放将减少30%左右。如此，将彻底消除“外生约束”。

5. 我国若2005年起采用JD模式，如今已基本消除“外生约束”

国土资源部2005年起推广JD模式，2012年时任国土资源部副部长胡存智还在国家行政学院“省部级干部城镇化专题研讨班”授课中讲解了JD模式试点成功情况。若自2005年起采用JD模式，则如今我国已基本消除城市病，基本消除源于城市病的“外生约束”，成为城市可持续发展的示范，为世界的可持续发展作出贡献。

显然，我国城镇建设本该自2005年起采用JD模式，却始终固守现行城市模式，错失了在大规模城市病爆发之前、在城镇建设大量占用耕地之前、在尚未形成大量不可持续发展城市之前进行城市模式变革的机遇期。

6. 采用 JD 模式从根本上建立房地产市场平稳健康发展长效机制

日本和美国的房地产业都曾导致过经济的重大动荡，其他国家也不同程度地存在着这个问题。这个问题也在困扰我国经济的运行。

房价高企和大幅波动的问题，源于城市病，是技术经济问题，仅着眼于政策方面，此问题不能真正解决。解决这个问题的具体办法是：进行采用 JD 模式的城市模式变革，以逐渐消除房价高企的始作俑者“交通拥堵＋市区蔓延＋住宅用地供不应求＋土地财政”，并在老城区二次开发出大量土地资源，使就近地段的住宅用地必要时可供大于求，从而使政府有条件采取差别性的土地供应政策和税收政策，形成对应于购买力高、中、低的“房价很高的豪宅市场、房价较高的大户型住宅市场、房价较低的普通住房市场”等三个平行的房地产市场。如此既可避免高房价硬着陆而产生金融风险，又避免政府减少财政收入，也是在缩小贫富差距方面效果最显著的二次分配办法。

采用上述的具体办法，解决了普通住房房价高企问题，从而消除已成为严重社会问题的制约人口出生率的硬约束；又因能消除房地产市场的投机和暴利，而逐步解决房地产业贷款占比过大问题。

7. 汽车达到饱和保有量后，现行城市模式“人均城建用地约 250 平方米”，JD 模式“人均城建用地约 20 平方米”，前者是后者的 12.5 倍

能完全消除城市病的 JD 模式必然是“人均城建用地约 20 平方米”，使城区回归无城市病时代的集约化程度——这有事实为证：①城市病很轻的 1980 年（城镇建成区面积约 5000 平方千米，城镇人口 1.914 亿），人均城建用地 26 平方米；显然，若完全消除城市病，人均城建用地会小于 26 平方米。② JD 模式试点街区，实际人均城建用地 18 平方米，且由于在汽车达饱和保有量后也不会发生交通拥堵和停车困难，所以今后不会发生低密度蔓延。

现行城市模式的本性是大量浪费土地，其城区面积不是由人口规模决定，而是由汽车保有量所决定，其规律是“市区面积≈汽车保有量 ×500 平方米”——只要用建

成区面积除以建成区的停车位数量，就会发现各大城市基本如此，即汽车保有量每增加一辆，城区面积平均会蔓延500平方米左右。

根据世界银行对52个国家和地区调查的结果，汽车饱和保有量平均约为人均0.5辆。据此，并根据上一段所述的“……500平方米”可知，汽车达饱和保有量后，现行模式城市“人均城建用地约250平方米”，而JD模式城市“人均城建用地约20平方米”。前者是后者的12.5倍（2019年我国城市人均城建用地约为JD模式的8倍）。这表明，与采用现行城市模式相比，采用JD模式必然产生城建用地和城建投资节约90%、城区中汽车节能减排90%的效果，因而，必然会消除“外生约束”。

8. 采用JD模式改造老城区，使GDP年增4万亿元

估算表明，若推广JD模式，在我国，推广期间每年的老城区改造及改造中多建约1200万个停车位的停车位供给侧改革（要消除停车困难，舍此别无他途），使GDP年增约4万亿元。采用JD模式改造老城区也是消除城市病的必由之路。关于采用JD模式改造老城区的可行性，在JD模式试点实践中已得到验证。

9. 目前处于城市模式变革的时间窗口，一旦错过，“外生约束”恐永难消除

首先，城镇化所产生的严重不可持续发展问题，实际上都是汽车化（汽车的普及）带来的，如果没有汽车，这些问题不会产生。

其次，21世纪是全球城镇化和汽车化同步推进的世纪，在社会经济发展的特定阶段，城镇化与汽车化是“孪生兄弟”，汽车化是发展的必然。因而，继续沿用不适应汽车时代的现行城市模式，“外生约束”必然日趋严重。采用不适应汽车时代的现行城市模式，发展下去，还终将制约汽车产业的发展。

再次，幸好目前我国和世界的汽车保有量仅为饱和保有量的1/5略多，推广采用JD模式的城市模式变革还来得及，这是不容错过的时间窗口。如不认识到这一点，不尽早进行推广JD模式的城市模式变革，在汽车保有量还约增加3—4倍的今后，城市模式变革恐将永难进行，“外生约束”将日趋严重且再无法消除，堪称万劫不复！

（四）JD 模式的科学性获广泛认同

北大、清华、同济、浙大、节约集约用地市长研讨班、世界工程师大会、上海世博会论坛、展望城镇化中美论坛等，均邀笔者就 JD 模式做过学术报告。

国务院发展研究中心、国土资源部的相关部门召开两次 JD 模式高层研讨会，会议纪要均建议试点后推广。我国工程院书面表示“JD 模式可在一定条件下加以实践”。

（五）JD 模式处于世界领先水平

放眼世界，在上海世博会筹备会议上，国际展览局向各国呼吁“面对 21 世纪的诸多挑战，我们别无选择，必须创造出城市新模式，这是上海世博会的使命之一”。然而，JD 模式是上海世博会展出的唯一的城市新模式，其他国家未创造出来——这表明，JD 模式处于世界领先水平。

JD 模式的创新性毋庸置疑，通过了我国知识产权局的严格审查，获 13 项国家发明专利。

（六）就生态环境、城市病和“外生约束”而言　城市模式不变革人类无幸福　推广 JD 模式将缔造地球人新生活

21 世纪是全球城镇化和汽车化的世纪，若始终固守现行城市模式，将世世代代陷入城市病折磨之中，且“外生约束”和资源环境问题会使发展深陷困境，而采用 JD 模式这些问题全部可以解决。因而，就生态环境、城市病和“外生约束”而言，城市模式不变革人类无幸福，推广 JD 模式将缔造地球人新生活。

（七）笔者在尝试着创立“城市模式经济学”

如前所述，城市模式变革的时间窗口不容错过，推广 JD 模式的城市模式变革近期应会发生。为了对相关的经济学问题进行前瞻性研究，笔者以所创立的“城市模式学”为技术基础，尝试着创立技术经济学分支学科“城市模式经济学”。

初步考虑，“城市模式经济学”研究以下诸方面：

1. 城市模式与避免粮食危机的关系

2. 城市模式与生态产业的关系

3. 城市模式与金融安全的关系

4. 城市模式与能源产业的关系

5. 城市模式与碳排放的关系

6. 城市模式与房地产业的关系

7. 城市模式与城市水资源供需的关系

8. 城市模式与汽车产业的关系

9. 城市模式与无人驾驶产业的关系

10. 城市模式与物流产业的关系

11. 城市模式与城郊农业的关系

12. 城市模式与智慧城市产业的关系

13. 城市模式与商业的关系

14. 城市模式与教育产业的关系

15. 城市模式与医疗产业的关系

16. 城市模式与饮食产业的关系

17. 城市模式与地铁产业的关系

18. 城市模式与建材行业的关系

19. 城市模式与建筑行业的关系

20. 城市模式与娱乐休闲产业的关系

21. 城市模式与经济运行效率的关系

22. 城市模式与城区产业布局的关系

23. 城市模式与城市群产业布局的关系

24. 城市模式与避免城市内涝而影响经济运行的关系

25. 城市模式与劳动力技能更新的关系

本文从新视角，即从市场经济内在运行机制的视角，研究市场经济产生的弊端；并从尚处于经济学视野之外的关于城市模式抉择的技术经济学视角，研究城市化和汽车化过程中产生的制约经济发展的资源资金环境约束。笔者深信，若获经济学界指导和支持，社会致力于消除“内生弊端”和“外生约束”，并充分发挥既有经济理论和政策的作用，则经济发展可望面貌一新，逐渐进入平稳和谐发展新纪元。

视频《节地节资 90% 且无城市病的 JD 模式城市》的链接地址如下：

http://v.youku.com/v_show/id_XMTMzMTI2ODE2OA==.html?from=y1.7-1.2。

附 录

提要

附录一　长沙市政府专家咨询意见表 // 175

附录二　城市规划设计收费标准 // 181

附录三　权威人士为专著《城市模式学》写的序 // 191

附录四　2004 年国务院发展研究中心等部门召开的 JD 模式研讨会纪要和专家发言摘要 // 215

附录五　2005 年国务院发展研究中心等部门召开的 JD 模式研讨会纪要和专家发言摘要 // 225

附录六　当代经济发展两个深层次问题之解决（英文稿）// 233

附录一
长沙市政府专家咨询意见表

新河三角洲修建性详细规划
专家咨询意见表

会议时间	2005 年 9 月 29 日	主持人	周江

咨询意见：

刚才去现场看了地形，现在又听了这个方案的介绍，有几点想法，供参考。

一、滨江地区的开发是我国许多城市面临的现实问题。

城市防洪标准的提高，带来一个地形标高冲突的问题。过去，城市的防洪标准低，城市、防洪堤与江水的关系比较和谐，但有安全隐患。防洪标准提高后，防洪大堤就阻隔了城市的亲水性。

为了解决这个问题，一般的做法有两种：一是将堤内的标高填高，以确保城市的安全。但却需要大量的填方，并且造成城市特色的消失，使滨江地段千篇一律。二是防洪堤分隔城市活动与滨江的关系。城市临江但不滨江，所有的公共活动不向滨江开敞，而成为内向的组织模式，失去了滨江地区特有的城市生活魅力。

这个方案采取了一种创新型的规划模式。利用地形的高差特点巧妙地组织了人车分流系统。是一个巧于因借的非常好的方案。如果设计到位，可以起到化腐朽为神奇的功效。

二、从回应当前形势看，该方案所倡导的城市开发模式，符合紧凑节约型城市的原则。

我国当前既面临着快速城市化的机遇，也遭遇着资源环境的瓶颈约束，特别是人多地少的矛盾在城市建设中十分尖锐。如果人均建设用地指标过低，则城市环境达不到应有的标准。如果人均建设用地指标过高，则又超出了土地资源的供给能力。

因此，探讨节约型、紧凑型的城市模式，是今后一个时期规划设计的主要方向。

从城市环境角度看，汽车交通对城市的冲击最为明显，特别是在高强度开发的地区，机动车与停车场的密集严重损坏了城市的环境品质。

因为在平面上，交通设施和绿化空间是此消彼长的关系。

最典型的莫过于美国的洛杉矶，那里道路、立交桥、停车场等交通设施，占去了城市总用地的一半以上。整个城市便成了汽车的世界。城市环境品质无从谈起。

因此，解决人的需求，人的活动，人的心理感受和小汽车之间的矛盾，是规划设计的永恒主题之一。

我们知道汽车是经济社会发展的产物。它给人带来舒适、便捷和效率。我们不可能对它采取简单的排斥态度。但同时，它也给城市造成了伤害。因为它切割了活生生的城市机体。损害了城市的环境品质和人性空间，使城市失去了街道生活，变得枯燥乏味。

如何既追求效率也追求情趣。一般的作法是城市人车分流系统。有三种分流的模式。第一种模式是在二维平面上分别组织人行系统和车行系统。一般城市大多采用这种模式，但效果不明显。在交叉口附近的干扰和冲突很大，更重要的是配合车行系统和人行系统的土地开发模式是不同的。由于汽车行驶速度快，在汽车上观察和体验一个城市是不可能关注细部，也一定会忽视细节的。它要的是宏大、气派、简捷。这就是在追求效率优先的时代，我们的城市的一个普遍图景：马路越来越宽、广场越来越大、建筑越来越高，而生活却越来越乏味。

第二种模式是三维空间上的人车分离系统。就是在不同的标高层分别安排人车交通系统。这种模式在国内还没有大规模实践的先例。因为它需要有一定的条件才可能成功。但在局部地段已经有过成功的尝试。比如说北京海淀区的万泉新新家园，就采取了完全的人车分流系统，整个小区的车行系统安排在地下，地面层全部用来布置绿化环境、步行、交往空间。大大提升了该小区的环境品质和安全性，受到住户的欢迎。这使得其每平方米售价高于周边几千元。

第三种模式是四维时间上的分离。一般运用于一些特殊地段。比如上海的南京路，在变成完全的步行街之前，曾经采用过这种模式。白天南京路人车混行，到了晚上五点，南京路全段封闭，禁止机动车通行，改为步行街。

长沙三角洲地区设计的是第二种模式。它是创造性地利用自然地形条件来解决人车矛盾的。如果开发成功，不仅对于长沙，而且对于全国来说，也具有先导意义。

三、人车分流系统的前提条件。

要成功地组织好人车分流系统，需要一定的前提条件。

首先是规模适度。人的步行适宜范围是八百到一千米。超过这个范围效果就要打折扣。这就是我们很少能见到更大区域的完全步行区的原因所在。长沙三角洲的用地范围符合这个条件。

其次是区位。1985 年，深圳特区规划之初，也曾尝试过设计人车分流系统。但考虑到当时的技术水平和管理水平，这一设想被认为不太切合实际而放弃了。后来又选择在深圳的福田中心区大约 4 平方千米的范围内设计人车分流系统。制定几轮方案以后，最终还是放弃了。原因在于福田中心区是深圳的核心区域，它除了要解决自身的交通需求以外，还连接着城市从东西南北进入的大量的通过式交通。这使得该区域的交通问题极为复杂。

因此对区位的要求就是组织人车分流系统的区域应该相对独立，位于城市的边缘地带。它主要是解决好内部的交通问题，并且与外部有便捷的联系。尽量避免有过多的通过式交通。

长沙三角洲位于市区北部，其东侧南侧临近城市干道，是该区与城市连接的主要方向。北部濒临浏阳河，西侧紧靠湘江，跨江交通极少。可以视为城市的边缘地带。因此它符合组织好人车分流系统的区位要求。

四、根据该地段的用地规模和 400 多万平方米的建筑总量，可以预料要成功开发好该项目需要市政府、市场和全社会的共同努力。

对政府来说有三个工作需要做好。一是深化完善好规划设计方案。从技术角度看，巧妙的构思只是成功的开端，在随后的方案深化中，还可能会遇到一系列的技术问题。但是与上海浦东，北京 CBD 等大型建设项目相比，该项目不应该存在难以逾越的技术障碍。

政府需要通过细致的工作，利用全国各地的技术和经验，把前期工作做到位。需要指出的是，下一阶段应该着手编制该地段的城市设计，旨在提供一个合理的控制引导型的框架。

因为 400 多万平方米的建筑，将会由多家开发单位来完成。一方面具体的开发产品不是现在就能够完全确定的。开发商会根据当时的市场需求来定位他们的产品。所以，应该留有一定的弹性。另一方面，由于该地段实行人车分流系统。无论是地下的车行系统，还是地面层的步行系统都要求各个项目之间无缝衔接，这个衔接的标准、准则需要政府通过城市设计提前给出，让各家开发单位严格遵循，才能让这两套系统平滑运行。

这方面香港的经验值得借鉴。香港是开发强度很高的地区，密集的高楼之间，地上地下完全连通成一个整体。大大提高了土地和建筑的使用效率。他们就是按照城市设计的准则来行事的。

有了这些地上地下联通的要求，和对室外环境的设计，不管建筑建成的时间先后，都必须预先留好接口。

第二件工作就是政府必须建设好该地段的公共设施和社会服务设施，这是政府的职责所在，不应交给开发商。

这些设施包括：市政基础设施，公共交通设施，文化、医疗、体育设施等。北京的经验教训表明，如果将这些设施交由开发商去承接，最终必然不了了之，或者大打折扣，引发一系列的社会矛盾。

第三就是要广泛宣传、推介，广泛征求市民的意见。应该说人车在空间上分离的模式在国内还不多见。居民能否接受这种新的生活模式还不好简单下定论。所以，宣传引导必不可少。要向消费者介绍这种模式的优点：为什么我们选择了这样的一种开发模式？从以人为本的角度看，它给我们的生活带来哪些变化？它是否是一个合理的方向？等等。

通过与现有模式的对比，长沙的市民会做出正确的选择的。

我们知道，长沙是个生活气息很浓厚的城市。但是长沙的小汽车也在快速增长中，堵车的烦恼一天比一天多，停车的烦恼更加苦不堪言。这与该地段的开发模式刚好形成一个强烈的对比，应该具有比较大的吸引力。

更为关键的是该模式能够大量节约土地。在相对高强度开发的同时，能够提供高达百分之五十以上的绿化空间，并且能够创造出安全舒适、人性化的户外活动场所。这是我国城市发展的一个方向。

五、几个具体问题。

（一）建筑高度如何确定？

一般来说，确定建筑高度要考虑几个方面因素。

一是上一层次规划的控制要求。比如说历史文化保护区的控制，对周边建筑有限高规定。城市的视廊，文物古迹、风景名胜等对相关建筑有一定约束要求。

二是周边建筑群体和环境对建筑的影响。从景观设计的角度看，需要一个和谐的关系。

三是该地段的基础设施对该地段的支撑能力。

四是投资收益的考虑。从该项目来看，可能市政基础设施和道路交通的支撑能力是最为主要的因素。

该方案功能组织合理、空间形态有序、建筑高度的控制较为合理，有利于体现滨水地区特质。如由低至高向江开敞的梯级布局形态，180—240米高的标志性建筑之挺拔与“两馆一厅”的水平舒展形成对比，各具特色，使其轴线空间颇具感染力，且其仰视角度小于30度，能给人带来舒适、开阔的视觉感受。

（二）绿化如何考虑？

架空平台的一个不足之处就是不利于高大乔木的生长。使区内绿化仅限于灌木、花卉，草坪。为了克服这一不足，方案预留了百分之三十的覆土层，可以较好地解决高大乔木的种植问题。建议成片种植一些颇有乡土气息的小树林以体现本地区的生态特色。

（三）能否建一个标志性的塔？

建标志性的高塔无非是想获得一个清晰明了的地标。但是建塔并不是获得地标的最佳选择。因为该地段如果能够成功地实施人车分流模式，本身就是一个独一无二的特点。不需要通过一座塔来对外界昭示其形象。

其次，该地段高层林立。在一片高层当中，如果高塔不是很高也显不出来。如果很高，功能上又不好安排。仅仅为了形象需要而耗费巨资，建塔很可能得不偿失。

最后，作为张扬时代精神的高塔已经不再是最好的选择了。1999 年北京曾有人动议，要建一个跨世纪的拱形大门，表示我们跨入新世纪，并以巴黎的埃菲尔铁塔做类比。

但是专家们都不同意，因为时代不同了。埃菲尔铁塔是工业革命时代的产物，它体现了技术至上的文化理念，符合当时的时代潮流和精神文化追求。而人类跨入二十一世纪，关注的已远远不只是技术的力量。如果我们沿用十八世纪的主题来表达二十一世纪的心声，就有可能沦为别人的笑柄。

签名：杨保军

2005 年 9 月 29 日

附录二
城市规划设计收费标准

中国城市规划协会文件

（2004）中规协秘字第 022 号

关于发布城市规划设计计费
指导意见的通知

中国城市规划协会会员单位：

为加强城市规划设计行业的管理，约束不合理收费和制止不公平价格竞争，促进城市规划设计水平的提高，中国城市规划协会研究制定了《城市规划设计计费指导意见》，现发至各会员单位，作为城市规划设计单位计算和收取规划设计费的参考依据。

附：《城市规划设计计费指导意见》

中国城市规划协会

二〇〇四年六月一日

《城市规划设计计费指导意见》说明

一、2001 年国家计委《关于放开和下放部分商品和服务价格的通知》（计价格[2001] 1218 号）中取消了 1993 年由建设部、国家物价局联合颁布的《城市规划设计收费标准》，放开了规划设计市场。为了规范规划设计市场计费，中国城市规划协会在全国范围内进行调查研究，制定了《城市规划设计计费指导意见》（以下简称《意见》）。本《意见》可作为城市规划设计单位收取规划设计计费的参考依据。

二、参照本《意见》计算规划设计费时，可根据项目难易程度、地区差异、规划设计单位的资质等级等情况，乘以 0.8~1.5 的调整系数。

三、外资和中外合资建设项目也可参照国际城市规划计费方法或标准，由委托方和被委托方协商确定。

四、本《意见》所提出的各项计费基于建设部颁布的《城市规划编制办法》及相关规定对规划设计内容、深度的要求而制定，如果委托方要求增加或减少内容、深度，计费应相应增减。

五、规划设计所需要的基础资料及地形图（含电子文件），应由委托方提供。如需要由规划设计单位承担调查收集基础资料工作，委托方应支付相应费用。

六、规划设计单位应向委托方提供初步方案（含论证材料）15 套，规划文本 6 套，彩色图纸一套。如委托方要求增加份数，则应另行支付成本费。

七、规划文本电子文件及版权归规划设计单位所有。如委托方要求规划设计单位提供电子文件或版权，应支付相应费用。

八、委托方应按进度分期支付城市规划设计费。在规划设计委托合同签订后 3 日内，支付规划设计费总额的 20% 作为定金；规划设计方案确定后 3 日内，支付 40% 的规划设计费，提交全部成果时，结清全部费用。

九、本《意见》由中国城市规划协会负责解释。

一、城市总体规划

序号	城市规模（万人）	计费单价（万元 / 平方千米）	备注
1	小城市（20 以下）	3.5	包括县城
2	中等城市（20—50）	3.0	
3	大城市（50—100）	2.5	
4	特大城市（100 以上）	2.0	

注：（1）本计费中的城市分类，按照《城市规划法》所规定的特大城市、大城市、中等城市、小城市的标准区分，不含乡镇规划。

（2）表中人口规模以规划期末人口为准。

（3）城市总体规划按规划人口规模分档，并按实际规划用地面积计算规划费。

（4）本计费不含单独编制的城镇体系规划。

（5）单独编制城市总体规划纲要按总体规划设计费的 50% 计费。

（6）城市总体规划计费基价为 35 万元。

（7）在编制城市总体规划中，如需进行相关专题研究，应单独计费。计费为：特大城市 30 万元 / 个，大城市 20 万元 / 个，中等城市 15 万元 / 个，小城市 10 万元 / 个。

（8）编制城市总体规划，各阶段工作量划分比例为：现状调研阶段 30%，方案阶段 40%，成果制作阶段 30%。

（9）总体规划调研和考察费用由双方商定，委托单位组织的，费用由委托单位承担；规划设计单位自行组织的，费用由规划设计单位自行解决。

二、城市分区规划

序号	项目类别	计费单价（万元 / 平方千米）	备 注
1	新区	3.0	
2	旧城区	3.5	

注：（1）城市建成区按照旧区计费，城市新区按照新区计费。

（2）有些地区在城市建设中进行的某些类似于分区规划深度的规划，按照城市新区计费。

（3）分区规划设计计费基价为 15 万元。

（4）编制分区规划，各阶段工作量划分比例为：现状调研阶段 20%，方案阶段 50%，成果制作阶段 30%。

三、详细规划

（一）控制性详细规划

序号	项目类别	计费单价（元 / 公顷）	备 注
1	城市新区、开发区	2500	
2	城市一般地段	3000	
3	城市重点地段	3500	

注：（1）表中计费单价不含分图则，如增加分图则，计费单价分别增加 500 元 / 公顷。

（2）如增加建筑形体方案示意，则计费单价分别增加 2000 元 / 公顷。

（3）控制性详细规划设计计费基价为 10 万元。

（4）编制控制性详细规划，各阶段工作量划分比例：

①旧区：现状调研阶段 30%，方案阶段 40%，成果制作阶段 30%；如果增加分图则，工作量划分比例为：现状调研阶段 25%，方案阶段 40%，成果制作阶段 35%。

②新区：现状调研阶段 15%，方案阶段 50%，成果制作阶段 35%；如果增加分图则，工作量划分比例为：现状调研阶段 15%，方案阶段 45%，成果制作阶段 40%。

（二）修建性详细规划

1. 居住区

序号	用地规模（公顷）	计费单价（元 / 公顷）	备 注
1	3	20000	
2	3—10	15000	
3	10—20	12000	
4	20—30	10000	
5	30—50	9000	
6	50 以上	8000	

注：（1）规划设计计费基价为 5 万元。

（2）建筑单体为选型方案。如做建筑单体方案设计，则建筑方案费用另计。

（3）委托单位如果要求制作效果图、模型等，则费用另计。

（4）规划总平面方案每增加一个，委托方应增加 30% 的规划费用。

（5）委托单位如果需要进行修建性总平面设计，则增加 50% 的规划费用。

2. 城市一般地段

序号	用地规模（公顷）	计费单价（元 / 公顷）	备 注
1	3	20000	
2	3—10	18000	
3	10—20	15000	
4	20—30	12000	
5	30—50	10000	
6	50 以上	9000	

注：（1）规划设计计费基价为 5 万元。

（2）建筑单体为选型方案。如做建筑单体方案设计，则建筑方案费用另计。

（3）委托单位如果要求制作效果图、模型等，则费用另计。

（4）委托单位如果需要进行修建性总平面设计，则增加 50% 的规划费用。

3. 城市重点地段、大型公建及周围地段

序号	项目类别	计费单价（元 / 公顷）	备 注
1	城市重点地段	16000	
2	大型公建	18000	
3	主要公建及周围地段	18000	

注：（1）规划设计计费基价为 6 万元。

（2）大专院校、单位大院等按城市主要公建地段计费。

（3）建筑单体为选型方案。如做建筑单体方案设计，则建筑方案费用另计。

（4）委托单位如果要求制作效果图、模型等，则费用另计。

（5）委托单位如果需要进行修建性总平面设计，则增加 50% 的规划费用。

4. 公园、游乐场及其他园林规划

序号	用地面积（公顷）	计费单价（元 / 公顷）	备注
1	1—10	12000	
2	10—20	9000	
3	20—30	8000	
4	30—50	7000	
5	50 以上	6000	

注：（1）规划设计计费基价为 5 万元。

（2）委托单位如果要求制作效果图、模型等，则费用另计。

四、风景区规划

（一）风景区规划大纲

序号	规模（平方千米）	计费单价（元 / 平方千米）	备注
1	小于 50	5000	
2	50—100	4000	
3	100—200	3500	
4	200—500	2500	
5	500 以上	1500	

注：（1）规划设计计费基价为 15 万元。

（2）本计费为单独编制风景区规划大纲计费。

（二）风景区总体规划

序号	规模（平方千米）	计费单价（元 / 平方千米）	备注
1	小于 10	1.6	
2	10—20	1.4	
3	20—50	1.2	
4	50—100	1.0	
5	100 以上	0.8	

注：（1）规划设计计费基价为 15 万元。

（2）风景区总体规划计费已包括风景区规划大纲的工作量。

（3）风景区总体规划的面积应按实际规划用地面积计算，水面应按实际规划利用范围计算。

（三）风景区详细规划

序号	规模（公顷）	计费单价（万元/公顷）	备注
1	小于20	1.1	
2	20—50	1.0	
3	50—100	0.9	
4	100—200	0.8	
5	200以上	0.6	

注：规划设计计费基价为15万元。

五、城市近期建设规划

1. 单独编制城市近期建设规划，计费按城市总体规划计费的40%计取；如与城市总体规划同时编制，则按城市总体规划设计费的30%计取。

2. 城市近期建设规划的规划费用小于20万元时，则按20万元计费。

六、城镇体系规划

序号	规模（万人）	计费单价（万元/万人）	备注
1	30—50	1.1	
2	50—60	1.0	
3	60—70	0.95	
4	70—80	0.9	
5	80—90	0.85	
6	90—100	0.8	
7	100—200	0.75	
8	200以上	0.7	

注：（1）表中人口规模以规划期末区域总人口为准。

（2）都市圈、城镇群等类似规划，参照城镇体系规划的深度和计费意见进行。

（3）在编制城镇体系规划中，如果需要进行相关专题研究，应单独计费。计费为：省域和区域为30万元/个，特大城市为25万元/个，大城市为20万元/个，中等城市为 15 万元 / 个，小城市为 10 万元 / 个。

（4）规划设计计费基价为 20 万元。

七、环境景观规划

1. 环境景观规划指居住小区、城市街景景观、校园规划等城市各类景观专项规划。

2. 环境景观规划按相应项目类别规划计费的 30%—40% 收取规划设计费。

3. 景观规划设计详细规划，按公园、游乐场及其他园林详细规划计费单价执行。

4. 景观规划设计计费基价为 8 万元。

八、城市设计

1. 单独编制城市设计，其计费为：总体规划、分区规划阶段按其规划设计计费的 40%—50% 收取；控制性详细规划、修建性详细规划按其规划设计计费的 50%—80% 收取。

2. 不同规划阶段基础上增加城市设计内容，应在相应阶段的规划设计计费的基础上，增加 30%—50% 的规划设计计费。

九、小城镇总体规划（指县城以下的建制镇）

1. 编制小城镇总体规划时，应同时编制镇域村镇体系规划。

2. 计费按规划建设用地 4 万元 / 平方千米计取。

3. 本计费含镇区总体规划和镇域村镇体系规划。

4. 规划设计计费按规划期末的实际规划建成区用地面积计算。

5. 规划设计计费基价为 15 万元。

6. 如果进行专题研究，应单独计费，计费为 5 万元 / 个。

十、城市单项专业规划

专业规划特指给水、排水、供热、燃气、防洪、消防、电力、电信、环卫、抗震、人防、环境保护、绿地系统、道路工程、轨道交通、城市竖向、地下空间利用等规划。

序号	城市规模（万人）	计费单价（万元 / 万人）	备注
1	小城市（20 以下）	1.0	
2	中等城市（20 ~ 50）	1.0 ~ 0.8	
3	大城市（50 ~ 100）	0.8 ~ 0.6	
4	特大城市（100 以上）	以 60 万元为基数，每增加 10 万人增加 5 万元 规划设计费	

注：（1）专项规划深度为国家相关专业规划编制办法所规定的深度。

（2）规划设计计费基价为 15 万元。

（3）城市规模为城市总体规划确定的人口规模。

（4）城市人口规模介于中间规模的城市，可采用插入法进行计算。

（5）委托单位对单项专业规划有特殊要求时，应根据其规划深度和工作量增加情况，乘以系数（1.1—1.3）。

（6）专业规划根据本表计费，结合各专业的具体情况乘以如下专业系数：排水、防洪为 1.1；抗震、人防为 0.8；电力、电信、地下空间为 0.9；排水、道路工程为 1.2；环境保护为 1.0（如做生态环境保护内容为 1.5）；其他为 1.0。

（7）城市综合防灾规划，在该计费单项的基础上乘以系数 1.5。

十一、城市综合交通规划

序号	城市规模（万人）	计费单价（万元 / 万人）	备注
1	小城市（20 以下）	1.5	
2	中等城市（20—50）	1.5—1.8	
3	大城市（50—100）	1.8—2.0	
4	特大城市（100 以上）	以 200 万元为基数，每增加 1 万人增加 1 万元设计费	

注：（1）城市交通规划深度为国家规划编制办法所规定的深度。

（2）规划设计计费基价为 15 万元。

（3）城市规模为城市总体规划确定的人口规模。

（4）城市人口规模介于中间规模的城市，可采用插入法进行计算。

（5）本计费未包括委托单位组织实施交通调查的工作量。

（6）委托单位如果增加城市道路交叉口等规划内容和其他深度要求的，则根据其深度和工作量增加情况，乘以系数（1.2—1.5）。

（7）城市交通发展战略规划计费，按照同等城市综合交通规划的 60%—70% 收取。

十二、单独编制历史文化名城（名镇）保护规划及文化遗产保护专项规划

1. 历史文化名城（名镇）保护规划，按 1 万 —2 万元 / 平方千米计费。

2. 文化遗产保护专项规划，按 0.8 万元 / 公顷计费。

3. 历史文化名城（名镇）指列入省和国家保护的单位，历史文化遗迹指列入市级以上保护的单位。

4. 历史文化名城（名镇）保护规划必须按照《历史文化名城（名镇）保护规划条例及编制办法》的要求进行。

5. 规划设计费基价为 15 万元。

十三、规划咨询

1. 本计费指各类规划咨询的计费，工程咨询按国家现行规定执行。

2. 规划咨询计费，按所从事的规划项目规划设计费的 30% 计取。

3. 专家咨询费为：教授高工 5000 元 / 工日，高工 4000 元 / 工日，工程师 3000 元 / 工日。

十四、编制标书

1. 编制标书，指规划设计单位为规划管理部门或其他业主进行规划标书制定的服务项目。

2. 编制标书计费，按所编制项目规划设计费的 5%—10% 计取。

规划设计费在 50 万元以下的，按 10% 计取。规划设计费在 50 万元以上的，按 5% 计取。

3. 编制标书计费基价为 2 万元。

十五、规划标底

1. 规划标底费，指业主进行规划招投标时，对未中标但符合投标要求的投标方案所支付给投标单位的最低费用。

2. 规划标底费应按 30%—40% 计取，不应低于规划设计费的 30%。

十六、电子文件

1. 电子文件计费，指规划设计单位在规划成果完成时，将电子成果版权转让给委托单位进行的计费行为。

2. 电子文件计费，按所规划项目规划设计费的 10% 计取。

附录三
权威人士为专著《城市模式学》[①] 写的序

序

——《城市模式学》提供了解决城市病的好药方

董国良先生最近写了一本新书，名为《城市模式学》。出版前，他请我写一篇序言。当时我稍微犹豫一下，但还是接受了他的嘱托。之所以有些犹豫，是因为自己不是研究城市问题的专家，怕说外行话。之所以接受嘱托，是因为觉得董先生这部著作提供了城市建设崭新的理念，我感到有责任对此予以支持。

目前我国城市发展中暴露出了很多问题，需要加以认真地反思，尤其需要推出新的规划思路。经过多年不懈的研究，董先生提出了 JD(节约土地)的城市发展模式，先后出版了《建设汽车时代紧凑不堵车城市的理论与方法》《畅通城市论》《节地城市发展模式》三本著作。董先生在著作中分析了传统理论遇到难以解决的问题和 JD 模式的优势，论证了 JD 模式不但可以节省建设用地，还能较好地解决交通拥堵和城市的过度蔓延等问题。《城市模式学》是他对上述研究成果的进一步凝练和提升。书中系统阐述了城市模式学的理论结构，以图推动业界对城市空间学、城市演变学和城市变革的研究。

几年来，人们对 JD 发展模式，既觉得新鲜，又感到没有把握，因为缺乏实践验证。最近我有机会去了长沙，领略了按照 JD 理念建成的一个街区，感到效果不错。街区地面为双层结构，上层是树木花草和人行道，下层则为机动车路和停车场。在上层

① 笔者于 2012 年在科学出版社出版。

散步时，看不到汽车，觉得十分舒适。下层车位很多，路也畅通。其结果是，既实现了人车分离，又节约了土地。

我是2004年有幸认识董先生的。他那时已经退休，本来可以安度晚年，但是出于对我国城市病蔓延的忧虑，毅然单枪匹马地向传统的城市规划理论发起挑战。由于董先生研究JD模式是从城市交通问题切入的，而我自己与交通打交道多年，所以我们有机会接触，后来成为朋友。

开始时，董先生的理论并未被多数人所认可。为了宣传JD模式，他四处奔走，不断宣讲，上书中央。这种锲而不舍、坚韧不拔的精神，令人十分钦佩。

多年的付出，终于取得了回报，JD模式越来越被人们理解和接受。尽管这一新的理论还有待经受进一步的实践考验，但已经看出它是解决城市病的好药方。希望《城市模式学》一书能够引起有关部门和城市规划师的重视，也希望广大读者能够从书中得到更多的启示和收益。

傅志寰①
2012年3月

① 傅志寰先生是中国工程院院士、原铁道部部长、第十届全国人民代表大会财经委员会主任委员、中国节能协会理事长、中国欧美同学会常务副会长。

序

——寄望我国城市政府积极进行城市模式变革

因为工作关系，我长期关注中国城市的建设，也关注发达国家城市发展的历程和现状。当前，我国城市化率已突破50%，实现了从农业中国到城市中国的根本转变，同时正在以每年提高一个百分点的速度向前推进。城市化是我国经济发展的最大潜力所在，但不容忽视的是，在城市化快速推进的中国，城市建设与发展中的诸多问题逐渐显露：一是土地问题，城市发展与农业争地的矛盾日渐突出，耕地保护日渐艰难；二是汽车燃油供应问题，在我国汽车保有量仅为饱和保有量1/6的今天，对进口石油的依存度已高达55%，这对今后的可持续发展是一个严峻挑战；三是一些城市建设资金需求增长的速度高于城市财政收入增长的速度；四是交通拥堵、停车困难、环境恶化等城市病日益严重。

通过长期观察，我发现这四个方面的问题都与汽车保有量的增长正相关。随着城市化、工业化的发展，汽车拥有量的增长是不可改变的趋势，而由此产生的诸多问题，令世界各国都难以应对，并引发了国际经济中的许多重大矛盾。对于人口资源环境压力更大的我国而言，研究解决这些问题的要求更加迫切。

我高兴地看到，董国良先生的《城市模式学》给出了解决这些问题的不少合理思路和方法。董国良先生的研究认为，诸多城市问题的根源是现行城市模式与汽车文明不相容，而不是汽车保有量的多少。现行城市模式存在三个状态劣化效应，即交通越拥堵人们越想开私家车的出行结构劣化效应、市区刚性蔓延的扩散效应以及居住位置与就业位置之间的距离逐渐拉开的职住错位演变效应，这导致城市的状态日趋恶劣。而通过采用“节地模式”，城市将出现与之相对的出行结构优化效应、市区紧缩效应、职住归位效应三种状态优化效应。节地模式在长沙试点的实践证明，该模式能有效促进解决城市发展中的诸多问题，是一个值得推广的城市模式。通过改变城市模式实现建设资源节约型环境友好型城市目标，这是城市模式学的一个重要贡献。

我了解到，社会上对JD模式尚有不同意见，对于这样的理论创新有不同意见是正常的。但这些不同意见无法否定节地模式不仅能够促进节约土地、燃油消耗、城市建设投资，消除汽车出现以来所产生的诸多城市病，还有助于保住18亿亩耕地，有助于缓解对进口石油的依赖。五年前，我请董国良先生专门介绍过节地模式，我当时的评价是，这一模式有助于解决现在城市中的不少问题。

董国良先生的城市模式学，是对汽车时代城市建设理论的一大突破。我为能有一个中国人提出解决城市发展这一世界性难题的合理思路而高兴。当然，城市模式学还处于初创状态，很多方面还需要进一步深化和完善，也有待实践的进一步检验。希望董国良先生能够在业界专家的帮助下，不断完善这一原创理论。同时，也希望我国各城市的政府，能够考虑吸收节地模式的合理成分，并用之于城市模式变革，促进缓解城市病，使我国走上一条有利于节约土地、节约汽车燃油、节约城市建设投资的新型城市化道路。

陈元①

2012年4月

---

① 陈元先生历任北京市西城区区委书记、北京市委常委、中国人民银行副行长、香港特别行政区筹备委员会预备工作委员会委员、香港特区筹委会委员，现任国家开发银行党委书记、董事长、中国国际商会副会长，兼任中国人民银行研究生部硕士研究生导师，2005年11月当选为上合组织银行联合体首任主席。

序

——《城市模式学》开辟了新型城市化道路

2007年，我在任全国政协常委和全国城市发展研究会理事长期间，听说董国良先生创造出城市新模式，称作JD模式，并了解到，有关部委开了两次研讨会，给予了高度肯定，当时，胡锦涛总书记和温家宝总理也做过批示，温总理批示“这种模式是城市发展方向”。

听说后我很感兴趣，便找董国良先生详细了解情况。听后，使我感到振奋。JD模式城市市区户外空间完全没有汽车，恢复了汽车出现以前的自然状态。既然市区户外空间完全没有汽车，那么，汽车出现以来产生的所有城市病自然会全部被消除，城市生活质量变好大有希望了！

我在任深圳市委书记期间，知道他早年担任过大型机械厂的总工程师，后来做过北京市第一轻工业局的副局长、总工程师，来深圳后担任过投资管理公司总经理、深圳证券交易所的监事长，后又调任国家国有资产管理局（国资委的前身）副局长，知道他熟悉几个专业的知识。而今知道他对城市问题有如此深入的研究，使我很佩服。

后来，董国良先生送给我他的一本专著《节地城市发展模式》，并介绍了他从1974年在巴黎遭遇严重堵车后，痴迷于城市问题研究的情况。我才知道，原来他下功夫最多的是学习和研究城市建设和发展理论。看来，他能创立城市模式学这门新学科，是融贯综合了城市建设理论各个学科相关知识的结果。

我认同《城市模式学》中的一个重要观点——现在的城市是难以持续发展的城市，城市对土地、汽车燃油等资源透支和大量汽车尾气对空气的污染，已经严重威胁地球资源与环境的可持续，JD模式开创的是新时代可持续发展的城市；推广采用JD模式越主动，付出的代价越低、损失越小、得益越大，发展的可持续性越强。

《城市模式学》理论对我国尤其重要。我国人多地少，石油短缺，沿用发达国家已形成的城市模式走传统城市化道路，是难以为继的。我国应该走JD模式开创的新型城市化道路。

希望董国良先生与业界专家达成共识，共同推进城市建设理论的创新和实践，为我国走新型城市化道路做出贡献，为世界城市化探新路。

厉有为[1]

2012年3月

---

① 厉有为先生是中国城市发展研究会原理事长、第十届全国政协常委、深圳市原市委书记。

序

——《城市模式学》总结出城市规划中的普适规律

我最初是从我丈夫江上舟那里听说董国良先生的城市“节地（JD）模式”。他知晓了董先生的观点后十分兴奋，感到JD模式从土地使用和交通系统优化出发对城市进行规划很有新意，而且也符合当今发展的需求。他亲自去看了JD模式在长沙的试点，又向上海世博会力荐，促成了JD模式在中国国家馆的展出。他也曾委托我向有关专家咨询与此模式相关的意见。后来董先生也与我直接谈起过JD模式，直至这本专著问世。

董先生要我写序，让我回忆起一些与此相关的往事。一是20世纪80年代初，我和我丈夫去巴黎，第一次看到著名的La de Fonce,大约有半个平方千米的架空平台供人活动（车流全部在地下），空间宜人，感到很震撼。现在看来，架空平台正是构成JD模式城市系统的四要素之一，可惜20世纪80年代没有人认识到进一步构成系统后可改变城市面貌，因此未能得到大规模的推广。其二，我接触过一次与规划有关的事，那时我刚从欧洲回国到同济大学，是20世纪80年代中期，与学校一位资深规划教授合作做一个苏州旧城改造的项目，当时我们采用了多目标决策优化方法来考虑改造方案，优化目标大约有十来项。董先生的深入研究揭示，相关的优化目标共有33个，书中第十七章将此称为“城市可持续发展的33个约束条件”。《城市模式学》中第十八章的“城市模式完全性筛选法”符合多目标决策优化方法，具有科学性。JD模式正是满足这33个优化目标的城市模式。

董国良先生的著作之所以有价值还在于他敢于提出问题，敢于从不同的视角去审视城市的问题，提出系统性的解决方案。

首先，董先生突破了城市规划原有的思维定式，利用更综合的知识结构和系统工程的方法来研究问题，总结出诸多城市规划中的普适规律，具有创新性。

其次，研究中突出了主要矛盾，即土地资源短缺和交通状况恶化（也包括环境质量变坏），从这两个主要指标入手进行优化，抓住了牛鼻子。交通拥堵的问题是大城市的世界性难题，当然也是近年来中国所面临的困境，能有效解决这个问题，意义是十分重大的。土地资源短缺、城市建设用地与农业抢耕地的现象越演越烈，对于中国来讲，解决这个问题是十分迫切的。

其三，JD 模式不仅仅是一种规划的理念，它已经有了实践的验证，JD 模式在长沙的试点就是成功的案例。

总之，董国良先生的这本著作体现了更多领域的专家在关心城市发展的问题，这是值得庆贺的。其实，学科交叉与综合也是城市规划领域研究的一个发展趋势。

在这里，我们的目的只有一个：让城市更和谐地发展，让城市的生活更美好。

吴启迪①

2012 年 3 月

① 吴启迪女士是同济大学原校长、教育部原副部长、国务院学位委员会原副主任委员兼秘书长、全国妇联原副主席，现任全国人大常委会委员、教科文卫专委会委员、同济大学教授、博导，兼任上海系统仿真学会理事长、中国自动化学会第九届理事会特别顾问、上海市信息化专家委员会主任、清华大学工程教育研究中心主任、IEEE 高级会员。

序

——城市建设科学利用土地的有效思路和途径

董国良先生长期致力于创新城市设计与建设模式的探索、研究与推广，他从城市设计与建设的人、车、环境等基本要素及相互关系出发，坚持以人为本，以建设紧凑、畅通、生态、宜居的现代新型城市为目标，提出了 JD 城市建设模式，创立了《城市模式学》新理论。认真拜读，深感意义重大。鉴此，应董先生之邀，欣然作序。

土地的开发和合理利用支撑各行各业，影响千秋万代。我国人多地少，不仅人均耕地少，城市建设人均用地普遍超过国家标准，也十分紧缺。而现阶段，不少地方在推进城镇化建设中，盲目追求城市建设规模，仍然沿袭传统用地观念和模式，低成本占用耕地、林地，大量圈占土地搞平面扩张，进行“摊大饼”式发展，造成了现在保护耕地难和用地紧张制约发展的局面。

面对现实，从土地国情出发，我国的城镇化建设应根据各地实际情况，科学地规划界定土地利用的空间布局和结构；必须努力提高土地的承载能力和利用效率；必须统筹协调，兼顾城市与农村、工业与农业发展用地。因此，转变土地利用粗放浪费传统模式为科学布局节约集约用地，已经成为我国今后保障和促进城市可持续发展的必然选择。董先生提出并被长沙试点所证明的 JD 模式，正是顺应科学发展的这一客观要求，为现代化新型城市建设科学利用土地提供了一条行之有效的新思路和新途径。

董先生多年来为了探索和推广 JD 模式，付出了很大的努力，也曾多次登门和我进行探讨。之所以定名为 JD 模式，是因为城市建设与发展，涉及多学科领域，但各项基本建设都必须落地。不同的建设模式决定不同的土地利用方式及制度，而不同的土地利用方式及制度，又影响着城市的建设、发展与管理。土地利用方式及制度的这种基础性、全局性、战略性作用，就成为董先生提出 JD 模式的重要依据。

城镇建设是一项庞大复杂的系统工程，JD模式又是对传统城市建设理论和实践的挑战与创新，好事多磨，在这方面董先生做了很多努力和贡献，值得敬重、值得赞许。

希望本书能够启迪和引导更多的仁人志士为城镇建设出谋划策，也希望本书能够得到相关部门和土地管理者的足够重视，真正发挥作用。

[①]

2012年4月

---

① 贠小苏先生历任甘肃省副省长，国土资源部党组成员、副部长。

序

——实践证明了JD模式的科学性

2005年6月我在长沙市主管城建副市长的任上，迫切需要改造1.43平方千米的新河三角洲（老城区），但因需政府贴资20多亿元，拖了四年未能进行。正在走投无路的情况下，见到董国良先生在国土资源部举办的“节约集约用地市长研讨班”上讲解JD模式的资料。遂请董先生进行指导，该地块按JD模式做了规划。

为慎重起见，新河三角洲按JD模式的规划完成之后，我们邀请中国城市规划院总规划师等业界权威人士对规划挑毛病，但得到的意见却是“解决了多年未能解决的高强度开发和塑造人性化户外空间的问题，值得推广”。该地块按照JD模式规划后的算账表明，不仅再无需政府贴资，估计还能赚30多亿元。后来拍卖的结果，政府净赚了40多亿元。

长沙市政府还批准了占地1.1平方千米的湘江世纪城采用JD模式进行建设。

2005年董国良先生在市长研讨班上讲道，按照JD模式市区的绿化覆盖率可达到60%，我们对此不太相信。但湘江世纪城建成后证实，确能使绿化覆盖率达到60%，为此我还特别邀请董先生来看了一次。实践表明：不仅绿化覆盖率高，而且户外空间完全没有汽车，不受汽车威胁，人居环境有根本性改善，被媒体誉为“宛若洋溢着现代都市风情的世外桃源”；1.1平方千米的地块上建设了400万平方米建筑面积，人均占地仅18平方米，大量节约了土地；共有车位22000个，消除了城市普遍存在的停车难问题。

长沙市有5个片区约22平方千米的老城区，计划按JD模式进行改造，可以将毛容积率从0.8提高到3，土地利用价值提高到3倍多，估计政府还能多赚300亿—400亿元，轨道交通的投资就有了，还有财力补贴中低收入者购房。我提出了一项新政策，补贴中低收入者购房货币化，补1/3左右的购房款去买商品房，消除了贫富分片居住可能产生的社会问题。

书中“两个一定”的论断，即沿用现行城市模式一定会陷入严重不可持续发展，推广采用JD模式一定能够建成资源节约环境友好的两型社会。这个论断很有实践意义。

我曾和董国良先生说过，创造和推广JD模式是伟大的事业，对社会的价值非常大，不是一般的大。如今见到城市模式学新学科已经成功创立，相信JD模式迟早会在全国甚至全世界得到推广，既造福我们的国家，也造福全人类。

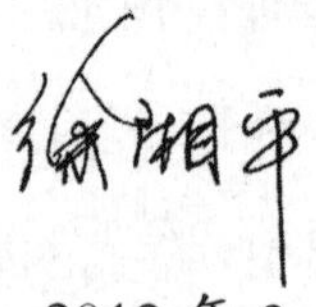
[1]

2012年3月

① 徐湘平先生是长沙市原副市长，现任湖南省商务厅党组书记。

序

——JD模式和《城市模式学》理论是正确和有效的

系统结构决定系统功能和系统目标的实现，主宰系统发展演变的结局。近百年来，由聚集效应主宰的并不断加快的城市化和现代化过程，已经并正在向城市特别是大城市的土地利用和国土规划、城市规划建设和管理、城市交通和城市经济等理论和实践提出了严重挑战。城市无限膨胀所造成的人口、经济活动、交通流等的过度集中和对资源环境有限容量造成的巨大压力，以及相应的种种病态，已成为当今世界一个难解的重大理论和实践课题。

董国良先生经过多年的悉心研究，提出了以节地模式为核心的《城市模式学》。本著作包括诸多领域的理论与实践课题，诸如城市建设理论创新、耕地保护与抑制房价、宜居城市标准、城市交通拥堵和城市模式变革等，并阐述了城市交通与空间结构互决论、城市演变论和城市模式学本论等理论，通过长沙市的节地模式实际应用，证明了节地模式和《城市模式学》理论是正确和有效的。

为此，我们建议国家主管部门和有关地方政府给予高度重视，以便在更大范围内得到实际应用，为推动城市可持续发展和造福广大人民做出更大贡献。

清华大学原教务长、规划系教授
首都规划委员会顾问

北京工业大学交通工程系主任
教授

北京市交管局原副局长、建设部公安部
畅通工程专家组专家、教授

2012年3月

序

——孕育城市空间模式新技术革命

董国良先生新著《城市模式学》的问世，可以说是人类城市发展历史上的重大事件。在人类发展史上，有过多次技术革命，但从未出现过城市空间模式的技术革命。时代发展到今天，城市对人的异化和汽车对人的异化日益突出。我们的世界，从来没有如此渴望对城市模式的变革。城市模式学的创立，完全可能孕育一场伟大的空间革命——城市空间模式新技术革命。

余认识董先生时间并不太长。然而，在冥冥之中，似乎我们已经是相识多年的老朋友了。余长期在政府宏观综合系统工作，深感城市空间发展模式中存在严重无序之弊端。在余看来，城市空间模式的粗放，是中国发展中最大的粗放！

所以，余一直在研究空间战略、空间整合、空间集约、空间优化等问题；以至于提出“空间革命”之命题，甚至提出建立“空间战略学”之构想。余以为，城市是一个多维动态复合的复杂系统，靠传统的城市规划难以解决问题。只有在系统科学理论指引下，才有可能解决城市发展的空间模式问题。然而，余过多地关注一般空间结构的系统整合，疏于城市空间技术模式的研究，因而终究没有什么进展或突破。

一次非常偶然机会，余读到董先生有关城市模式的文章。顿时欣喜万分，正是“众里寻他千百度，蓦然回首，那人却在灯火阑珊处”。城市模式事关人类之生存、生态之和谐！随即余拨通董先生电话，相约专程拜会了董先生，并潜心研读董氏城市空间模式论著。余预感到，一场真的“空间革命”就要来了。

新的东西被人们认识并不容易。余深感此事关乎重大，也深知董先生之苦恼。这个大系统变革有谁能来推动实施？！谁来按照董氏模式（余这样称呼JD模式）创建第三代城市：一种空间有序优化的“节地、节能、畅通、宁静、绿色”的全生态集约城市系统？！

纵观历史，城市发展模式都是“路径依赖”的。人们的思维模式往往囿于传统范畴：往往“从已知到未知”；很少逆向“从未知到已知”。亦很少能突破就事论事的“分析范式”、走向大系统优化整合的“系统范式”。董氏模式是突破性的，反传统的，革命性的，囿于传统思维则难以真正认识其价值。

为了推动空间革命，推动JD模式的实施，余曾拟写专题研究报告《第三代城市：蕴育城市模式新技术革命——关于“引入JD模式、建设低碳宜居全生态城市”之建议》。中共中央政治局委员、中共上海市委书记俞正声先生对此报告高度重视，作出重要批示。之后不久，俞正声先生亲自主持会议听取有关部门专题汇报，并作出明确指示。这可以说是一次城市模式变革发展的历史性会议，具有里程碑意义，对上海城市空间模式的变革产生着重要而深远的影响。

值此，引述余专题研究报告序言如下：余乃半个学者，早年求学国防科技大学，崇拜钱华两老，对系统演化、系统协同、系统跃迁、系统突变、系统控制之类感兴趣。

近些年来，余之生态(系统)理性愈发强烈，高度关注和倡导发展中诸如“战略协同”、“区域整合”、“生态和谐”和“空间集约”、“空间文明”等大系统优化问题，但在学术上几乎一无所获。

然尔，柳暗花明，董氏提出的“JD模式”——使余看到“空间革命”之一线希望。(城市空间结构具有强“碳锁定”性，决定着未来相当长时期的碳排放水平。建立低碳社会之核心在于“碳解锁”。)于是，我开始静心学习和研究，并略有所感悟。(智者：不仅要从已知谨慎地迈向未知的探索与总结，而且更要敢于想象置身未知世界来反观已知世界。)

余判断：系统“董氏第三代城市空间结构技术”+{系统“绿色低碳技术”+系统“智慧城市技术”+系统“独特城市艺术”+系统“高效产业集群组织”}，完全有可能建立一种全生态和谐的新概念城市系统，完全有可能孕育一场城市(大系统)模式的新技术革命。

有鉴于此，草拟拙文，奉呈领导参考。

董氏《城市模式学》，不是源于经验，而是源于实践，源于他对“城市病”深切洞察和深刻认识。余以为，彻底消解“城市病”，发展全生态和谐城市，没有其他出路，唯有贯彻系统科学精神，唯有空间模式之系统革命。

董氏模式之创新突破，从“有生于无”看，有两大突破：(1) 城市概念突破。第三代城市，不是修修补补，而是建立在系统科学理论基础上的突破。没有大系统整合和优化观念，很难理解他的学说。(2) 思维路径突破。现行城市空间结构模式，存在重大的系统性缺陷！创建第三代城市，不应是顺序思维，已知到未知；而应是逆序思维，未知到已知，突破传统城市模式之“路径依赖”。比如讲，建设一个像上海这样的城市，要预先给定若干约束条件：不能“摊大饼”，消除“拥堵—蔓延—更拥堵”的恶性循环机制，防止“环境恶化”等等。总之要彻底消解城市和汽车对人的异化，我们应该采用什么样的城市空间模式呢？恐怕非董氏模式莫属了！

城市系统是耗散结构系统。在负熵流输入的情况下，城市系统的演化走向是达到高度有序化的低熵状态。城市模式学理论证明，JD 模式正是汽车大时代城市系统结构有序化的最优模式。城市发展中实施 JD 模式，正是向城市系统输入负熵流，城市演化的走向必然是资源节约型和环境友好型的第三代城市。

作为一个系统科学学者，余一直在呼吁：中国要突破城市空间模式之“路径依赖”，创建一个示范性的新概念城市。在一次讨论会，余曾经与俞正声先生开玩笑说：若北京迁都，强烈建议采用以董氏城市空间模式，开创建设第三代城市，一个真正意义上的全生态和谐的新概念城市。

董国良先生的研究，是异常之艰辛的。董先生不顾年事已高，那种锲而不舍的人格魅力是令人尊敬和钦佩的。记得，他曾经跟余说过，我后半辈子就搞 JD 模式（第三代城市）了，这才是为国家为人类真正做的一点事。

与任何新生事物一样，JD 模式之发展不可能一帆风顺。事实上，董氏模式问世以来，人们既感到强烈震撼，同时也有的确实感到茫然。高度肯定并热情支持者甚多，强烈质疑抑或反对者亦有之。这些都是很自然的，有一些学术争鸣也是必要的，有助于这种原创模式之不断修正、完善和发展，这并不妨碍董氏模式本身的科学性、革命性和实践性。

记得一位哲人说过：“人们往往习惯了从已知谨慎地迈向未知的探索与总结，不敢想象置身未知世界来反观已知世界”，“任何一个新的理论，新的学说的诞生，都必然要经历一个历史性过程，经过时间的检验，获得受众的理解、领会、印证，而后才成为科学的结论。历史如此，正是源于科学发展的规律如此”。第三代城市理论的提出，也必然会经受到时间的检验和更多学者的印证。“真理的永恒性、平等性、普适性、必然性、可证性，并不决定于有人怀疑，有人反对，而是决定于历史和人民。”

最后，余希望学术界和高层决策人士，高度关注并创造条件实践这种划时代创新的城市模式，为中国乃至世界城市模式的发展作出贡献。余深切地期待，不久的将来，在中国大地上崛起以董氏空间模式为本底的广义第三代城市——新概念城市；在中国大地上掀起一场城市空间技术革命——她将是人类历史上最伟大的新技术革命！

浦再明[①]

2012 年 3 月

① 浦再明先生是中国系统科学研究会副理事长、上海市经济体制改革研究会会长、上海市政协经济委员会特聘专家、上海市发展改革委员会学术委员会副主任、上海市发展改革委员会原副主任。

序

——《城市模式学》带来新的启迪

适逢龙年来临之际，收到了董国良先生的大作《城市模式学》，并受邀为此书作序，实感诚惶诚恐。一则为如此凝聚董先生多年心血的著作作序，深感责任重大；二则担心自己才疏学浅，恐难能胜任准确地介绍和评论该书的思想及内容。但考虑到《城市模式学》对城市可持续发展的重要价值，认为自己有责任给予推荐，遂仔细阅读了书稿，撰写此序。

与董先生相识于多年前，曾应邀参加董先生组织的关于城市与交通有机整合的“节地模式”（以下称 JD 模式）研讨会。当时虽未完全理解其整个内涵，但作为该领域的职业研究者，深知“节约土地”这一主题对于城市，特别是正处在高度机动化过程中的我国城市可持续发展的重大意义和价值。因此特邀请董先生参加在同济大学举办的以“城市交通设计理论和方法”为主题的首届同舟交通论坛，进一步研讨“JD 模式”，从而对此有较深入认识。董先生在论坛上的演讲引起与会者很大的兴趣与热烈的讨论。

多年来董先生锲而不舍地不断完善“JD 模式”的理论基础，并向社会推介。功夫不负有心人，以“城市让生活更美好”为题的 2010 年上海世界博览会上“JD 模式”作为中国馆的一个内容向世人作了展示，更引起了战略科学家江上舟先生的高度关注，先生曾望学术界就“JD 模式”展开深入研究，以期推动其用于社会，我也曾为此与相关领域的多位学者达成研究共识，怎奈江先生英年早逝，至今夙愿未能实现，甚感大憾！

《城市模式学》是董先生提出的“JD 模式”的体系化与完善版，在倡导创新和科学发展观的当下出版，甚是值得珍惜和敬重。该书所涉及的深度和广度，都表明作者进行过长期的研究与思考。

若问我国乃至人类未来将面临怎样的挑战，本人拙见自然是“社会的公平性问题”“环境、土地资源和能源问题”等。若要“生存与发展”，当离不开人和物的移动与输送，亦即交通。因此交通的公平性，交通与环境、土地资源和能源的协调发展，特别是伴随着快速的城市化，以及交通的机动化进程我们必须更加高度重视，否则，我们必将犯历史性的错误。因此，书中将城市交通的社会公平、资源与环境的可持续性等放进城市可持续发展的33个约束条件之中，并在JD模式中同时提出步行、自行车、公交车、小汽车等4套独立的道路系统，这些对探索交通的系统性无疑具有重要价值。

“人无远虑，必有近忧”，《城市模式学》以节约用地为目标，从多学科的视角给出了著作者的思考和研究成果，其视野和高度以及一些观点恰是我们需要的；书中所总结的城市模式与人均城市建设用地，以及城市要素间的几何距离与交通机动化关系等将对仅重视“城市形态”的城市规划学家及规划师具有启示；城市不仅是静态的，认识并把握住城市状态演变的走向，是城市建设理论必须解决的问题；引发专注于交通科学和工程技术探索的专家、学者的思考，因为交通的产生和归宿是城市的功能和用地所决定的；给予政治、经济和社会等领域相关的决策者、学者以及学习者以启迪，城市和交通不仅是我们所看到的，还有诸多所不知、所不晓并需要更深入研究和正视的问题!

不言而喻，关于城市的认识我们需要与时俱进。1933年的《雅典宪章》确定的“城市功能论”，影响人类至今；1977年在世界工业技术空前地进步之时，人类在对以往城市发展问题反思的基础上提出了《马丘比丘宪章》，认为决定城市的不仅是功能，物质空间只是影响城市生活的一项变量，而且这一变量并不能起决定性的作用，起决定性作用的应该是城市中各人类群体的文化、社会交往模式和政治结构，从而确定了“人本论”；1996年又提出了《伊斯坦布尔人居宣言》，呼吁人类“共同来建设这个世界，使每个人都有个安全的家，能过上有尊严、身体健康、安全、幸福和充满希望的体面生活”。或许这是我们最新的追寻目标。因此，人类在其发展的过程中，需要不断反思与反省，不断地基于多学科去探索修正我们的认识。培根曾说“知识就是力量”，所以不断地补充知识可以增强我们的力量；更有哲人说“智慧高于力量”，因此，我们仅停留于知识和学究是不够的，我们更需要创新，《城市模式学》或许可以为不断求索城市发展真谛的人们，带来一片新的启迪与思想天地。

学无止境，事无完事。《城市模式学》中有些内容和结论是著作者的研究成果。《城市模式学》尚是初版，或许有其不完善之处，甚至存在问题。JD 模式虽然已经在长沙市有所试验并取得一些经验，但尚需进一步实践与检验。这或许更能引发我们对相关问题的关注，甚至争论。相信本书的出版必将对我国城市和交通科学的研究与探索产生积极的影响。

谨作此序，愿与广大的读者共同探索！

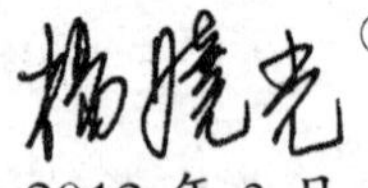[1]

2012 年 3 月

---

① 杨晓光，恢复高考后首届全国统考考入同济大学学习交通土木工程，现为同济大学交通工程系系主任、教授、工学博士；同济大学交通运输工程国家级重点一级学科主要带头人之一，主攻交通系统工程科学与智能交通运输系统；教育部交通运输工程学科教学指导委员会委员、交通工程专业教学指导分委员会副主任委员。

代序

——根治城市病有方不用是国家之大不幸

《城市模式学》问世了，根治城市病有方不用的局面应该结束了！

六年前作为中国工程院院刊的执行副总编，我看到董国良先生的来稿后受到震动，耳目一新。该稿以严谨的论证得出的结论是，采用JD模式可以节约城市建设用地、节约城市建设投资、节约汽车燃油等均达70%以上，且可彻底消除交通拥堵。若果真如此，岂不是有了根治城市病的药方！

为慎重起见，我仔细研究了关于JD模式的两个会议纪要和与会专家的发言摘要，看到业界大部分知名专家先后参加了这两次会议。与会专家中除1位曾提出质疑而后又收回了之外，其他专家均直接做了肯定性发言。会议纪要中高度肯定了JD模式，并建议试点后逐步推广。此外，中国工程院学部办公室组织了周干峙院士、邹德慈院士、汪旭光院士等专家就JD模式与董国良先生开展了学术交流，并给出了“可以在有条件的发达地区、大城市的局部地段或地区加以实践”的书面意见。可见，JD模式确为业界专家广泛认同。

在国土资源部的推动下，几年前JD模式的试点就已取得成功，理论与实践均已证明JD模式是根治城市病的药方。主持长沙市JD模式试点工程的长沙市副市长徐湘平先生在接受《光明日报》记者采访时说：“JD模式不仅集约、节约用地，而且为居民提供了安全、安静、清新、方便的生活环境，节省基础设施投资等，完全符合建立资源节约型、环境友好型社会的需要，具有极大的推广价值”。

但是几年过去了，这个根治城市病的药方，并未被城市建设的主管部门所采用。该部门曾上书国务院，以“JD模式每平方千米需修8座立交桥，造成巨大浪费”为主要理由，抵制JD模式（完全误解了，实际上每平方千米只需修2座十字形立交桥）。这是国家之大不幸——按照我国每年增加1000万城市人口来计算，推广采用JD模式每迟延一年，将会埋藏约400万亩土地、两万亿元城市建设投资的隐性损失（今后才会显现出来），并导致国家对进口石油的依存度迅速提高，石油问题已成为国家之痛，交通拥堵等城市病的治理也更加积重难返。

20世纪80年代以来，城市化浪潮已在发展中国家蓬勃兴起，我国则是这股城市化浪潮的弄潮儿和代表者。联合国《东京宣言》称“21世纪将是一个新的城市世纪”；2000年的诺贝尔经济学奖得主斯蒂格列茨甚至预言“中国的城市化与美国的高科技发展，将是深刻影响人类发展的两大主题”。

中国城市化规模之大，发展之迅猛，均堪称世界之最：1949年我国的城市数为136个，1978年为161个，29年只增加了25座，但到了2005年，全国城市数目已达667座，27年净增506座；城市人口1949年为5400余万（约占全国人口的10.6%），2011年则增至约6.8亿，城市化率达51.07%，从城市化率不到20%的1979年至2011年的51%，只用了32年时间就赶上西方200年的城市化历程。

然而，面对我国城市化的巨大发展与今日的城市化现状，却令人感到喜忧参半，甚至忧虑多于兴奋。我国的基本国情是人均资源短缺十分严重，环境承载能力十分脆弱。而现行的城市规划建设理念与我国基本国情相悖，背离“资源节约、环境友好”两型社会的国家科学发展观，乃至随着城市化进程的迅猛发展，正以惊人的速度消耗着不可再生的自然资源，以粗暴的资源占用方式来换取城市发展不可持续的短暂满足。

仅就耕地而言，我国人口与耕地的矛盾极为突出，在5000万人口以上的全球26个国家中，人均耕地面积我们仅略高于日本、孟加拉，居倒数第三位。20世纪70年代末，我国人均耕地尚达1.47亩，而目前仅为1.1亩（不及世界人均的1/4），已十分接近联合国粮农组织确定的0.8亩警戒线。由于现行模式城市大量侵占耕地，再过十来年，当城市化率达60%，人口增至15亿时，全国人均耕地就会跌破这条红线。尽管我们拥有袁隆平院士这样一些创新出超级稻等粮食高产作物的顶级专家，但耕地乃农业之母，老祖宗数百年、上千年耕耘出来的优良耕地都没有了，何来超级农作物！近七八年天公作美，我国粮食连年丰收，倘若有朝一日遭逢连年自然灾害，粮食连年大幅度歉收（上世纪80年代中期就出现过），粮食危机的可怕后果就会严重威胁我们这个十几亿人口的大国，斯时，恐怕全球就没有那么多的富余粮食和善心对我们施以援手，“谁来养活中国”有可能被不幸言中。其情其境，于国于民当何以堪！

现行城市模式与汽车文明不相容，这在我国大中城市的表现中尤为突出。交通拥堵和停车困难已严重折磨着我国城市的居民。在全国667座城市中，有2/3的城市在高峰时段交通拥堵严重，最新的统计表明，北、上、广中心城区平均车速低于30千米/小时，高峰期仅为15千米/小时，相距二三里，车行半小时的现象时有发生，道路90%处于饱和或超饱和状态。城区机动车在大白天几乎均处于频繁减速加速、停停走走的怠速行驶状态。不但大街小巷两旁车满为患，就连众多单位的庭院、部分学校操场、人行道都成了停车场。研究表明，当汽车行驶速度从40千米/小时降至10千米/小时时，燃油消耗就增加1倍，PM2.5的排放就会倍增，环境负荷上升2—4倍，致使城市空气污染恶化不堪。不少有车族为了避开高峰期，为了争车位，只能提前一两小时上班、滞后一两小时下班，加重了人们的奔波劳苦和精神负担。非车族的广大群众、学生、老人，更是出行难、过街难，左右张皇，步步惊心。许多街边花园和休息场所，全天笼罩在肮脏的尾气环境中。如此等等，何来城市的宜居与和谐？

能源紧张，特别是油气资源的严重短缺更是我国之痛。对进口石油的依存度2011年已达55%，预计到2015年将攀升至65%；据国家发改委的官员称，我国十一五期间新增的炼油能力及每年增加的石油进口量都被新增的机动车所“吞食”，国家能源安全面临巨大的挑战。何以解忧？在确保发展的前提下，最现实可行和可靠的对策是节约能源和转变发展方式。毋庸置疑的是，现行城市模式已沦落为不可持续的元凶。

现行城市模式对于人均资源短缺尤甚的我国，是一种灾难。令人扼腕的是，对此我们既无基于国情的城市规划建设前瞻性研究，也没有系统的城市规划理论和可行技术，而是照搬欧美城市规划理念，孤立地就交通论交通，就住房论住房，使城市中环路、高架路、立交桥等越修越多，市区的“大饼”越摊越大，路修到哪里就堵到哪里，长期“面多了加水，水多了加面”。打压汽车产业发展的摇号购车、限号出行和错时上下班等治标不治本的措施相继出台，穷尽了十八般“武艺”，然而交通拥堵依旧，住房、米袋子、菜篮子及其他建设用地日趋紧张，停车位奇缺，减排PM2.5治本无方，污染的幽灵在全国2/3的城市上空徘徊。公众及国内外舆论对如此这般的中国城市状况抱怨、嘲笑多多，暴露出我国城市规划建设有关各方的尴尬与纠结。对此，中国工程院院士、北京市建筑设计研究院总设计师马国馨先生言简意赅地指出“我们别去向纽约、伦敦、巴黎看齐，也别寄希望于国外的城市规划专家，他们不可能有规划一个13亿人口国家的大中城市如何发展的经验，我们有这么多千万人以上的大城市，在土地、能源、资源这么紧张的情况下，把环境、住房、交通问题解决了，宜居了，就是世界水准，而最了解中国国情的还是我们自己”。

JD模式由于完全符合国家科学发展观的要求，与“两型社会”的理念相吻合，更与国际社会关于城市能否可持续发展决定城市死与生的观点相一致，受到了胡锦涛主席和温家宝总理的关注与重视，温总理批示“这种模式是城市发展方向”。全国人大代表麦庆泉先生经过深入调研，于2007年和2008年连续向全国人民代表大会提交推广JD模式的建议案。2010年上海世博会在“城市，让生活更美好”的主题下，发达国家没有拿出任何一个城市创新模式；世博会组委会经深入调查后认为，董国良先生的JD模式符合大会主题，是重大的城市革命与创新，因而JD模式受邀在中国国家馆展出。作为东道主，我国向世界展示并贡献出21世纪的可持续发展的城市新模式，成功地、不辱使命地践行了“城市，让生活更美好”的上海世博会宗旨。同时，也再次印证了马国馨院士关于“把中国自己的问题解决好了就是世界水准”的过人见解。

多年前，《台劳斯宣言》就大声疾呼：“作为市民、政治家、专业工作者，我们必须肩负起建设具有良好秩序的人类聚居的使命。21世纪，人类面临的重大挑战之一就是迅速发展的城市化过程。拥有近14亿人口的中国城市化将是深刻影响人类发展的两大主题之一。”而坚持中国城市化发展道路必须依靠我们自己，人民决不允许让城市沦为“后人哀之而不鉴之，亦使后人而复哀后人”的万劫不复的人类悲剧。为避免这种悲剧成为现实，JD模式可能就是最重要的选择。

城市是人类文明的主要载体，而现在城市却成为不可持续发展的首要元凶，正是城市模式学提供了根除城市病的理论和方法，其意义是非凡的。历史将证明，城市模式学的创立和《城市模式学》的出版，不仅是中国，也是世界的重要事件，将对中国和世界的可持续发展发挥重要作用。请拨冗读读董国良先生历数十年辛勤耕耘，用心血写成的《城市模式学》这本书吧！

丁朝模

2012年3月

附录四
2004年国务院发展研究中心等部门召开的JD模式研讨会纪要和专家发言摘要

可持续发展城市交通新模式研讨会
会 议 纪 要

2004年9月11—12日，国务院发展研究中心产业经济研究部和建设部政策研究中心联合主办了“可持续发展城市交通新模式研讨会”。与会的十多位专家围绕深圳市维时科技实业发展有限公司董事长董国良先生提出的城市道路交通新模式及其指导原则、思路、理论方法和有关技术问题等进行了深入探讨和交流沟通，并达成以下共识：

随着城市汽车化的进程，城市交通矛盾日益突出。该模式在分析交通流特性变化趋势、现行道路分级和分阶段规划存在的问题的基础上，着眼于资源的有效利用，从改变城市开发模式的角度，提出的道路交通系统的概念设计思想体现了创新的思维和可持续发展的要求。

利用架空平台组织人流、把地面层用于汽车交通和停车的人车分流的设计思想，符合建立人性化城市交通空间的发展趋势，有利于从根本上缓解由于人车混杂而造成的交通拥堵和交通混乱局面，有利于减少交通事故。从理论计算上可以提高道路通行能力数倍，并能够满足停车需求，是提高道路设施使用效率的行之有效的方法。

新交通模式与城市土地利用开发模式紧密相联，因此在城市改、扩建和新区建设中，改变传统的思维方式，增强交通意识，通过对地上空间的合理组织，把建筑与交通系统有效地结合起来，是实现新交通模式的根本保障。推广土地利用紧凑、交通系统分流、交通组织有序的城市建设新模式，符合我国的国情，可以减少对土地的占用，对城市可持续发展具有重要的意义。

建议在概念设计的基础上，通过相应的交通模拟分析和完善、细化交通工程设计，形成具有指导作用的实施方案，选取一定范围的街区进行建设，取得经验，逐步推广。

与会专家代表签字：

主办单位代表签字：

支持单位代表签字：

主办单位盖章：

支持单位盖章：

二〇〇四年九月十二日

参会人员:（按姓氏拼音排序）

陈洪仁　哈尔滨工业大学教授、交通工程研究所所长、中国交通工程学会理事、中国城市交通规划学术委员会委员

陈　淮　建设部政策研究中心主任、研究员、博士生导师

董国良　《建设汽车时代真正紧凑型不堵车城市理论和方法》作者、深圳市维时科技实业发展有限公司董事长

段里仁　北京市公安交通管理局原副局长、总工程师、博士生导师　公安部、建设部“畅通工程”专家组专家

冯　飞　国务院发展研究中心产业经济部副部长

焦洪波　科技日报社原社长、全国科技振兴城市经济研究会理事长

李　康　中国环境科学研究院环境管理学术顾问、首都规划建设委员会咨询专家、国家科技风险开发事业中心顾问

李连仲　中央政策研究室经济局局长、博士生导师、研究员、经济学博士

李明启　科技日报社秘书长、高级编辑　全国科技振兴城市经济研究会秘书长

李志能　国务院发展研究中心产业经济部博士

李佐军　国务院发展研究中心产业经济部副研究员

陆锡明　上海市城市综合交通规划研究所所长、教

授级高级工程师

马　林　建设部城市交通工程技术中心总工程师、教授级高工　中国城市交通规划学术委员常务副秘书长

潘海啸　同济大学城市规划系教授

彭国雄　同济大学道路与交通工程系博士生导师、教授

钱平凡　国务院发展研究中心产业经济部研究室副主任、副研究员、博士

任福田　北京工业大学交通研究中心主任、教授

王珏林　建设部政策研究中心副主任、高级经济师

熊永钧　铁道部科学技术信息研究所所长、博士、研究员

徐吉谦　东南大学交通运输系教授、中国交通工程学会理事、中国城市交通规划学术委员会委员

严宝杰　长安大学公路学院教授、博士生导师 交通运输规划与管理研究所所长　公安部、建设部“畅通工程”专家组专家

杨　涛　南京市交通规划研究所所长

杨晓光　同济大学交通工程系主任、教授　公安部、建设部“畅通工程”专家组副组长　中国城市交通规划学术委员会委员

郑　翔　建设部政策研究中心

本次会议上专家发言录音摘录

会议在深圳市五洲宾馆举行，全程有录音。以下每一段为一位专家发言录音的摘录：

“董先生提出的这个城市交通新模式不仅仅是一个交通问题，还是一个城市化进程过程中怎样实现一个集约化发展的问题。我们也曾经做过预测，到2020年我国汽车保有量恐怕是在1.5亿辆左右。会有三大问题，一个是能源问题，估计到2020年，我们全国的能源石油消费总需求可能达到4.5亿吨，由于受资源禀赋的制约，我们国内的产量也就2亿吨左右，需要进口2.5亿吨，到那个时候我们石油对外依存度接近60%。第二方面的问题就是交通问题，特别是城市交通问题，现在已经看出来，我们城市交通拥堵所带来的不光是一个便宜性的问题，还包括一个损失，效率损失、经济损失，也有人说我们的城市是不是由此要陷入瘫痪？第三个就是环境，环境污染、大气污染这些问题。二氧化硫、氮氧化物这些问题污染很严重，我们也曾经和国家环保局一起做了些工作，比如说二氧化硫的环境容量究竟有多大？判断大概是1520万吨的环境容量，但是我们现在已经超过1800多万吨，已经出现了环境透支，在这三个问题当中，前两个问题是近期必须解决的，是硬约束，后一个问题当然也需要下大力量去解决。”

“董先生的书我很好地拜读了一下。董先生有这么大的勇气，是非常值得钦佩的。董先生的基本结论不能成立，我想这个问题我们不能很好地澄清的话，会造成非常大的混乱。无知者无畏，不知道自己下的结论可能会造成什么样的结果。有条世界著名的当斯定理，想靠道路基础设施建设来满足小汽车的发展是永远无法满足的，可以说是一条铁的定理。城市道路网本身是一种等级结构，是一种合理的满足不同功能的不同需要的等级结构，那么这个结论也是被董先生所批判的结论，并不是我们行内所认同的。董先生的想法是人车完全分离，人车完全分离的话，那要么就是做人行地道，要么就做人行天桥，过街的方便性又怎样来保证？国际上中心区的交通都是以平面交通为主，完全立体化也不是人道的一种做法”（以上是在第一天会议上的发言，这是会上发表的唯一的否定意见。在第二天董先生不在场的会议上，这位发言者做了澄清，实际上是收回了否定意见。以下是在第二天会议上的发言）。“我昨天说这种话其实是有意而为之。我也看出来董先生是做了很多研究的、解决了很多问题。但是他的这个东西能解决很多问题，我们就很被动了。这正是我非常担忧的一个问题。其实我昨天话是说过头了点，说白了，我是有意而为之。”

“董教授的理论，是对我们传统理论提出的挑战，也许有不同意见，可以理解。城市交通拥挤的问题，无论发达国家也好、发展中国家也好，都没有解决。这是个经典问题，研究了50年或是20年，都没有找到答案，所以说这也是个哥德巴赫猜想。你（指上一位发言者）没有解决啊，西方国家也没有解决啊，我们社会主义国家也没有解决。那么给我们社会主义国家提供个机遇，能不能利用社会主义国家城市化发展的过程，我们最先拿出个最优方案，我们来填补这个空白，我们拿下城市管理这个哥德巴赫猜想。我们国家正处在最好的时期，要鼓励一批有真知灼见的理论家，让各方面的专家脱颖而出，所以说理论繁荣春天，要创造一批理论大家。董教授这个理论如果成立，按他讲的占地面积只占原来的1/4，投资是原来的1/4，能源是原来的1/4，城市改造又能节约70%的土地、70%的投资，如果真能到达这样高的效益，董教授你就代表我们理论创新方面的一个典范，争取拿到这方面的诺贝尔奖。”

“汽车城市主义是一个大胆的创意，而且的确向现行的城市交通规划理论乃至城市规划理论和交通工程学提出了挑战，城市交通面临的三大难题大家是众所共知的，我就不重复了。其中包括汽车尾气污染、噪声扰民，和环境污染损失向社会转嫁，不能不给予高度重视，而且还派生出来了不断增加的城市交通发展建设管理的边际社会成本，还隐含着交通效率和社会公平两头空的危险，这是派生出来的难题，的确是难题。董先生提出的创意和方案，可在进行进一步可行性论证之后，在某些新建的城区或有条件改造的原有综合区进行必要规模的实验。”

“我也觉得这本书还有很多新的、开拓的东西，这对我们传统来讲，特别是对我们这些搞交通的人来讲，确实是一个挑战。刚才李局长也讲了，这属于哥德巴赫猜想。我认为就目前来讲，有这种勇敢的创新精神，向传统的观念挑战，就是一个很好的成果、重要的成果。就交通解决交通，我认为是无法解决的，是不可能解决的。董先生研究的这个交通问题，不仅是一个交通问题，它牵涉到一个城市结构的问题，另外也是生活方式的问题。”

“城市交通是国家的一个大战略，也是世界的一个大难题，交通运转起来以后城市经济才能发展起来。”

“对于城市规划或者交通规划也好，这个外界的介入非常重要。我们的专业人士，反而看不清楚问题，我们一些创造性的思想，可能不完全是城市规划师或交通规划师想出来的，倒是从外界出来的。董先生的研究报告里提到一个很好的问题，报告里讲到两个问题，第一个是土地问题，第二个是能源问题。我们昨天去看了模型，这个模型非常好。这个研究报告里，有几点我也觉得非常好。第一个，考虑了多种交通方式的平衡问题，既考虑了小汽车，也考虑了非机动车和步行，这是比较好的地方；第二个，不仅是解决城市交通问题，在很大篇幅上讲的是土地资源节省问题、环境问题和投资问题。报告里讲的有一点我也是赞成的，就是如果把城市道路都做成快速路的话，的确可以提高通行能力。总之，我感觉董先生这样的一个研究对于我们现在解决城市交通问题非常重要。”

“我觉得这个课题非常有意义，董先生提出了这么一个思路，也出了一本书，我们也看了模型，给我们比较新的角度去考虑问题。最终规模对小汽车的需求是600辆/千人，城市怎么样去适应它？可以说是中美两个工程院对这个问题研究的一个趋势。董先生这本书有他的现实性，上海高峰期退下来也就是在16~17千米/小时，尽管有200多千米的快速路，还是出现不少这样的问题，而且这个问题还影响到整个经济。我从虹桥机场回到家里，客人正好从虹桥机场到了香港，大家一样是3小时，他到了香港，我刚到家里。上海是一个没有办法的状态，投资商都要走，所以交通对经济的影响很明显。董先生的这个思路、这种考虑，我觉得是一个大思路，涉及我们国家最主要的一个问题，可以考虑能不能找个地方做这个试验，建议对这个新理论和新方法能够再深化一下，找一些比较有意义的地方做个试验。”

“轿车进入家庭以后引发的交通堵车问题，不仅仅是解决交通问题，而且是解决城市发展模式的问题，是一种新的城市发展模式这样一个大问题。董先生的意思实际是要跳出交通看交通，从交通堵塞问题引发了一个城市新模式的问题。像董先生设计的这个模型，城市速度非常快，大家觉得一个城市是不是需要几十千米（60千米/

小时）那么高的速度、那么高的效率。”

“董先生的书读了、昨天也听了介绍、看了模型。总的来看，为了解决城市交通包括城市规划提出的新思路，我认为是非常不容易的，应该说题目的本身，还是有一些解决问题的思路、观念和方法，有不少创新的地方，想到了其他人没有想到的东西。我不同意 ×× 昨天否定董先生的意见，好多搞交通的其实原来并不是搞交通的，不识庐山真面目、只缘身在此山中，可能我们行内人是想不到看不到的。我认为董先生的一些观点还是比较新的，第一个就是把城市规划与交通规划连到一块来考虑了，应该说这个观念非常强。因为脱离了这个关系，有好多问题并不好解决。第二个是关于紧凑型城市，董先生提出了一些指标，如汽车拥有率和一些其他东西。我认为这是一个新的题目，并不是说这本书把所有的问题都解决了，但它把问题提出了，紧凑型城市怎么发展？一般的怎么发展？看了模型，我认为模型还是有一定的可行性的。”

“实际上董先生提出的问题像钱博士所说的，它是一个城市发展模式的问题，甚至是国家经济发展里面的汽车产业发展的问题。我从董先生这本书和昨天谈的一些问题和做的这个模型，从一开始亲身体会堵了几个小时到最后关注这个问题，我想他占有了大量的资料，也阅读了不少书籍，昨天一开始谈的时候我就听不出来他是个行外人在谈交通，他用的都是一些专业术语、专业词汇。那我们在什么时候、什么条件下做些试验，可能会产生比较好的效果呢？在我们能够想象的条件下，一个满足实施条件的地方去做一下试验呢？有了经验，再对它进一步去研究、完善。”

“我拿到这个主题就非常高兴，高兴什么呢？我从事交通工作实际上一直对这些问题有思考，突然间，有些新的东西从另一个角度来促使我们去想一些新的问题，对我们解决城市交通问题还是很有好处的。交通问题已经引起社会的关注，像董先生这才是真正的关注。咱们找一个适合条件的地方去做试验，一试验问题可能就好一些。这是个好东西，有好多细的想法，如车库在地面好还是在地下好？肯定在地面方便多了……，这是对咱们解决城市拥堵问题进行的一次冲击。”

“总体来看，董先生做的这么一个方案，我觉得还是蛮有新意的，做的过程中是不是要再深入地研究这些问题，有些还可以深化，最好就是有个试验地点，我认为新建的地区比较好，老城改造好像比较难。”

“接到开会通知的时候，还不太想来，看了模型并进行了交流以后，认为可行，值得推广，我觉得可以在浦东地区采用这种方法，先选一个地块试一试。关于这个方案的细化问题，我可以在技术上给予支持。”

“董先生这个方案最大的优点是实现了人车分流，解决了安全问题，这可是个大事呀，也是我们最头痛的事。我认为方法是可行的，是一个重大的创新，需要各方面的专家共同进行完善和细化，我希望董先生要坚持到底，坚持下去一定能够成功，因为这对城市交通是一个很重要的问题。”

“看过董先生的书，我觉得观点很创新，但我还是半信半疑，接到开会通知的时候也不太想来，认为可能价值不大。但今天看了模型以后，觉得不是不可行，应该是可行的。我认为，这个方法提出的不仅仅是城市道路交通系统，而是对整个城市空间结构模式的全面设想，应该看到这一点，实际上离开整个城市空间结构模式的规划，交通问题也不可能孤立得到解决。”

“董先生这个课题可以说是一个大胆的创新。第二点，大家刚才说了，可以在特定地区、局部地区做试验，所以说还是可行的，并不是不可行，但有些具体的方案还需要完善。”

附录五
2005年国务院发展研究中心等部门召开的JD模式研讨会纪要和专家发言摘要

城市交通可持续发展高层研讨会 会议纪要

2005年2月20日，国务院发展研究中心产业经济研究部召开了“城市交通可持续发展高层研讨会”。有关政府部门的领导同志、著名专家和汽车业界人士，就汽车快速增长和城市化进程明显加快背景下的城市交通可持续发展问题，进行了深入研讨。

近年来我国城市化进程明显加快，汽车快速增长，在促进经济发展和社会进步的同时，也带来了城市交通拥堵严重、城市运行效率降低、挤占大量耕地、制约汽车产业发展等一系列问题，城市人居质量问题日益突出，对经济社会的可持续发展构成严峻挑战。

会议认为，城市模式是影响城市交通可持续发展的“牛鼻子”。从全球范围看，传统的城市模式正面临着重大变革，发展中国家不应重蹈发达国家城市模式的覆辙。解决我国城市交通可持续发展问题，应发挥我国城市化的后发优势，跳出就交通论交通的思路，摆脱国外城市模式的局限性，通过创造性地探索，寻找一条与中国国情相适应的新型城市化道路。

深圳维时科技有限公司建筑与城市研究中心主任董国良先生提出的 “畅通城市新模式”，具有我国自主知识产权，是促进城市可持续发展的具有开创性的新思路、新模式。会议初步分析后认为，该模式具有保证畅通、安全、增效、环保和成倍地节地、节能、节约交通投资等一系列重要特点，符合城市可持发展的基本要求。该模式使用地面道路、地面停车库和停车库屋顶所形成的架空平台等成熟可靠的结构元素，以新思路加以科学地整合后，能够一举三得——同时解决行车难、停车难、步行难三大难题，能够充分发挥汽车运输的快速优势，节约大量耕地，实现城市的“人车全面分离”，形成人性化的生活空间，有利于建设紧凑型城市，形成可持续发展的城市形态。实施畅通城市新模式，还有望从根本上解决城市交通的拥堵、能源消耗和环境污染等制约汽车产业发展的问题。

与会领导同志和专家指出，城市交通是我们当前应当解决的重大问题。畅通城市模式的思路很有创造性。如果在操作层面上能够完善，就意味着重大突破，将有助于走出一条新型城市化道路。

与会代表建议，在现有“畅通城市新模式”的基础上，继续开展一些深入而规范的社会经济技术和工程设计研究，形成多个具有操作性的实施方案，争取在新建城区或改造老城区方面进行试点，在取得经验后逐步推广。

附：与会专家名单

主办单位盖章：国务院发展研究中心 产业经济研究部

二〇〇五年二月二十日

2005年2月20日　国务院发展中心城市交通可持续发展论坛与会专家名单

傅志寰　全国人大财经委主任、中国工程院院士

陈清泰　全国政协常委、国务院发展中心原党组书记、副主任

李京文　中国社会科学院学术委员会委员、中国工程院院士

谢伏瞻　国务院发展中心副主任

吴明瑜　国务院发展中心原副主任

刘世锦　国务院发展中心学术委员会秘书长、办公厅主任、党组成员

冯　飞　国务院发展中心产业经济部部长

王富昌　国家发展改革委员会产业政策司副司长

束克欣　国土资源部土地利用司副司长

李兴华　交通部土地规划司副司长

张小虞　中国汽车工程学会理事长

段里仁　公安部建设部“畅通工程”专家组专家、北京交管局原副局长、教授

董国良　深圳维时科技有限公司董事长、建筑与城市研究中心主任

徐和谊　北京现代汽车公司董事长

毛　海　北京现代汽车公司总裁助理
刘章民　东风汽车公司副总经理
赵家佑　大众汽车公司战略总监
熊永钧　铁道部科学技术信息研究所所长
罗庆忠　铁道部科学技术信息研究所副所长
向　宏　北京光彩集团总经理
林仁兴　北京东方高盛投资顾问公司总经理
石耀东　国务院发展中心产业经济部博士、研究室主任
钱平凡　国务院发展中心产业经济部博士、研究室副主任
来有为　国务院发展中心产业经济部博士
李志能　国务院发展中心产业经济部博士

本次会议上专家发言录音摘录

会议在国务院发展中心215会议室举行，全程有录音。以下每一段为一位专家发言录音的摘录：

“董先生的建议（畅通城市新模式），我很早就接触了，今天系统地听了他的介绍，思路很新，很有创造力，总体上我是支持的，我也建议继续研究、深入研究。我建议国务院发展研究中心能不能继续支持这个题目，进行深入的研究。我看到徐冠华同志，也建议他立一个课题，这的确是一个当前我们应当解决的一个重大问题。作为一个重大的课题，提出一个新的思路，我个人是完全支持的。你的利用率用很高，到90%，现在的利用率只有15%，我赞成这个观点提高了效率（利用率）。总的来说，大的思路是很有创造性的，如果说在操作层面上能够解决，那就意味着重大突破。”

“今天现实存在的交通问题，不仅中国啊，还有国外的许多城市，这么长时间以来一直没有得到很好地解决。解决城市交通的问题要跳出交通研究交通，也就是说要把城市功能、城市结构统筹考虑，这样可能才会有一些新的思路，才能通。实际上现

在的城市交通问题，它的基础是一个城市结构的不合理，结构上的不合理，你再去弥补，弥补了半天，没有解决结构上的问题，所以问题的本质是解决不了的。董先生提出来的一个创新性方案（畅通城市新模式），大家充分肯定了，我也感觉得到非常有创新的思路。这种新的思路，不光在新城市的建设可以用，老城区的改造也可以用，这个思路我认为还是有价值的。使我们在城市化过程中，尽量避免重蹈过去的覆辙。”

“董先生搞了这么多年的研究，下了这么大的功夫，最大的价值不是说什么四分之一、八分之一、九分之一，而是一个新的思路。这个思路最可贵。比如你刚才讲的集装箱，就是一个思路。由于有这样一个思路，改变了全世界。那么你现在有这样一个思路，如果我们把它扩展好的话，它会改变很多城市。我也建议，能够做一些试点，我认为非常有意义，因为它可能各种各样的问题都会发现，也可能会取得很多人的认同，这比在理论上探讨更有价值。我想就是说——如何能够影响政府。如果说能够将它作为其中的一种模式，老城市区的改造和新城市的建设的一种模式。从（国务院）发展中心做的工作来说，一个深度研究可以来做，另外通过发展中心这样一个渠道能将这样一个好的思路送到国务院、中央、政府，加以反映。当然也可以通过媒体造一些舆论。如果说这个到相对比较成熟的时候，能不能在比如说建设部，他们在推动城市规划的时候，把这个作为一种模式加以推动，会对整个工作展开来更有好处。我们和外国、和美国、和欧洲不一样的就是我们正在城市化的过程当中。所以说这是一个很好的机会，不要重蹈过去的覆辙，现在的机会就在这儿，在这个发展的过程中解决这个问题，我认为，机会可能更多一点。”

“城市交通或城市空间的问题，是一个综合性的问题。这就是一个牛鼻子，这个问题不解决好啊，经济社会的发展这样一个全局性的问题都会遇到很大的困难。发展中的问题要用发展的眼光来解决，要寻找新的、能够容纳这种经济发展、汽车发展、人的发展所要求的城市空间。刚才（董先生）讲了，陈主任也特别强调了，就交通论交通是没有出路的。实际上用中医的观点来讲，他是一个整体的问题，是一个城市模式的问题，是上一个层次来看的问题。董先生讲的，大家对于这个模式都给了相当高的评价，是一个创新性很强的命题。我们总结一下，主要有这么几点：节约土地、节约能源、环保、安全、提高了效率等等这么一系列的优点。当然现在的问题我们大家刚才讲了，我个人也这样认为，当前最关键的问题是要做一个试点，把这一种理念，或者说一个思路，一个模型怎样变成现实的问题。下一步做深度的研究，我们发展中心可以承担这样一个任务，这样的话对于董先生来讲还是比较公平一点，这确实是一个社会性的问题，光靠哪一方面的确很难做，需要政府、市场各个方面形成合力，因为它是一个全社会的问题，需要全社会各个方面齐心协力来完成。”

“董先生的设想（畅通城市新模式），他的这个方案是非常大胆、非常理想，也是很有创新的。是把人升上去，而不是把车放到地底下去。我觉得这不仅是一个城市交通模式的变化，甚至呢是一个人类生活模式的变化，也就是董先生自己讲的换了人间。如果按董先生这个方案，全国、全世界都这样做，人类的生活增加了一个大的空间，由一个空间变成了两个空间。人类生活有了两个空间，而这两个空间，一切成本的节约都出现了。所以董先生说的那些两个方案的对比，那些数据，不管怎么说都是对的，因为增加了这么大的一个人的活动空间嘛，肯定是很多指标都是很优越的，人类真正实现了有一个‘天上人间’了。将来在全球范围内，中国先实现了‘天上人间’，这对全世界都是一个重大的贡献。”

“城市的交通问题，成为制约汽车工业发展的一个障碍。选择这个时机来研究新型城市化道路，探索城市交通的模式，应该说为我们相关政策的制定争取到一个大的回旋的余地和空间，应该说开这个会还是很及时的。围绕着城市交通模式的创新，集中深入地探讨城市模式的创新及新型城市化道路。”

“畅通城市新模式的构想，有可能是从根本上解决问题的一种途径。过去的交通三层，汽车在高架上走，然后呢到了停车场，不仅要到地面，还要到达地下。人在中间，所以整个的人和车的混杂情况是没法解决的。现在他这个构想是把人（安排）在一层空间上，汽车在地面上，等于人上了高架桥，就是李京文同志讲的‘天上人间’了，人在天上走。人车从根本上解决了一个分流的问题了，这样一来，什么安全问题，都相应地好解决了。一个新的事物，要能够生存和发展，需要有大量的舆论工作。要求宣传，现在到了做宣传的时候了。”

“董先生那个模型没有带来，他这个模型你去看好了，他这个环境非常优雅。他考虑到了环境的问题，居住、交通和环境结合起来。我觉得这是他的创新跟国外不太一样的地方。从交通工程上来讲评价很高，但是没有得到很好的推广。董先生这个方案，安全问题考虑得比较周到，完全实现了立体分离，就把停车的问题解决了。我觉得他解决了安全的问题、环境的问题、停车的问题。”

“董先生刚才讲的（畅通城市新模式）我非常赞成，也比较清楚。在这里，我先表个态，如果董先生愿意的话，国土资源部将在6月份，举行一个市长研讨班，以‘节约土地利用’为主题。我邀请你到那里讲课，扩大影响。你把今天讲的，更详细一些，给你2个小时。这个模式如果在一个新开辟的处女地，比较容易。至于现行的城市是不是可以搞，我认为可以搞。”

“今天听了前面两位专家的发言以后呢，我更对中国汽车工业未来20年，在2050年的发展充满了一种信心。听了董先生的讲话（畅通城市新模式），我们有巨大的发展空间。听了董先生的报告后，我觉得：一个不合理的城市结构必然是一个不合理的交通运输结构，这已经是摆脱不掉的。问题是我们怎么通过交通结构改造，来促进城市结构的改造。北京的模式绝对不能重演，这是我在汽车行业开会的时候就明确讲了的。听了董先生的报告，更坚定了我的这个分析。在大城市里面，应该是人在上而不是车在上。广州修的那个高架路，太危险了、太高了。我们绝对不能够让每年道路交通死亡10万人以上的数据再继续下去，这个太可怕。”

“我觉得最重要的还是一个经济社会的可持续发展的问题。新型城市化的内涵是什么？怎样来解决，这也是长期困扰我们的问题。能源方面随着替代能源的发展，能源方面可能会有比较大的突破。而交通这个约束还没找到一个好的解决办法。而且这是个硬约束，这个坎绕不过去，不仅仅是汽车工业发展受到制约，那么经济的可持发展的问题，也会受到影响，社会的问题等等一系列问题也会受到影响。今天的感受有两个吃惊。一个是大家对解决这个问题，都没有从限制汽车使用的这个角度来谈这个城市的可持续发展。当然我们汽车界肯定不会这么提，非汽车界也没有这样提，而是想一个更积极的方式来解决这个矛盾。第二个事情是大家对董先生提出的这样一个创新的思路，抱有非常浓的兴趣，也从各个方面出了一些主意。我想今天的这个发言从各个角度来谈这个问题，从土地资源的利用，从汽车的这个发展，从城市交通模式的发展。从怎么发展这个模式来讲，非常非常有意义，这个是具有战略意义的一个问题。解决城市交通问题要‘跳出交通’来看这个问题。在汽车社会的导入期，在城市化加快发展的这个时期。这个重要的战略机遇，你不抓住的话，一旦形成了这个城市模式，很难改变，付出的代价相当大。”

“对董先生提出来的畅通城市论，（大家）表现出了浓厚的兴趣，从理论上来讲，作了一个比较完整的阐述。现在问题关键是怎么实施的问题，再有一个是怎么进一步科学论证深入研究的问题。大的理念上比较认可。如果说这个方式有一个好的试验基地，取得一定的效果，我想对整个社会贡献非常大。”

附录六
当代经济发展两个深层次问题之解决（英文稿）

Solving two deep-seated problems in economic development- Eliminating the endogenous deficiency and exogenous constraints

The deficiency with catastrophic consequences and the various constraints arising from economic development, which have plagued societies for over a hundred years with ever more devastating consequences, are deep-seated problems in economic development. The author observes from a new perspective the underlying causes of these problems and provides a preliminary solution.

I. Two basic concepts.

“Endogenous deficiency” - In economic development, the rising disparity between the rich and the poor, environmental pollution, economic turmoil, trade frictieons, among other things, will have catastrophic consequences for the world. All these problems are the result of “market competition based on a non-cooperative game”, a deficiency in the internal operating mechanism of the market economyreferred to as the “endogenous deficiency”. The “endogenous deficiency” is a deep-seated problem in economic development.

“Exogenous constraints” - In the process of urbanization and automobilization, the increasing waste of cultivated land, investment and energy, and the enormous amount of carbon emissions have placed constraints on an already deeply troubled economy. These problems, which are referred to as the “exogenous constraints”, are the consequences of the wrongly-chosen urban pattern, (that is to say the selected pattern is not compatible with the automotive era). The study of urban patterns is a subject that is yet to become part of the economic studies.

Practice has proved that choosing the optimal urban pattern from the 105 urban patterns available can help eliminate these “exogenous constraints” . The “exogenous constraints” are a deep-seated problem in economic development.

The “endogenous deficiency” and “exogenous constraints” , being the new concepts that the author created in the course of research, clearly identify the sources of the aforesaid deficiency and constraints, which are the first step toward resolving the problems.

II.Eliminating the drawback in the internal operating mechanism of the market economy (that is, eliminate “market competition based on a non-cooperative game”), thereby eliminating the “endogenous deficiency” of the market economy.

(I) Building a market economy of cooperation and mutual benefit is a top priority.

Today when mankind has “fully occupied the earth” , when the earth has been completely polluted, when climate change has become a serious threat, when existing nuclear weapons stockpiles are big enough to destroy the earth dozens of times, when artificial intelligence, driven by business interests and countries’ ambitions, may be on track to destroying human civilization (as Stephen Hawking predicted), and when trade frictions may lead to catastrophes on a global scale, human society has arrived at a tipping point where it risks crossing the point of no return if people fail to cooperate for mutual benefit and build a community of shared future – the need for building a community of shared future for mankind through win-win cooperation has never been as pressing as it is now!

The reason why society has reached the above-mentioned “tipping point” is, fundamentally, because of years of market competition based on non-cooperative games. As has been revealed by the game theory, “individual rationality in non-cooperative games can lead to collective irrationality” .

When it comes to overcoming the drawbacks of the market economy, there are already many very effective economic theories that can be used as the basis for policymaking. The author believes that it is also necessary to tackle the problem from a new perspective, that is, from the perspective of optimizing the internal operating mechanism of the market economy.

The internal operating mechanism of the market economy is market competition, which has two types: market competition based on a non-cooperative game; and market competition based on a cooperative game. Market competition based on a non-cooperative game can be regarded as a deficiency in the internal operating mechanism of the market economy, because it is harmful but can be eliminated. Market competition based on a cooperative game, which operates according to the cooperative and win-win game rules, can overcome the deficiency of "individual rationality in non-cooperative games leading to collective irrationality" in a non-cooperative game. For example, in observing the cooperative game rules for fishing moratorium and mesh size, the fisherman turns competition from non-cooperative games to cooperative games, avoiding the shrinking of fishery resources and achieving win-win cooperation; in following the cooperative game rules of raising all their livestock in pens, the herdsman manages to protect the pasture resources while achieving win-win and cooperative results. Of course, it is a very complicated task to formulate cooperative game rules in every aspect of market competition. It may take a century to perfect these rules, but it is the only way to completely eliminate the "endogenous deficiency" based on existing economic theories, and the inevitable path toward a new era of a harmonious market economy.

(II) Two types of market economy.

1. Non-cooperative market economy.

Non-cooperative market economy is a market economy whose internal operating mechanism is market competition based on a non-cooperative game. Driven by the profit-seeking nature of capital, it inevitably leads to a situation where "return on capital is placed above the interest of the society" (resulting in money worship and corruption) - it can be seen from this basic attribute that a non-cooperative market economy is a capitalist market economy.

In his "Capital in the 21st Century" , Thomas Piketty notes that the disparity between the rich and the poor in most countries is expanding - this indisputable fact shows that the non–cooperative market economy has indeed led to a situation where "return on capital is placed above the interest of the society" ! And this means disasters. Just take the negative externalities of economic activities for example. This situation will result in a host of problems that threat human existence, such as climate change, the deterioration of the ecological system (The Newsweek online magazine reported "There may be 3.4 billion tons more garbage on earth by 2050" , 22 September 2018), marine pollution (in May 2018, a report of the UN Secretary–General stated that "in the long run, the amount of plastic in the ocean by weight will be equal to that of fish by 2050"), and so on, painting a gruesome picture of the future. The world is quietly and gradually slipping into the abyss where mere human survival will become impossible!

2. Cooperative market economy.

A cooperative market economy is a market economy whose internal operating mechanism is based on cooperative games. When market competition complies with the cooperative game rules of win–win cooperation among all relevant stakeholders in the society, it will inevitably lead to a scenario where "the interests of the society are placed above the return on capital" (and to the formation of socialist values that honor honest labor and do not breed corruption) – it can be seen from this basic attribute that a cooperative market economy is a socialist market economy.

In a nutshell, in order to avoid the catastrophic consequences of market competition based on non–cooperative games, it is the basic economic responsibility of the government to formulate and promote cooperative game rules of market competition and shape a cooperative market economy. This would include at the least the following aspects:In terms of the waste problem, which may lead to the complete deterioration of human living conditions, the fundamental solution is to curb the increase in household waste.To this end, cooperative game rules need to be formulated at national and international levels to require the mandatory adoption of minimal packaging using recyclable materials, the recycling of packages used in the express delivery industry (the amount of packaging in express delivery is already an astronomical figure, and is still growing exponentially), the supply of chicken, duck, fish, meat, vegetables and other foodstuffs in semi–finished form in order to cut back on waste in the kitchen, and the adoption of recycled shopping bags; In terms of the narrowing of the wealth gap, the government should formulate policies to impose different levels of consumption tax on the goods consumed by the super–rich and the rich (such as houses, automobiles and luxury goods), and to provide adequate amount of affordable housing for the low–income population. At the same time,a negative income tax regime predicated on honest labor should be established so as to ensure that laborers have dual identities (that is to say, being a supplier of labor and a consumer at the same time) and achieve to the largest extent possible a balance between supply and demand across the society. Furthermore, we should also establish such a system where the rich can choose to make large monetary contributions to the state in exchange for various levels of livelihood support for their children, grandchildren and great grandchildren, and for an honorary status for themselves. In terms of the balance between the real economy and the virtual economy, we should introduce an income tax policy where the tax rate for the real economy is substantially lower than that for the virtual economy, so as to make the real economy more attractive to capital, and fundamentally curb the shift from the real economy to the virtual economy. In terms of the securities market, we should introduce appropriate cooperative game rules (for example, T+10 or others) to turn the speculation–centered market into an investment–centered market, so that individual stock market investors become value investors and the majority of the people make money, and that private capital can support both business development and the increase in people' s purchasing power. In this way, we can completely reverse the situation where the securities market only serves to widen the gap between the rich and the poor and avoid the repetition of past economic downturns and economic crises triggered by stock market crashes.In terms of ensuring the orderly and efficient operation of the economy, since the government and the market have a symbiotic relationship on the economic front (which also requires the rules of a cooperative game), in order for the government to fully and effectively perform its economic management functions, an attractive reward system and an elimination system, both subject to public evaluation, should be introduced to the management of civil servants in order to tackle indolence and sloppiness among government officials, and attract more talent to public service.In terms of climate change, we should establish a global per capita carbon emissions standard to ensure average global temperature does not rise and establish a climate change fund (to reduce global carbon emissions). Any country that exceeds the standard should pay the corresponding amount of fees to the fund for amount of emissions exceeded. In terms of international economic relations, the economics community should persuade governments to accept the theory of cooperative market economy, and on top that push for the reform and improvement of the WTO. They should urge governments to establish an international organization to coordinate the monetary policies of various countries (to avoid cyclical crises) and pursue economic cooperation and win–win results among all countries.

Looking at the history of China's deepening of the economic system reform, we can tell that the Chinese economy is a gradually perfected cooperative market economy that follows the "win–win cooperation" mentality.

(III) Cooperative market economy will ultimately replace non–cooperative market economy.

The various catastrophic drawbacks of non–cooperative market economy will inevitably drive change. Although the process of change may be of twists and turns, a cooperative market economy will eventually replace a non–cooperative market economy.Looking at history, non–cooperative market economies were a mere ephemeral existence, whereas cooperative market economy, as a mature market economy, is the one to stay for the long run.

Can we say that the "cooperative market economy system" holds the answer to the question raised by Joseph E. Stiglitz, a Nobel laureate in economics, that goes "Which economic system can bring the greatest wellbeing for mankind?" The answer is yes – competition based on non–cooperative games in a non–cooperative market economy will inevitably lead to a political non–cooperative game, and ultimately to war. However, a cooperative market economy is different. It will not lead to war. Rather, it is the economic foundation of world peace. Without this economic foundation, the world can never be at peace. At the same time, it will not create the "endogenous deficiency" that endangers the society, but lead to a situation where "the interests of society are placed above the return on capital" . Therefore, cooperative market economy systems bring the greatest wellbeing to mankind.

Special note: The above theory on cooperative market economy is still preliminary and far from enough in shaping a cooperative market economy. The author wishes that this theory can raise the attention of the economics community to research in this aspect, and to join hands to form a complete theory with a view to eliminating at an early date the "endogenous deficiency" that endangers economic development, and gradually establishing a cooperative market economy system that brings the greatest wellbeing to mankind. If this is the case, the author will have his wish gratified.

III. Abandoning the existing urban pattern, which is incompatible with the automotive era, and using the optimal urban pattern referred to as the JD pattern to eliminate the "exogenous constraints" that undermine economic development.

The following discussion proceeds from the perspective of technical economics.

(I) Perceptionissues that must be clarified in order to eliminate the "exogenous constraints" .

Since 1902, "Garden City" , "Radiant City" , "Broadacre City" , "Great City" , "Bus Rapid Transit" , "Transit-Oriented Development in Copenhagen" , "New Urbanism" , and "Smart Growth City" have been emerged as solutions to the urban diseases problem. However, all these schemes have failed to break through the mindset of "the coexistence of people and car traffic on the urban ground" . In fact, they are still the existing urban patterns, and thus they have failed to eliminate urban diseases and are not conducive to eliminating the "exogenous constraints" .

(II) The "exogenous constraints" generated by the existing urban pattern are extremely serious.

1. In the past 15 years in China, about 66 million mu of cultivated land and RMB33 trillion of investment were wasted in the course of urban construction, and on average about 12,000 mu of cultivated land and RMB6 billion of investment were wasted on a daily basis.

In the second chapter of the first section of the "National New–type Urbanization Plan (2014–2020)" , it is pointed out that the average annual increase of urban construction land is 5.15 million mu during the period from 2010 to 2012. ... urban development has resulted in huge waste of arable land resources, not only threatening national food security and ecological security, but also increasing such financial risks as local government debt. The per capita urban construction land in China expanded from 26 square meters in 1980 to 145 square meters in 2014 (data from the Ministry of Land and Resources). In comparison with the 20 square meters of per capita urban construction land in the JD pattern discussed later, there is an 86% waste of urban construction land in the case of the 145 square meters. Based on this, according to the "average annual increase of 5.15 million mu for urban construction land" disclosed in the above plan, the annual waste of cultivated land is 4.43 million mu (5.15 million mu × 86% = 4.43 million mu), equivalent to about 12,000 mu of cultivated land wasted on every single day. With RMB750 million of urban construction investment per square kilometer, the urban construction investment for 12,000 mu of urban construction land is as high as RMB6 billion. In summary, in the 15 years from 2005 to now, about 12,000 mu of cultivated land and RMB6 billion of investment have been wasted in urban construction every day, and around 66 million mu of cultivated land and RMB33 trillion of investment have been wasted on a cumulative basis.What' s more, built on the over 40,000 square kilometers of urban construction land are cities with severe urban diseases, and it will take an additional spending of RMB50 trillion and many years of time to transform these cities in the future. In the long run, the cumulative waste of cultivated land and investment in the whole process of urbanization are about 330 million mu and RMB165 trillion respectively. For the cities with serious urban diseases built on more than 200,000 square kilometers of land on a cumulative basis, it may never be possible to have them transformed!

Across the world, if the existing urban pattern continues to be adopted, a total of about 1.8 billion mu of cultivated land and USD120 trillion of investment will be wasted throughout the entire urbanization process.

2. Huge increase in energy consumption (which may lead to an energy crisis).

Because of the existing urban pattern, at present, the annual increment of oil consumption by automobiles in China is around 120 million tons. That of the world is around 800 million tons. With car ownership in China and the world increasing by about 4 times in the future, the annual increment of oil consumption will be about 600 million tons oil equivalent for China and 4 billion tons oil equivalent for the world.

3. Huge increase in carbon emissions (which will lead to a carbon crisis).

Because of the existing urban pattern, based on the increase in vehicle energy consumption mentioned in the previous paragraph, at present, China' s annual increment of carbon emissions by automobiles is about 360 million tons, whereas the annual increment of carbon emissions by automobiles in the world is about 2.4 billion tons; as the number of automobiles increases by 4 times in the future, the annual increment of carbon emissions by automobiles will be about 1.8 billion tons in China and 12 billion tons in the world, which will add approximately 30% to the global total of annual carbon emissions. This is going to be a serious threat to climate security!

(According to the current energy mix, if across-the-board vehicle electrification is realized, the data under subheadings 2 and 3 can be reduced by about 30%)

(III) The optimal urban pattern referred to as the JD pattern can be adopted to eliminate the "exogenous constraints".

1. What is an urban pattern? What is the optimal urban pattern referred to as the JD pattern?

"Urban diseases are caused by automobiles entering the urban area and aggravated by the popularization of automobiles". This history of urban evolution shows that "the way different means of transport and tiers of space are matched" when both automobiles and pedestrians/bicycles hit the road in urban areas may be the root cause of urban diseases. It will be proved later in this article that there are 105 combinations of "means of transport and tiers of space" in urban areas, and one of them does not produce urban diseases at all. It can be seen that the "way different means of transport and tiers of space are matched" in urban areas is the decisive factor for urban diseases. This paves the ground for the following concept of "urban pattern".

Definition: The three-dimensional space utilization pattern of the urban area based on the "way means of transport and tiers of space are matched" is referred to as an urban pattern. There are 105 urban patterns, among which the most livable and resource-saving urban pattern is called the optimal urban pattern.

The direct effect of the optimal urban pattern is that it can save more than 90% of urban construction land. Hence, the name "JD" comes from the initial letters of the Chinese word Jie Di (saving land). It is acceptable to pronounce it alphabetically as JD.

2. The JD pattern is an inevitable path to eliminating the "exogenous constraints".

Here is how the JD pattern is created (for details, see the author' s 700,000-word monograph entitled "The Study of Urban Patterns"): First, use the "Urban Pattern Generation Formula" to calculate the number of combinations between the four means of transport (pedestrian, bicycle, car, bus) and three tiers of space (ground, underground, aboveground) in an urban area. There are altogether 105 combinations.

$$\left(\sum_{i=1}^{4} C_4^i\right) \times \left(\sum_{i=1}^{3} C_3^i\right) = 15 \times 7 = 105$$

The following table is a list of the 105 combinations of "transport and space" in urban areas.

Means of transport	Urban space						
	Ground	Above-ground	Under-ground	Ground Above-ground	Ground Under-ground	Above-ground Under-ground	Ground Above-ground Under-ground
Pedestrian	1	2	3	4	5	6	7
Bicycle	8	9	10	11	12	13	14
Bus	15	16	17	18	19	20	21
Car	22	23	24	25	26	27	28
Pedestrian + Bicycle	29	30	31	32	33	34	35
Pedestrian + Bus	36	37	38	39	40	41	42
Pedestrian + Car	43	44	45	46	47	48	49
Bicycle + Bus	50	51	52	53	54	55	56
Bicycle + Car	57	58	59	60	61	62	63
Bus + Car	64	65	66	67	68	69	70
Bicycle + Bus + Car	71	72	73	74	75	76	77
Pedestrian + Bicycle + Car	78	79	80	81	82	83	84
Pedestrian + Bus + Car	85	86	87	88	89	90	91
Pedestrian + Bicycle + Bus	92	93	94	95	96	97	98
Pedestrian + Bicycle + Bus + Car	99	100	101	102	103	104	105

Based on the 105 combinations of "transport and space", there are 105 types of urban patterns. Number 99 in the table constitutes the existing urban pattern, and number 102 constitutes the JD pattern.

Then, use the 33 constraints (see the author's "The Study of Urban Patterns") that must be dealt with in treating all urban diseases as the filters and select from the 105 urban patterns the optimal urban pattern, i.e. the JD pattern. The selection process indicates: 1. Because the JD pattern satisfies all the 33 constraints, it can eliminate all urban diseases; 2. The JD pattern is the only one of the 105 urban patterns that can eliminate all urban diseases.

In summary, the JD pattern is optimal. Using it in building new urban areas or in urban renewal will spare the trouble of future modifications and transformation, thus completing the job once and for all. At the same time, the JD pattern is the only urban pattern that can eliminate all urban diseases. It is the inevitable path toward eliminating the "exogenous constraints" .

3. The JD pattern has a simple structure, is easy to build and saves investment.

The structural features of the JD pattern are that people and automobiles are completely separated in space; people are in the upper tier while the automobiles are in the lower tier; each have their own places and do not interfere with one another.

An explanation of the specific structure of the JD pattern: 1. An overhead platform with a height of about 6.5 meters and an area of about 60% of the urban ground floor area is built above the ground; the remaining 40% of the ground floor area, which is without an overhead platform, is turned into ground gardens scattered in each block; each block has a large ground garden, where sports venues and swimming pools can be built. 2. The ground below the overhead platform is specially for driving and parking automobiles; there are no pedestrians and bicycles on the ground road for motor vehicles while simple overpasses are located at the intersections and all traffic lights are eliminated; the road traffic capacity for automobiles is about 5 times that of the current city; the ground space for parking is very large and the parking density is about 15 times that of the current city. 3. On the overhead platform are buildings, pedestrian/bicycle roads, platform gardens, and accessorial features such as water features, pavilions and corridors in the platform gardens; the foundation of the buildings is on the ground below the overhead platform. 4.The platform gardens and the ground gardens together provide an urban greenery coverage of 70%. 5. In some appropriate locations of the overhead platform, ramps connecting the ground are built for fire engines; the trunk road for pedestrians and bicycles on the overhead platform serves as a fire engine passage and an emergency road.

A link to the video demonstrating the structure, benefits, and expert evaluation of the JD pattern can be found at the end of the article. It can also be found on Baidu.com by searching "JD pattern city".

4. It has been proved in the pilot that the JD pattern can completely eliminate the "exogenous constraints".

The Ministry of Land and Resources hosted in 2005 a "Seminar for Mayors on Economical and Intensive Land Use" to promote the JD pattern.Driven by the Ministry of Land and Resources, the city of Changsha conducted a pilot of the JD pattern. The pilot area, namely the "Xiangjiang Century City", covers an area of 1.1 square kilometers, with a gross floor area of 4 million square meters, a resident population of more than 60,000, and a per capita urban construction land of 18 square meters. Although the pilot area is too small to fully demonstrate the JD pattern's transport network, it has nevertheless showed the basic structure of the JD pattern, provided an empirical support for the theory and proved the JD pattern effective.

The pilot shows that the JD pattern has the following benefits: 1. There are no automobiles in the entire urban outdoor space, and the whole area is a large garden with a greenery coverage of 70%, creating a substantially improved living environment. A reporter with Guangming Daily described it as "a paradise filled with modern urban charm." 2. With pedestrians and automobiles not on the same surface, it is impossible for motor vehicles to run over pedestrians or bicycles, thus ensuring green and safe mobility. 3. There is a five-fold increase in traffic flow efficiency for motor vehicles and no traffic congestions. 4. The area of parking space increases by approximately 15 times, resolving the problem of insufficient parking space. 5. Because the four aforementioned measures have made urban sprawl unnecessary, compact and intensive city development is realized, resulting in a per capita urban construction land of only 18 square meters (which is approximately 1/8 of the current per capita urban construction land in China and 1/16 of that in the United States), and saving more than 90% of the urban construction land. 6. In tandem with saving urban construction land, it also saves over 90% urban construction investment. 7. With urban ground level elevated by at least 6.5 meters, resistance to flooding has enhanced. 8. Because travel distance has been shortened to about 1/3 of the current city thanks to compact and intensive urban development and green travel is now safe with the entire route shaded from sunlight and rain, green travel has become the top choice. 9. Commuting time is saved by more than 70%. 10. With green travel becoming the top choice, the frequency of people driving their own cars is lowered by about 1/2, travel distance is shortened to about 1/3 of the current city. Because automobiles run non-stop throughout the entire journey with no traffic jam, fuel consumption per 100 kilometers is reduced by about 1/2. The combined effect is $1/2 \times 1/3 \times 1/2 = 1/12$, that is, there is an over 90% reduction of energy consumption and emission per car in the urban area. Even if all cars are fully electrified, as long as fossil energy is consumed, it is still important for cars to save energy and reduce emissions.

It can be deduced from the benefits proved in the pilot that: If the JD pattern is rolled out across China, about 330 million mu of cultivated land and RMB165 trillion of investment can be saved in the entire process of urbanization, dependence on imported oil can be at least lowered by half, and total carbon emissions can be reduced by about 30%; if the JD pattern is rolled out globally, about 1.8 billion mu of cultivated land and USD120 trillion of investment can be saved in the whole process of urbanization. At the same time, global annual energy consumption and total carbon emissions can be reduced by about 30% each. In this way, the "exogenous constraints" can be completely eliminated.

5. If China had adopted the JD pattern starting from 2005, it might have already eliminated the "exogenous constraints".

The Ministry of Land and Resources started to promote the JD pattern in 2005. In a special seminar for leading cadres at provincial and ministerial levels on urbanization at the National School of Administration in 2012, Vice Minister Hu Cunzhi of Land and Resources gave a lecture on the success of the JD pattern.Had the JD model been adopted since 2005, China might have already basically eliminated urban diseases and the "exogenous constraints" stemming from them, and become a model for sustainable urban development, contributing to the sustainable development of the world.

It is obvious that China should have adopted the JD pattern in its urban development in 2005. However, it has always stuck with the current urban pattern, causing the above-mentioned extremely serious losses to the country, and missing the window of opportunity for an urban pattern change that could have happened before the outbreak of large-scale urban diseases, before the massive occupation of cultivated land for urban construction, and before the emergence of a large number of unsustainable cities. The 15 years from 2005 to the present is 15 years of mistakes in China's urban development. China should put an end to the 15 years of mistakes immediately!

6. By adopting the JD pattern, we fundamentally establish a long-term mechanism for the stable and sound development of the real estate market.

The real estate industry has been a culprit for major economic turmoil in Japan and the United States, and other countries are potentially facing this problem to varying degrees. This problem is also plaguing the operation of our economy.

Stemming from urban diseases, the problem of high property price and volatility is an issue of technical economics. This problem cannot be solved by simply focusing on the policy aspect. The specific solution to this problem is to introduce an urban pattern change by adopting the JD pattern to gradually eliminate the root cause of high property price, namely "traffic congestion + urban sprawl + short supply of residential land + land finance", and toredevelop the old town areas to free up a large amount of land resource, so as to create an over-supply of residential land in nearby areas when necessary, enabling a differentiated land supply and tax policy by the government, in which case three parallel property markets, namely the "luxury housing market with very high price, the large housing units market with high price, and the low-price affordable ordinary housing market", targeting customers with high, medium and low purchasing power respectively. This can not only avoid the financial risks caused by the hard landing of high housing prices, but also avoid a reduction in government fiscal revenue. It is also the most effective way of secondary distribution to narrow the gap between the rich and the poor.

The aforesaid specific solution solves the high property price problem for ordinary housing, thus eliminating the rigid constraint that holds down the fertility rate, low fertility rate being a serious social problem of our times. It also eliminates speculation and profiteering in the property market, thus gradually solving the problem of excessive indebtedness in the real estate industry;

7. After car ownership reaches saturation, "per capita urban construction land will be about 250 square meters" under the current urban pattern, and "about 20 square meters" under the JD pattern, the former being 12.5 times of the latter.

The JD pattern can completely eliminate urban diseases and certainly ensure "about 20 square meters of land for per capita urban construction" , returning to the urban intensity of the urban disease-free era. This is evidenced by the fact that: 1. In 1980 when urban diseases were not serious (the built-up area of cities and towns was about 5,000 square kilometers, and the urban population was 191.4 million), the per capita urban construction land was 26 square meters; obviously, if the urban diseases are completely eradicated, the per capita urban construction land will be less than 26 square meters. 2. In the pilot blocks of the JD pattern, actual per capita urban construction land is 18 square meters, and since traffic congestion and parking difficulties will no longer occur after car ownership reaches saturation, there will be no low-density sprawl in the future.

The nature of the current urban pattern is the huge waste of land. The size of the urban area is not determined by population, but by automobile ownership. It is determined by the formula: "urban area ≈ automobile ownership × 500 square meters" . By dividing the built-up urban area with the number of parking spots in the built-up area, it can be found that the situation is roughly the same in all major cities: for one additional automobile, the urban area will sprawl around 500 square meters on average.

According to a World Bank survey on 52 countries and regions, per capita car ownership rate at the point of saturation is about 0.5. Based on this, and according to the "...500 square meters" conclusion in the previous paragraph, after car ownership reaches saturation, the "per capita urban construction land is around 250 square meters" under the current urban pattern, and the "per capita urban construction land is around 20 square meters" under the JD pattern, the former being 12.5 times that of the latter (in 2019, the per capita urban construction land is China was 8 times that of the JD pattern). This indicates that in comparison with cities adopting the current urban pattern, cities adopting the JD pattern will definitely have the effect of 90%

savings on urban construction land and urban construction investment, and 90% reduction in automobile energy consumption and emissions, hence definitely eliminating the "exogenous constraints".

8. Using the JD pattern to transform the old towns will contribute to an annual GDP increase of RMB4 trillion.

It is estimated that if the JD pattern is rolled out across China, the transformation of old towns and the building of 12 million parking spots during the supply-side structural reform (the only way to resolve the parking problem) will contribute around RMB4 trillion to China's GDP. Using the JD pattern in urban renewal is also the only way to eliminate all urban diseases. As regards the feasibility of using the JD pattern to transform old towns, it has also been validated in the JD pattern pilot.

9. Should the current window of opportunity for transforming the urban pattern be missed, we may never be able to eliminate the "exogenous constraints".

First of all, the serious unsustainable development problems caused by urbanization are actually brought about by automobilization (the popularization of automobiles). Should there be no automobiles, these problems would not occur.

Secondly, in the 21st century, urbanization and automobilization have progressed in tandem. At a certain stage of social and economic development, urbanization and automobilization are like "twin brothers", and automobilization is the inevitable outcome of development. Therefore, if the current urban pattern, which is not suited to the automotive era, continues, the "exogenous constraints" will inevitably become increasingly serious. Going forward, the adoption of the current urban pattern incompatible with the automotive era will ultimately curb the development of the automotive industry.

Thirdly, fortunately, the current car ownership in China and in the world is only slightly more than 1/5 of the saturation rate. It is not too late to introduce the JD pattern through urban pattern transformation. This is a window of opportunity that should not be missed - if we do not realize this and do not roll out the JD pattern, in the future when car ownership increases by about 3 to 4 times, it may never be possible to introduce an urban pattern transformation.

Nor will it be ever possible to eliminate the "exogenous constraints" , and these "exogenous constraints" will only become more serious!

(IV) The scientific nature of the JD pattern is widely recognized.

Peking University, Tsinghua University, Tongji University, Zhejiang University, the Seminar for Mayors on Economical and Intensive Land Use, the World Engineers Convention, the World Expo Forum in Shanghai, and the China-US forum on the outlook for urbanization, have all invited the author to lecture on the JD pattern.

The relevant departments of the Development Research Center of the State Council and the Ministry of Land and Resources held two high-level seminars on the JD pattern. According to the meeting minutes, it was recommended that the pattern be rolled out after a pilot program. The Chinese Academy of Engineering stated in writing that "the JD pattern can be put to practice under certain conditions" .

(V) The JD pattern is in a world-leading position.

Looking at the world, the Berlin Declaration of the world future cities conference of the United Nations, attended by representatives from more than 100 countries, found that "no city in the world has achieved real sustainable development" ; "The Compact City" , a collection of papers by 40 British city experts, concludes that "current cities are precisely the primary culprit of unsustainable development" ; At a preparatory meeting for the Shanghai World Expo, the Bureau International des Expositions (BIE) suggested that "facing the multitude of challenges of the 21st century, we have no choice but to create a new model of the city, which is one of the missions of the Shanghai World Expo."

However, the JD pattern was the only new urban pattern displayed at the Shanghai World Expo. Other countries are yet to come up with such models. This shows that the JD pattern is in a world-leading position. The originality of the JD pattern has passed the strict examination of the National Intellectual Property Administration, with 13 national invention patents.

(VI) So far as the ecological system, urban diseases and "exogenous constraints" are concerned, mankind will have no happiness if the urban pattern does not change; and the roll-out of the JD pattern will create a new life for people on the earth.

The 21st century is a century of global urbanization and automobilization. If we stick to the current urban pattern, we will be mired in urban diseases for generations to come, and the "exogenous constraints" and resource and environmental problems will make development very difficult. Adopting the JD pattern will resolve all of these problems. Therefore, so far as the ecological system, urban diseases and "exogenous constraints" are concerned, mankind will have no happiness if the urban pattern does not change; and the roll-out of the JD pattern will create a new life for people on the earth.

(VII) The author is trying to establish the "urban pattern economics".

As mentioned earlier, the window of opportunity for urban pattern transformation should not be missed, and the urban pattern transformation to promote the JD pattern should take place in the near future. In order to carry out forward-looking research on relevant economic issues, the author attempts to create the "urban pattern economics" as a branch of technical economics based on the "study of urban patterns" created by the author.

The author's preliminary consideration is that the "urban pattern economics" should study the following aspects:

1. The relationship between urban patterns and avoiding food crisis
2. The relationship between urban patterns and the ecological industry
3. The relationship between urban patterns and financial security
4. The relationship between urban patterns and the energy industry
5. The relationship between urban patterns and carbon emissions
6. The relationship between urban patterns and the real estate industry.
7. The relationship between urban patterns and urban water supply and demand
8. The relationship between urban patterns and the automobile industry
9. The relationship between urban mode and the driverless industry
10. The relationship between urban patterns and the logistics industry
11. The relationship between urban patterns and suburban agriculture
12. The relationship between urban patterns and the smart city industry
13. The relationship between urban patterns and commerce

14. The relationship between urban patterns and the education industry

15. The relationship between urban patterns and the medical industry

16. The relationship between urban patterns and the food industry

17. The relationship between urban patterns and the subway industry

18. The relationship between urban patterns and the building materials industry

19. The relationship between urban patterns and the construction industry

20. The relationship between urban patterns and the entertainment and leisure industry

21. The relationship between urban patterns and economic operation efficiency

22. The relationship between urban patterns and urban industrial layout

23. The relationship between urban patterns and industrial distribution of urban clusters

24. The relationship between urban patterns and the avoidance of urban inland inundation, which affects economic operation

25. The relationship between urban patterns and skills update of the labor force

This paper studies the deficiencies of the market economy from a new perspective, namely the perspective of the internal operating mechanism of the market economy. It also proceeds from the angle of technical economics on urban pattern choices, which is yet to be part of the conventional economic studies, in researching the resource, financial and environmental constraints facing economic development in the process of urbanization and automobilization. The author is convinced that if the economics community could lend its guidance and support, and the society is committed to eliminating the "endogenous deficiency" and "exogenous constraints" and giving full play to the role of existing economic theories and policies, economic development can be expected to take on a new look and gradually enter into a new epoch of stable and harmonious development.

A video of a JD pattern city saving over 90% of land and no urban disease, link:http://v.youku.com/v_show/id_XMTMzMTI2ODE2OA==.html?from=y1.7-1.2

图书在版编目（CIP）数据

城市模式经济学 / 董国良 著 . —北京：东方出版社，2021.12
ISBN 978-7-5207-1816-5

Ⅰ . ①城… Ⅱ . ①董… Ⅲ . ①城市经济学 Ⅳ . ① F290

中国版本图书馆 CIP 数据核字（2021）第 210861 号

城市模式经济学
（CHENGSHI MOSHI JINGJIXUE）

作　　者：董国良
责任编辑：袁　园
出　　版：东方出版社
发　　行：人民东方出版传媒有限公司
地　　址：北京市西城区北三环中路 6 号
邮　　编：100120
印　　刷：北京联兴盛业印刷股份有限公司
版　　次：2021 年 12 月第 1 版
印　　次：2021 年 12 月第 1 次印刷
开　　本：889 毫米 ×1194 毫米　1/16
印　　张：18.5
字　　数：314 千字
书　　号：ISBN 978-7-5207-1816-5
定　　价：75.00 元
发行电话：（010）85924663　85924644　85924641